教育部人文社会科学课题：贸易发展的收入效应与分配格局变化效应研究（06JA790075）
上海市高校人文社科重点研究基地上海对外贸易学院国际经贸研究所研究成果
上海市教委2006年课题"贸易发展与收入分配关系的实证检验"研究成果
上海对外贸易学院贸易发展研究会项目"中国的贸易发展与收入分配关系研究"研究成果

我国贸易发展与收入分配关系的理论研究和实证检验

朱钟棣 王云飞 著

人民出版社

目 录

第一章 导论 … 1
　第一节 研究背景及意义 … 1
　　一、研究背景 … 1
　　二、研究意义 … 6
　第二节 研究思路和结构安排 … 7
　　一、研究对象及本书所涉及概念的界定 … 7
　　二、研究思路 … 9
　　三、结构安排 … 10
　第三节 研究方法和创新之处 … 12
　　一、研究方法 … 12
　　二、创新之处 … 13

第二章 国际贸易理论中的贸易与收入分配相关理论及其发展 … 15
　第一节 古典学派的主要观点 … 15
　　一、单一要素两种产品的李嘉图模型 … 15
　　二、多个产品的李嘉图模型 … 16
　第二节 新古典贸易理论中贸易与收入分配 … 18
　　一、关于贸易发展对各要素所有者收入影响的斯托尔帕—

    萨谬尔逊定理 19
    二、从要素需求变化角度对H-O定理隐含要素价格变化的分析 22
    三、对SS定理的理论发展 24
  第三节　新贸易理论中贸易开放与要素收入之间关系的理论模型 28
    一、布朗、大卫多夫和史顿模型 29
    二、其他基于新贸易理论和新要素模型的理论拓展 35
  第四节　最新贸易理论关于贸易对要素报酬影响的分析 36
  第五节　本章总结及对现有理论的评价 37

第三章　我国贸易发展现状 40
  第一节　我国总贸易发展现状 40
    一、对外贸易总额的增长 40
    二、我国贸易占GDP比重的增长 43
    三、我国加工贸易的发展现状 45
  第二节　分行业和地区贸易发展现状 47
    一、我国贸易发展的地区不平衡 47
    二、分行业贸易发展现状 51
  第三节　本章总结 55

第四章　我国的收入差距现状 56
  第一节　我国居民收入差距现状 56
    一、全国居民收入差距 56
    二、全国城乡差距 59
  第二节　各地区居民收入差距现状 61
    一、省市自治区内部居民收入差距现状 61
    二、城乡差距的地区不平衡 65
  第三节　行业要素报酬差距 67
    一、行业大类平均工资的增长和行业间工资差距的上升 68
    二、工业细分行业平均劳动报酬变动 70
    三、行业资本收益率变动 74

  第四节 本章总结 77

第五章 我国要素市场特点及要素市场扭曲下贸易与要素报酬的关系 79
  第一节 我国要素禀赋以及要素市场扭曲现状 79
    一、我国要素禀赋 79
    二、我国要素市场扭曲 81
  第二节 要素市场扭曲下贸易发展与要素报酬模型 90
    一、基本模型 92
    二、贸易自由化后各要素价格变化 97
  第三节 本章总结 102

第六章 我国贸易与要素报酬关系——基于我国行业数据实证分析 104
  第一节 贸易与要素价格之间关系实证检验综述 104
    一、国际价格变化与国内要素所有者收入变化 104
    二、贸易通过对要素相对需求变化引起要素价格变化的分析 107
    三、其他贸易与要素价格关系的实证检验 109
  第二节 我国行业贸易发展对要素价格变动的影响——基于对要素
      相对需求的实证分析 110
    一、方法介绍 111
    二、数据说明 112
    三、回归结果 116
  第三节 我国行业贸易发展对要素价格变动的影响——基于
      零利润条件下的两步回归法 118
    一、方法介绍 119
    二、数据说明 120
    三、回归结果 123
  第四节 本章总结 126

第七章 二元经济要素市场扭曲条件下贸易自由化与收入分配关系 128
  第一节 收入分配的一般框架 129

一、个体基本行为 129
　　二、收入分配不平等的测量 131
　　三、稳态分析 134
　第二节　二元结构要素市场扭曲下贸易与收入分配差距 135
　　一、二元结构下收入分配的测量 135
　　二、短期贸易对收入分配的影响 138
　　三、长期稳态下贸易对收入分配的影响 140
　第三节　本章总结 142
　附录 143

第八章　我国贸易发展、要素禀赋与居民收入差距 145
　第一节　回归方法及数据说明 145
　　一、当前国际贸易与收入差距关系的检验 145
　　二、回归方法介绍 146
　　三、数据说明 147
　第二节　我国收入差距与贸易发展关系的检验结果 149
　　一、全国基尼系数的回归结果 149
　　二、城镇、农村以及城乡之间收入差距结果 152
　第三节　分地区回归 154
　第四节　本章总结和政策建议 157

总结 161

附表 164
　附表1　行业出口数据 164
　附表2　行业进口数据 167
　附表3　我国行业与国际贸易标准分类代码对应 169

主要参考文献 171

第一章 导 论

第一节 研究背景及意义

一、研究背景

自改革开放以来,随着世界贸易自由化进程的不断推进,我国对外贸易得到很大的发展。1978年,我国的对外贸易总额只有206.4亿美元,到2007年我国进出口贸易总额已经发展到21738亿美元,贸易顺差为2622亿美元,进出口总额已经比1978翻了105倍多。[①] 1978年我国的进出口贸易额占国内生产总值的比重只有9.7%,到1990年已经上升到29.79%,到2006年时,我国进出口贸易总额占GDP的比重达到67%。我国在世界贸易中的地位也从1978年的第32位上升到2006年的第3位,占世界贸易的比重也从不到1%上升到8%。国际上基于时间序列数据〔爱德华(Edwards),1998〕和面板数据〔海什(Hassion),1996〕的实证研究结果都得出了贸易开放度与经济增长存在正相关关系的结论。改革开放以来,贸易对我国经济增长起到很大的带动作用。目前已有大量的学者对此进行了研究,近期,康继军、张宗益、傅蕴英(2007)实证研究的结果证实了对外开放不仅在短期内有效地促进了经济增长,而且也显著地进入了长期均衡方程。

伴随我国对外开放与经济高速增长的同时,我国的收入差距也在不断拉大。根据世界银行和其他中外研究者的计算,我国的基尼系数在1980年

---

① 2007年贸易数据来自于2007年国民经济和社会发展统计公报。

为 0.320，到 1984 年一度下降到 0.257，1990 年上升到 0.355，2001 年进一步到达了 0.447（世界银行，2004；WIDER，2000）；就地区差距而言，根据刘夏明等（2004）的计算，我国地区基尼系数已经由 1990 年的 0.2683 上升到 2001 年的 0.3192，其中沿海和内陆的基尼系数由 1990 年的 0.3352 上升到 2001 年的 0.4260；与此同时，我国城镇内部和农村内部的收入差距以及城乡差距也在加剧。在城镇内部，据中国社会科学院发布的《2005 年社会蓝皮书》显示，2005 年城市居民中最富有的 10% 家庭与最贫穷的 10% 家庭人均可支配收入差距超过 8 倍，有六成城镇居民的人均可支配收入达不到平均水平。而据世界银行的数据显示，2004 年，在城镇内部，收入最高的 10% 的家庭财产总额占城镇居民全部财产总额的比重接近 50%。我国城镇内部的基尼系数也从 1978 年的 0.16 上升到 1990 年的 0.23，到 2004 年扩大到 0.334。在农村内部，农民间的收入差距也在逐渐扩大。2003 年，按农户人均收入水平进行五等份分组，高低组收入比为 7.3：1，同年的基尼系数也扩大到 0.368，2004 年又进一步扩大到 0.3692。1991 年城镇家庭人均纯收入与农村家庭人均纯收入的比重为 2.24，到 2005 年这一比例已经上升到 3.13，而且这个数据还是以国家统计局的城镇居民可支配收入和农村居民纯收入的数据为基础的，尚没有将自有住房的折算租金、医疗补贴等实物性收入和补贴计算在内，如果把这些计算在内，则城镇和农村居民的收入差距数据将进一步扩大。目前，我国最大的收入差距主要出现在城乡之间，城乡统算的基尼系数为 0.47 左右，而城镇居民内部和农村居民内部的基尼系数都在 0.35 到 0.37 之间。①

我国正在从一个收入较平等的国家转变为一个收入差距很大的国家。根据世界银行 2005 年发展报告，按由低到高的顺序排列，我国的基尼系数在 120 个国家和地区中排列到了第 85 位，已经接近某些社会分化严重、经济增长停滞的拉美和非洲国家水平。收入分配状况的恶化对社会公正提出了严重的挑战，会导致社会冲突增加，并可能影响未来经济增长。在上述 120 个国家和地区中，2002～2003 年间经济负增长的有 23 个，其中 13 个

---

① 陈小莹："中国四个维度收入分配差距解析"，《人民网》2006 年 6 月 26 日。

国家基尼系数高于中国（世界银行，2004）。这说明，在收入差距悬殊的情况下，社会矛盾激化可能导致经济陷入停滞，必须引起高度重视。① 因此，研究我国收入差距拉大产生的原因，寻找解决的对等方案刻不容缓。就像胡锦涛主席指出的那样，"改革收入分配制度，规范收入分配秩序，构建符合国情、科学合理的社会收入分配体系，关系到最广大人民的根本利益，关系到全面建设小康社会、开创中国特色社会主义事业新局面的全局，是国家政治经济生活中的一件大事"。

不论是以亚当·斯密和李嘉图为代表的古典贸易理论、以赫克谢尔—俄林模型（H-O 模型）为代表的新古典贸易理论还是以克鲁格曼为代表的新贸易理论对贸易与国内要素报酬之间的关系都非常关注。在这所有的关于贸易与要素收入关系的理论分析中，以新古典理论为分析依据所提出的斯托尔帕—萨缪尔森定理（Stolper-Samuelson Theorem，SS 定理）是直接关于贸易与要素报酬变化的经典理论。SS 定理在 H-O 模型的假设条件下证明了当一国实行自由贸易时，贸易会使国内供给相对充裕生产要素的价格上升；使国内供给相对稀缺生产要素的价格下降。其后发展起来的新贸易理论对贸易与要素报酬关系的阐述只是在 SS 定理的基础上加入规模报酬等新贸易理论分析框架，并未脱离 SS 定理的内容。因此在 SS 定理提出的许多年内学术界对贸易与要素报酬之间的关系并没有进行实证检验。

20 世纪 70 年代以后，随着发达国家与发展中国家主要是新兴市场国家贸易量的不断增加，发达国家非熟练劳动力的收入不断恶化，熟练劳动者与非熟练劳动者相对工资上升的趋势日益明显。为此，从 20 世纪 80 年代后期开始，大量的经济学家开始关注贸易与不同劳动所有者之间工资收入差距的关系。这种关注最早从实证检验开始，虽然学者在对贸易还是技术是引起熟练劳动力与非熟练劳动力相对工资上升的主要原因上还存在分歧，但是以发达国家为样本的大量实证分析发现贸易确实是导致发达国家熟练劳动力与非熟练劳动力相对工资差距（工薪差距）上升的原因之一。这证实了 SS 定理的正确性，因为与发展中国家相比，发达国家的熟练劳动力是其相对丰裕的要素，而非熟练劳动力是其相对稀缺的要素，按照 SS

---

① 王小鲁、樊纲："中国收入差距的走势和影响因素分析"，《经济研究》2005 年第 10 期。

定理，与发展中国家的贸易会提高熟练劳动力的工资而降低非熟练劳动力的工资。

以发达国家样本对SS定理的证实引发了学者对发展中国家样本进行检验的动力，自20世纪90年代中后期开始，大量学者对有样本数据的发展中国家进行了检验，结果发现印度、墨西哥、泰国、阿根廷、乌拉圭等大约有一半以上的发展中国家［祝淳（Zhu）和特勒副勒尔（Trefler），2005］内部熟练劳动力与非熟练劳动力的工资差距随着贸易的发展不断拉大，这与SS定理的分析结果是完全相反的。另外，根据SS定理，发展中国家与发达国家贸易的发展应当缩减发展中国家内部的收入差距，但是自20世纪70年代后，随着贸易自由化进程的发展，贸易对发展中国家收入差距的影响作用存在明显差异。一些国家随着贸易自由化的发展，其国内的收入差距确实在缩小，但是大部分国家随着贸易的发展其收入差距却在不断扩大，如印度、中国、东南亚国家等。这也是传统贸易理论无法解释的。

实证检验与传统理论的矛盾引发了学者对理论的探讨。这种理论上的探讨主要分两大块进行，其一是把贸易与技术进步结合起来进行分析。贸易开放和技术进步被认为是近二十年工薪差距上升的两大主要原因。而SS定理的分析假定不存在技术进步，因此大量的学者在贸易模型中引入技术进步，把贸易与技术进步结合起来分析贸易对工薪差距的影响。其二是把SS定理成立的假定条件放宽，探讨贸易发展对发展中国家工薪差距的影响，并试图解释现在发展中国家工薪差距有的上升、有的下降的原因。在这两大块的分析中把贸易与技术进步相结合的理论模型发展非常快，基本把所有技术进步的类型和贸易类型都包含在内，其基本的结论都发现贸易和技术进步的结合能更好地解释发达国家工薪差距上升的原因。但是对发展中国家贸易与工薪差距关系的理论探讨目前还比较少，发展很慢，主要有祝淳和特勒副勒尔（2005）从发展中国家技术赶超的角度进行分析、芬斯特拉（Feenstra）和汉森（Hanson）（1996）从生产外包的角度进行分析等，这些分析都不能很好地解释发展中国家的现实情况，因为这些分析的理论基本假设并没有突破传统贸易理论的假定框架，因此在这一方面还需进行更大的努力。

目前贸易与要素报酬差距的关系不论在理论上还是在实证方面都是国

际贸易领域研究的一个热点和前沿，而中国是一个贸易大国也是最大的发展中国家，研究中国贸易与要素报酬差距以及居民收入差距的关系也正成为国际贸易学者研究的重点，但是现有的研究是非常有限的。现有关于中国贸易与收入差距的研究主要以分析贸易发展不平衡与地区收入差距的关系为主。张波晓（Xiaobo Zhang）和张宏霖（Kevin H. Zhang）（2003）对中国地区差距的分析发现除了国内资本投资，贸易是导致1986~1998年地区间收入差距扩大的主要原因。刘力（2005）对东中西三大地带的贸易绩效分析结果表明，区域差距扩大与贸易规模扩张存在正向关联，贸易规模与第二、三产业高度关联，排除结构变化的政策性因素，贸易结构与区域比较优势和产业结构亦存在一定的关联性。基于以上分析，其研究结论是，区域要素禀赋差异影响区域产业结构与贸易结构，区域产业结构进一步影响区域贸易规模，贸易规模与贸易结构决定了区域要素收益的相对变化。万广华等（2006）利用新发展起来的夏普里值分解法衡量全球化对地区收入差距的影响，结果发现全球化对我国地区差距有缩小压力等。而国内外对我国贸易与要素报酬之间关系和贸易与我国居民收入差距，包括城乡差距、城镇内部差距和农村内部差距关系的研究还非常少。在理论方面对这方面进行说明的主要有尹翔硕（2002）通过对芬德雷—格鲁伯特定理和斯多尔帕—萨缪尔森定理的比较说明贸易与劳动者收入和就业方面的矛盾和出路，单从贸易与收入分配角度来讲，哪些地方出口增长快，经济增长也快，工人的工资收入提高也快；徐水安（2003）运用一个动态两要素模型分析了贸易自由化对个人收入分配不平等的影响效果，并指出加入WTO有利于我国收入差距的缩减；殷德生、唐海燕（2006）将技能型技术进步与产业内贸易置于一个框架中，对工资不平衡现象进行理论解释，发现自由贸易通过促使发展中国家产品种类数增加型的技术进步而加剧了该国的工资不平衡程度。在实证方面，赵莹（2003）检验了我国的基尼系数和贸易开放度之间的关系，发现贸易会扩大我国的收入差距；王小鲁、樊纲（2005）利用地区面板数据分析我国收入差距影响因素时也把进出口占GDP的比重作为一个衡量变量，结果发现对外依存度与我国收入差距中存在正相关；何璋、谭东海（2003）发现以外贸依存度表示的开放程度与收入分配之间没有线性关系。

对我国的贸易与收入差距之间关系的研究不论是在实证方面还是在理论方面都比较浅。在实证方面，一是实证的方法比较简单，主要就是把贸易作为一个对收入差距（如基尼系数、城乡收入比等）的解释变量，加入到回归模型中进行回归，结果发现贸易的发展确实会扩大我国的收入差距，但是贸易对收入分配的影响是与该国的要素禀赋情况有直接的关系，现有的分析不能分析出要素禀赋、贸易发展与我国收入差距之间的隐含关系；二是缺乏对我国要素报酬变化与贸易之间关系的实证检验，因此不能直接检验SS定理在中国的适用性。在理论方面主要是以介绍国外的研究模型为主，并未与中国的现实情况进行具体的结合。而本书主要针对中国的样本，把中国内部的要素市场特点与贸易相结合，分析贸易与要素报酬以及整体收入分配的关系，并利用中国的行业数据和地区面板数据进行检验。

二、研究意义

本书所论述的问题不论在现实方面还是在理论方面都有很强的意义。

众所周知，我国的贫富差距问题已经成为广大人民群众高度关注的焦点问题，党的十六大，十六届五中、六中全会都将"关注社会公平、缩小贫富差距"作为最紧要的工作重点。把贫富差距保持在合理的范围，对一个国家的和谐发展来说至关重要。党的十七大报告中更是指出要"深化收入分配制度改革，增加城乡居民收入"，并从初次分配、再次分配两个层次上，提出了如何处理效率和公平的关系，表明了党中央在缩小收入差距、改善民生方面的决心。十七大报告中特别强调再分配要更加注重公平，并把收入分配问题的关注视角从直接的物质收入领域，扩展到社会保障、公共服务、对特殊人群的救助，如养老保障、基本养老保险、基本医疗制度，职工、居民基本医疗保险，以及农村各种医疗、低保等，让公共服务的普照之光在城乡均等地照耀，让全体人民来分享改革开放的发展成果。同时，对外开放是我国的基本国策，而对外贸易又对一国的要素报酬产生影响。因此从贸易角度研究贸易对各要素报酬的作用方向和贸易对整个收入分配的影响，不仅可以从贸易发展的角度寻找缩减收入差距的途径，为构建和谐社会提出一些政策建议；而且可以为我国贸易政策的调整方向提供依据。

在理论方面，中国是最大的发展中国家，对中国贸易与收入分配的检验在对发展中国家关于贸易与收入分配的检验中占有很高的地位，就像对发达国家的检验主要以美国的样本为主一样。但受到数据的限制，目前采用中国样本进行分析的研究非常少，这在整个实证检验中是一大损失。本书专门采用中国的样本进行分析不但可以扩大对发展中国家研究的范围而且可以弥补目前研究中的不足。在现有的理论模型中，对发展中国家贸易与收入分配关系的解释明显与现实情况不符，而中国是发展中国家的一个主要代表，依据中国的情况提出适合于中国的理论模型，不仅对中国的现实情况能够做出合理的解释而且也能对其他发展中国家的情况做出解释，从而扩展SS定理的适用性。另外，本书所建立的模型是把贸易中的特定要素模型与哈里斯—托达罗模型中关于劳动力城乡流动的均衡相结合，不仅能够补充贸易中关于要素扭曲理论的研究，对二元经济模型的拓展也是一种尝试。

第二节 研究思路和结构安排

一、研究对象及本书所涉及概念的界定

（一）研究对象

本书主要是基于中国的样本研究贸易自由化发展对各要素报酬变动的影响以及由要素报酬变动所引起的整个国家或者地区收入分配的变动。大量的实证分析已经发现很多发展中国家在贸易自由化发展的同时，国内的收入差距也在扩大，这是与SS定理内容完全相反的，现有对SS定理的拓展没有脱离SS定理的分析模式和基本假定，因此对发展中国家的现实无法提供很好的理论解释。与发达国家相比，发展中国家尤其是我国存在更多与SS定理假设相矛盾的地方，主要表现为：

1.SS定理要求生产要素的数量是不变的，但是作为一个发展中国家，我国尚处于刘易斯二元经济结构论中的发展阶段，处于二元经济向一元经济转换的阶段，农业中存在大量的剩余劳动力，充裕的劳动力持续地从农业部门向现代工业部门转移，导致城市工业部门的劳动力供给具有无限性，这与SS定理所要求的要素禀赋不变是完全不同，使贸易自由化对劳

动报酬的有利作用被极大地抵消。

2. SS定理要求各要素都是充分就业的,但是自我国市场经济体制改革尤其是20世纪90年代的国有企业改革以来,城市内部一直存在大量的下岗职工和失业人员。随着我国对城乡劳动力流动限制的不断放宽,由于城乡之间的工资差距过大,大量农村剩余劳动力不断流入城市,也导致城市中失业人员不断增加。

3. SS定理要求要素无摩擦、瞬时流动,而中国的事实是要素流动的成本尤其是要素在城乡之间的流动成本非常高,首先户籍制度的存在成为我国劳动力在城乡之间流动的最大障碍,由户籍制度所引起的医疗、保险、教育等在城乡之间的不平等,也成为劳动力流动的限制。另外,资本在城乡之间的流动限制也比较大,一般农村的资本很难流入到城市中,而城市的剩余资本不愿意流向农村。SS定理假设要素和产品市场具有完全竞争性,但是仍处于计划经济向市场经济转轨的转型国家,市场竞争不完全,最明显的就是要素市场的严重扭曲,农村劳动力与城市劳动力无法平等地竞争,资本获取和投放的部门分割、条块分割和地区分割非常严重。

这三点都是我国要素市场扭曲的主要表现,这种要素市场的扭曲导致我国要素报酬变动与贸易自由化之间的关系变得与SS定理内容不同。因此在分析我国贸易与要素变动关系时,必须考虑我国要素市场的扭曲前提。如果把国际贸易中的特定要素模型与存在城市失业和城乡劳动力工资差距以及劳动力流动的二元经济模型分析框架结合,可以为像我国这样存在二元特点的发展中国家贸易与收入差距之间的关系提供更好的解释。正是在这一思路下本书以中国的样本为研究对象,把贸易和要素报酬差距以及居民收入差距与二元结构下要素市场的扭曲特点结合起来,提出适合像中国这样存在二元结构特点的发展中国家的理论模型,对我国贸易与收入差距的关系进行解释,并利用我国行业数据和21个省市自治区的收入差距数据对该模型进行检验。

(二)相关概念的界定

由于贸易发展对收入分配的影响是多方面的,如贸易自由化发展对收入分配的影响、贸易发展所带来的技术溢出对收入分配的影响、贸易总量上升对收入分配的影响以及贸易发展带动经济增长并通过经济增长对收入分配的影响等等；另外，收入分配格局的变化也表现在多方面如各要素报酬格局的变动、居民收入差距格局的变化、地区收入差距格局的变化等。如果把这些全部都进行研究将是一个浩大的工程，由于作者精力和能力有限再加上时间的限制，本书只选择贸易发展的某一方面进行分析。为此在进行正式讨论之前，这里先对本书所涉及的概念进行界定，为后续研究做铺垫。

本书中所指的贸易发展主要指实行贸易自由化后所引发的贸易量增长。实现贸易自由化的概念本书借鉴费舍尔（Fischer）（2001）的解释，如果产品国内价格与国际市场价格之间差距有缩减就称为实现了贸易自由化或者称为贸易自由化程度提高。[①] 本书所指的贸易发展与SS定理中所研究的从封闭走向开放价格的变化是相似的。

本书所指的收入分配格局变化主要包括两个方面：一方面是我国国内各要素报酬的变化，文中的要素主要包括劳动力、土地和资本三种，其中劳动力报酬用工资表示，土地和资本的报酬分别用土地和资本的收益率表示；另一方面是指国内居民之间收入差距的变动，本书中居民之间的收入差距依据我国二元经济的结构特点，主要是指城镇内部的收入差距、农村内部的收入差距和城乡结合的收入差距以及城乡差距四种，城镇内部、农村内部和城乡结合的收入差距用城镇居民基尼系数、农村居民基尼系数和全国居民基尼系数衡量；城乡差距用城镇家庭平均每人全年实际收入与农村居民家庭人均年纯收入的比值衡量。

二、研究思路

本书遵循由理论到现实再到理论最后回归到对理论进行现实检验的研究思路。

首先对现有贸易理论中关于贸易与要素报酬关系的理论进行梳理，并对各种理论进行总结和说明。除最近发展起来的从企业角度对贸易产生原因进行分析的最新贸易理论之外，现有关于贸易与要素报酬的理论主要还是以新

[①] 参见 Fischer, R: "The Evolution of Inequality after Trade Liberalization", *Journal of Development Economics*, Vol. 66, No. 2, 2001, pp. 555-579 中 Definition 1 对贸易自由化的定义。

古典贸易理论中的 SS 定理为基础，之后发展起来的模型或者理论说明都是以 SS 定理为分析基础。根据 SS 定理的内容，我国作为劳动力丰裕的国家，出口劳动密集型产品，会提高劳动力的工资并降低我国稀缺要素如技术、人力资本和物质资本的收益，从而会缩减国内的收入差距。之后摆出中国的事实情况，发现在贸易发展的同时我国国内的收入差距也在不断的上升。

这种理论与现实的矛盾，需要对现有的理论进行新的发展，以便理论能对现实进行解释。产生理论与现实相矛盾的主要原因是原有理论即 SS 定理假定条件与中国现实情况的不同，主要表现为要素市场的完全竞争与中国要素市场扭曲的差异。而且我国是一个城乡相对分离比较明显的国家，城市制造业的生产主要采用劳动力和资本等要素，农村产品的生产主要采用劳动力和土地两种要素，这与国际贸易中的特定要素模型的假定是相符的。而我国劳动力市场中的特点又与哈里斯—托达罗模型中分析存在城市失业和城乡流动时的假定相似，因此本书把哈里斯—托达罗模型中劳动力市场均衡的条件引入到国际贸易的特定要素模型中，分析贸易自由化对我国各要素报酬变动的影响，采用我国行业数据对所建立的模型进行检验；之后在贸易自由化对要素报酬变动模型的基础上进一步分析贸易自由化对我国居民之间收入差距变动的影响，并用地区数据对所建立的模型进行实证检验，发现国际贸易特定要素模型更能解释贸易自由化和我国贸易发展与我国收入分配变动之间的关系。

三、结构安排

除本章之外，本书还有七章的分析，具体的结构安排如下：

第二章对各贸易理论中关于贸易与要素报酬关系的理论进行梳理。第一节是古典贸易中李嘉图模型关于贸易发展对工资的影响，李嘉图认为贸易的发展对两国的工资有收敛作用；第二节是关于新古典贸易理论对贸易与要素报酬的说明，主要是介绍斯托尔帕—萨缪尔森定理以及其后对该定理的发展；第三节是关于新贸易理论引入规模经济、报酬递增等概念后，贸易对要素报酬的重新分配问题，主要是介绍布朗（Brown）、大卫多夫（Deardroff）和史顿（Stern）模型；最后是关于最新发展起来的从企业角度研究国家贸易的贸易模型对企业从事贸易后，企业对各要素的支付与不参与贸易下支付的差异。

第三章是对改革开放以来，我国贸易发展现状进行分析，主要从贸易额、贸易排名、外贸依存度以及各省市自治区贸易发展和行业贸易发展现状等方面进行总结。

第四章对我国收入差距的现状进行描述，主要是对全国居民收入差距、各地区内部居民收入差距和行业工资差距等进行描述和归纳。

第五章首先分析我国要素禀赋现状和要素市场的特点，指出我国现实情况与现有理论假定条件的差距。最后一节是把哈里斯—托达罗模型中关于劳动力市场均衡的条件引入到国际贸易的特定要素模型中，分析贸易自由化和由贸易发展所带来的技术进步对我国各要素报酬的影响。分析的主要结论是城市制造业贸易自由化的发展不仅能提高我国劳动力的工资也能带动我国资本收益率的上升，而且资本收益率的上升幅度要大于劳动力工资的上升幅度，而城市劳动力工资的上升会带动农村劳动力工资相应的上升，从而缩减农村劳动力所有者和土地所有者之间的收入差距；农业部门产品贸易自由化的发展会同时提高农业部门工资和土地的收益，并带动城市工资的上升和资本收益率的下降。由贸易发展所带来的技术进步类型不同对工资、土地和资本收益的影响作用也不同。

第六章是利用我国自加入WTO以来30个行业的数据采用相对需求法和零利润两步回归法对第五章所提出的模型进行检验。两种实证分析方法检验结果都发现我国行业贸易的发展确实同时提高了我国行业资本和劳动力的收益，但是贸易对行业资本收益率的提升作用大于对工资的提升作用，也就是说贸易的发展扩大了我国行业资本和劳动力所有者之间的收入差距。

第七章把第五章关于贸易发展和要素报酬关系的模型引入到费舍尔（2001）关于收入分配的一般框架中，分析贸易发展对二元经济国家城镇内部收入差距、农村内部和城乡之间收入差距的关系。发现城市制造业产品贸易自由化的发展在短期内会扩大我国城镇内部和城乡之间的收入差距，但缩减农村内部的收入差距。

第八章利用我国21个省市自治区的数据检验贸易发展、要素禀赋和收入差距之间的关系，对第七章的模型进行检验，检验结果证明了第七章模型结论的正确性。

最后是总结部分。

全书的结构图如下:

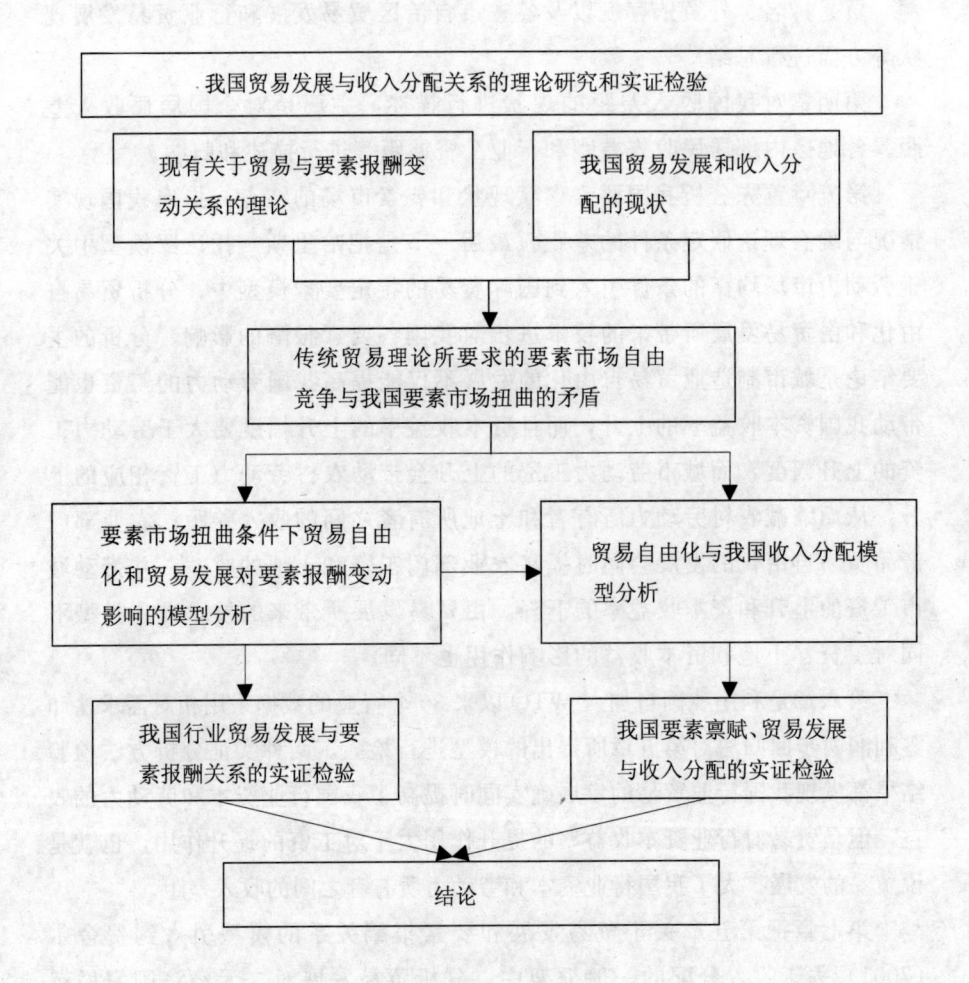

```
我国贸易发展与收入分配关系的理论研究和实证检验
    ├── 现有关于贸易与要素报酬变动关系的理论
    └── 我国贸易发展和收入分配的现状
            ↓
    传统贸易理论所要求的要素市场自由竞争与我国要素市场扭曲的矛盾
            ↓
    ┌─────────────────────────┬─────────────────────────┐
    要素市场扭曲条件下贸易自由     贸易自由化与我国收入分配模
    化和贸易发展对要素报酬变动     型分析
    影响的模型分析
            ↓                           ↓
    我国行业贸易发展与要          我国要素禀赋、贸易发展
    素报酬关系的实证检验          与收入分配的实证检验
            └────────────┬────────────┘
                       结论
```

第三节 研究方法和创新之处

一、研究方法

本书综合运用系统方法研究我国贸易与要素报酬变动和收入差距之间

的关系，以实证研究为主，坚持定量和定性研究相结合，同时运用短期局部均衡和长期均衡分析的方法。

实证研究法是以一种摆脱或者排斥价值判断、集中研究和分析经济活动与经济过程如何运行的分析方法。它只研究和分析经济现象间的联系，分析和预测经济行为的后果。只回答"是什么"，以及是"如何产生的"。本书在与经济行为有关假定的前提下，对经济中互为依存关系的各个变量建立数理模型，其结果是贸易后要素市场的均衡解。通过考察贸易对均衡解决定中各个变量的影响，得出贸易自由化和由贸易发展引起的技术进步对我国各要素报酬变动的影响。

定性分析主要是对贸易与要素报酬关系基本理论和作用机制的阐述。具体说明贸易对要素报酬变动影响的方式、结果。定量分析主要是用计量经济的统计回归模型对我国行业贸易发展与行业要素报酬变化以及我国贸易发展、要素禀赋和收入差距的关系进行检验。

相比一般均衡方法对于信息和数据的较高要求与运用上的难度，局部均衡方法在经济学中得到广泛的应用，通过忽略其他要素，而将研究对象集中于单一市场、部分变量之间的关系，该方法可以对复杂的经济现象进行有重点的简化分析。本书设计了一个逐步放宽假设条件，层层推进的局部均衡的分析框架，对二元结构下各变量变化对要素价格变化的影响进行了分析。同时本书在分析收入分配时还利用经济学中的长期稳态分析方法，分析贸易发展对中国长期收入分配的影响。

二、创新之处

1. 把二元经济中关于城市部门和农业部门相分离下存在劳动力城乡流动的劳动力市场均衡条件引入到国际贸易中特定要素模型中，构建了一个存在要素扭曲条件下贸易自由化与要素报酬变化之间关系的理论模型，具体分析存在要素市场扭曲条件下，各部门产品贸易自由化发展对各要素报酬变动的影响作用。与此同时把该模型放到宏微观经济学中关于跨期迭代的动态收入分配模型中，分析贸易自由化对二元经济中各种收入分配的长短期影响。

2. 同时利用国际贸易中流行的两种关于贸易与要素报酬关系的实证分

析方法对我国行业贸易与要素报酬的变动进行检验。这两种方法都是由芬斯特拉和汉森发展起来,并成为国际贸易中研究贸易与要素报酬变动的主流分析方法。这两种方法分别是相对要素需求法和零利润条件两步回归法。两种实证检验方法已经在国际贸易学界广泛用于检验国际贸易对工薪差距的影响,但是国内尚未有学者对这两种方法进行介绍,并利用这两种方法对我国贸易发展与要素报酬变动的关系进行检验。

3. 在对贸易与收入差距关系进行检验时,本书把贸易与各地区的要素禀赋情况进行结合。新古典贸易理论认为贸易主要是由各个国家或者地区之间的要素禀赋差异引起的,我国的贸易结构基本反映了我国要素禀赋情况。不论是贸易还是收入分配都与要素禀赋直接相关,而我国学者在分析贸易与收入分配关系的实证检验中都没有涉及要素禀赋问题。在实证分析中本书把贸易与要素禀赋结合起来进行分析更能反映贸易与收入差距的关系。

第二章 国际贸易理论中的贸易与收入分配相关理论及其发展

国际贸易学家们一直都比较关注国际贸易与要素所有者收益之间的关系，研究贸易在增加国家总收入的基础上对这些收入在不同要素所有者之间如何进行分配。不论是古典贸易理论、新古典贸易理论还是新贸易理论都有关于收入分配问题的比较典型的模型解释。下面就具体来阐述国际贸易各阶段理论对贸易与要素所有者收入之间的关系阐释。

第一节 古典学派的主要观点

以亚当·斯密、李嘉图为代表的古典经济学家对贸易与要素市场关系的解释是在劳动价值理论的基础上发展起来的，古典贸易理论中以李嘉图的理论分析最为经典，他们假定经济中只存在一种生产要素，即劳动。各国贸易的基础是由技术不同而引起的比较优势，后人把李嘉图的理论用数学模型表示出来，更多的是分析贸易发展后国家之间的劳动工资比率的变化。

一、单一要素两种产品的李嘉图模型

假设在封闭经济中只使用一种生产要素——劳动 L，生产两种产品 i，$i=1,2$，生产单位产品的要素投入分别为 a_{i1} 和 a_{i2}，a_{i1}/a_{i2} 不变，即边际技术替代率不变，则生产可能性边界是一条斜率为负的直线。p_1 和 p_2 分别为两种商品的价格，w 为工资率。在商品市场和要素市场都完全竞争条件

下，可知：
$$w_1 a_{l1} = p_1 \Rightarrow w_1 = p_1/a_{l1}$$
$$w_2 a_{l2} = p_2 \Rightarrow w_2 = p_2/a_{l2}$$

假设生产要素可在不同产业间自由流动，则要素价格在各产业间是均等的，$w_1 = w_2 = w$，也就是说 $p_1/a_{l1} = p_2/a_{l2}$。因此在封闭经济条件下，如果产品 1 的相对价格超过其机会成本，那么该国将专业化生产该产品，反之就生产产品 2。只有当两种产品的相对价格等于机会成本时，该国才同时生产两种产品。

假定世界上有两个国家，本国和外国，外国的经济变量用"*"表示。贸易发生前，$a_{l1}/a_{l2} < a_{l1}*/a_{l2}*$，$p_1/p_2 < p_1*/p_2*$，也就是说本国在产品 1 上具有比较优势，而外国在产品 2 上具有比较优势。两国的相对工资为：

$$\frac{w}{w^*} = \frac{p_1}{p_1*} \frac{a_{l1}*}{a_{l1}} = \frac{p_2}{p_2*} \frac{a_{l2}*}{a_{l2}}$$

开放贸易后，按照比较优势，本国会出口产品 1 并专业化生产产品 1，外国出口产品 2 且专业化生产产品 2，两国的产品相对价格会出现均等化，新的国际比较价格介于贸易前各国比较价格之间，即：

$$p_1/p_2 < p_1^w/p_2^w < p_1*/p_2*$$
$$a_{l1}/a_{l2} < p_1^w/p_2^w < a_{l1}*/a_{l2}*$$

p_1^w/p_2^w 表示世界相对价格。这样贸易后两国的工资分别为：$w^0 = \frac{p_1^w}{a_{l1}}$，$w^{0*} = \frac{p_2^w}{a_{l2}*}$。

两国的相对工资率是 $\dfrac{w^0}{w^{0*}} = \dfrac{p_1^w}{p_2^w} \dfrac{a_{l2}*}{a_{l1}}$ (2-1)

贸易后，两国的工资比率会介于贸易前两国各产业的劳动生产率之间。

二、多个产品的李嘉图模型

如果将上面的产品种类由两种扩大为 n 种，a_{li} 代表第 i 种产品要素劳动的投入。将所有产品进行排序并假设 $a_{l1}/a_{l1}* < a_{l2}/a_{l2}* < \cdots a_{ln}/a_{ln}*$。

两国的相对工资率为 $\frac{w}{w^*}$，则容易证明，当 $\frac{w}{w^*} < \frac{a_{li}^*}{a_{li}}$ 时，产品 i 将在本国生产，当 $\frac{a_{li}^*}{a_{li}} < \frac{w}{w^*}$ 时，产品 i 将在外国生产，也就是说以 $\frac{w}{w^*}$ 为分界点：

$$a_{l1}^*/a_{l1} > \cdots > a_{li}^*/a_{li} > w/w^* > a_{li+1}^*/a_{li+1} > \cdots > a_{ln}^*/a_{ln}$$

本国将生产产品 1 到 i，外国将生产 $i+1$ 到产品 n。假设 $A(i) = a_{li}^*/a_{li}$ 表示本国的比较优势，并设 $A(1) > A(2) > \cdots$，则当 $A(z) = \frac{w}{w^*}$ 时，本国将生产产品 1 到 z，外国生产 z 到 n 产品，如图 2-1 所示。

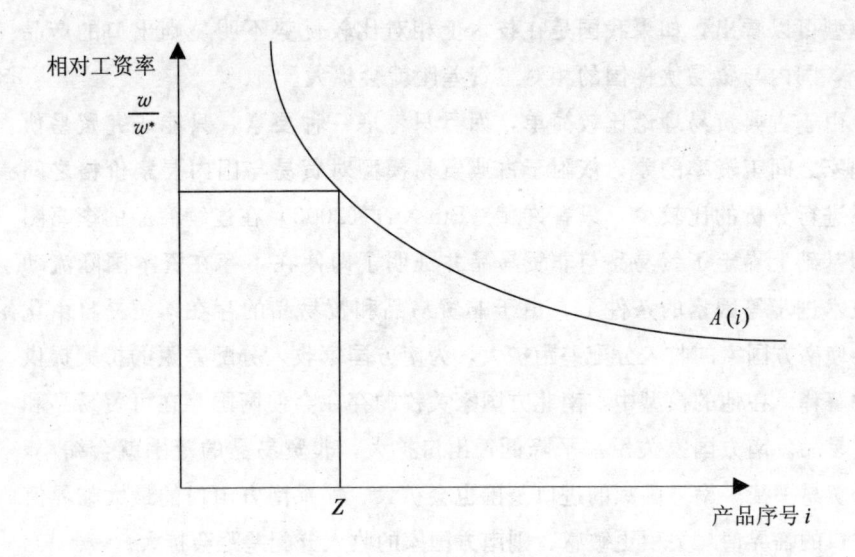

图 2-1　比较优势和生产结构

在多种产品的单一要素李嘉图模型中，两国的相对工资率是由劳动的相对需求决定的，而对劳动力的相对需求实际上是一种引致需求。如果要决定相对工资率，首先要研究需求情况，最简单的办法是假定世界上所有人消费所有商品，并且所有人花费在某种商品上的收入占总收入的比例是相同的。假设 $b(i)$ 是花在商品 i 上的收入占总收入的比重，则世界花费在本国生产的商品上的收入比例是：

$$G(z) = b(1) + b(2) + \cdots + b(z)$$

可知 $wL = G(z) \times (wL + w^*L^*)$

则两国间的相对工资率为：

$$\frac{w}{w^*} = \frac{G(z)}{1-G(z)} \times \frac{L^*}{L} \qquad (2-2)$$

可见，本国生产的产品种类越多，面对的商品相对需求越多，本国的相对工资也越高。而本国生产产品的种类的多少实际上是由本国生产率的相对优势来决定的。因此，在多产品单一要素贸易模型中，相对工资实际上是由要素生产率的比较优势来决定的，技术相对具有比较优势的国家，生产的产品种类越多，相对工资也较高，反之则相反。从李嘉图的单一要素模型可以看出，如果我国是在技术上相对比较优势不明显则出口的产品就少，国内与贸易伙伴国的相对工资差距就会扩大。

由于古典贸易理论比较简单，而且只考虑一种要素，只能研究贸易伙伴国家之间工资率的差，依附于古典贸易模型对贸易与国内要素价格之间关系进行分析的比较少，只有许斌（Bin Xu）（2003）在连续商品的李嘉图模型基础上界定了贸易品与非贸易品并证明了即使在不存在资本国际流动和技术进步等因素的条件下，由于非贸易品和贸易品的存在，贸易自由化也会使南方国家的收入分配差距扩大，为南方国家收入分配差距的扩大提供一种解释。在他的模型中，南北方国家关税的存在会使两国存在可贸易品和非贸易品。南方国家关税水平降低，出口扩大，非贸易品的范围就会缩小，为保贸易平衡，南方国家的进口范围也会扩大，如果南方出口的最大临界值比进口的临界值对关税更敏感，则南方国家的收入分配差距会扩大。

第二节 新古典贸易理论中贸易与收入分配

瑞典经济学家俄林（B. G. Ohlin）及其导师赫克歇尔（Eli F. Heckscher）用不同国家不同的要素禀赋状况来解释国际贸易的产生，学术界把这个突破性的理论称之为 H-O 理论，或者要素禀赋理论。与李嘉图理论中只有一个生产要素劳动的分析不同，H-O 理论中有了两个生产要素，它们或者是资本和劳动、或者是土地和劳动、或者是熟练劳动和非熟练劳动；与李嘉图把贸易发生的原因归咎为劳动这个生产要素在两国使用效率上的差异所不同，H-O 理论把贸易的发生原因归咎为两国两种要素相对丰裕程度上的差异。H-O 理论认为，一个国家在国际分工和国际贸易中，应当专业化生产并出口那些在生产过程中密集使用其丰富要素的商品，应当进口那些生产过程中密集使用其稀缺要素的商品。这样的分工和贸易符合两国的比较利益，因为资本相对丰富的国家资本和劳动的相对价格比较低，它在资本密集型商品的生产上具有相对低的成本优势；反之，劳动相对丰富的国家其资本和劳动的相对价格比较高，因此在劳动密集型商品的生产上具有成本相对低的比较优势。要素的相对价格是决定商品相对价格的直接原因，而要素的相对价格又决定于两国两种要素不同的供给比例，两国两种要素不同的供给比例又决定于两国两种要素不同的存量比例。因此，要素禀赋理论，又被叫做要素比例理论。

H-O 理论本身没有直接讨论收入分配，但是 H-O 理论的推论，涉及到了要素价格即要素所有者收入的变化。根据上述 H-O 理论所提倡的分工与贸易的格局，一个经济体从封闭到开放，其丰富要素生产的出口商品因为不但要满足本国的需要，也要满足自己贸易伙伴的需要，需求的这种增加会造成该出口商品价格的上升；相反的情况会出现在该经济体的进口商品上，现在应当大量进口的该商品因为供给增加，其价格必然下跌。因此，从 H-O 理论得出的第一个推论可以看到参与国际分工与贸易的经济体两种商品的相对价格会发生此长彼消的变化。商品相对价格的变化，必然会影响到要素相对价格的变化。另外，出口商品生产的上升必然导致对其密集使用要素需求的上升，在总要素供给既定的条件下，出口商品密集使用的要素价格必然上升。

一、关于贸易发展对各要素所有者收入影响的斯托尔帕—萨谬尔逊定理

经济学家斯托尔帕（W. E. Stolper）和萨谬尔逊（Paul A. Samuelson）在 1941 年发表的"贸易保护和实际工资"（Protection and real wages）一文中提出，从封闭状态走向贸易开放的经济体，在 H-O 理论的假定基础上，该经济体会出口密集使用经济体丰裕要素的商品而进口该经

济体相对稀缺要素密集使用的商品,并导致经济体内出口商品价格的上涨和进口价格的下降。出口商品价格的上涨必然会引起出口商品生产的增加,促使该商品生产中密集使用的要素价格上升;进口商品价格的下降,会导致进口商品密集使用的要素价格下降。斯托尔帕和萨谬尔逊关于出口商品中密集使用的丰富要素价格上升而进口商品中密集使用的稀缺要素价格下跌的证明,被称之为斯托尔帕—萨谬尔逊定理(Stolper-Samuelson Theorem),简称为 SS 定理。琼斯(Jones)(1965)对 SS 定理用经典的数学模型进行了描述,下面对 SS 定理的介绍就是以琼斯(1965)的分析为依托。[①]

斯托尔帕和萨谬尔逊的分析框架是,两个国家(国内与国外)、两种产品(产品1和产品2)、两种要素(劳动 L 和资本 K)的传统 Heckscher-Ohlin 模型。假定:生产过程中报酬不变,既没有规模经济,也没有规模不经济;两种生产要素的总供给数量是个不变的存量,但是它们可以在不同产业不同商品的生产中自由流动,要素市场出清。用 L 和 K 代表国内劳动和资本总量。

$A = \begin{bmatrix} a_{1L} & a_{2L} \\ a_{1K} & a_{2K} \end{bmatrix}$ 代表国内的技术系数矩阵,a_{if} 表示单位产品 i 生产所需要的 f 要素的量,Q_1 和 Q_2 分别代表两产品的产量,w 代表劳动的工资,r 代表资本的回报,p_1 和 p_2 分别代表两种产品的价格,用 * 代表国外的相应参数。并假设产品1是劳动密集型的,产品2是资本密集型的,而且本国是劳动丰裕型国家,外国是资本丰裕型国家,即:

$$\frac{a_{1L}}{a_{1K}} > \frac{a_{2L}}{a_{2K}}, \quad \frac{L}{K} > \frac{L*}{K*},$$

$$p_2 > p_2^w > p_2^*, p_1 < p_1^w < p_1^*$$

其中,p_1^w, p_2^w 分别表示产品1和产品2的世界价格,根据 H-O 定理的内容可知本国会出口产品1,进口产品2。贸易后,本国产品1的价格会

[①] 见 Jones, Ronald W.: "The Structure of Simple General Equilibrium Models", *Journal of Political Economy*, Vol. 73, No. 6, 1965, pp. 557-572. 其后 Feenstra, R. C.: *Advanced International Trade ——Theory and Evidence*, Princeton University Press, 2003, pp. 13-16 进行了总结。

上升，产品 2 的价格会下降。本国要素市场的均衡条件是：

$$a_{1L}Q_1 + a_{2L}Q_2 = L, \quad a_{1K}Q_1 + a_{2K}Q_2 = K$$

产品市场的均衡，利润最大化条件和零利润条件使得产品的单位成本＝产品价格，即：

$$C_1 = a_{1L}w + a_{1K}r = p_1, \quad C_2 = a_{2L}w + a_{2K}r = p_2$$

由上式可知商品价格变化与要素价格变化之间的关系有：

$$dp_i = \frac{\partial C_i}{\partial w}dw + \frac{\partial C_i}{\partial r}dr = a_{iL}dw + a_{iK}dr \qquad (2-3)$$

假定：$\hat{x} = \frac{dx}{x}$，$\theta_{iL} = \frac{wa_{iL}}{C_i}$，$\theta_{iK} = \frac{ra_{iK}}{C_i}$，$\theta_{iL} + \theta_{iK} = 1$，$\theta_{iL}$ 和 θ_{iK} 分别表示 i 产品生产中劳动力和资本在总成本中所占的比重，则（2-3）式可演变为：

$$\frac{dp_i}{p_i} = \frac{wa_{iL}}{C_i}\left(\frac{dw}{w}\right) + \frac{ra_{iK}}{C_i}\left(\frac{dr}{r}\right) \Rightarrow \hat{p}_i = \theta_{iL}\hat{w} + \theta_{iK}\hat{r} \qquad (2-4)$$

把两种产品两种要素的（2-4）式写成矩阵形式如下：

$$\begin{pmatrix}\hat{p}_1\\\hat{p}_2\end{pmatrix} = \begin{pmatrix}\theta_{1L} & \theta_{1K}\\\theta_{2L} & \theta_{2K}\end{pmatrix}\begin{pmatrix}\hat{w}\\\hat{r}\end{pmatrix} \Rightarrow \begin{pmatrix}\hat{w}\\\hat{r}\end{pmatrix} = \frac{1}{|\theta|}\begin{pmatrix}\theta_{2K} & -\theta_{1K}\\-\theta_{2L} & \theta_{1L}\end{pmatrix}\begin{pmatrix}\hat{p}_1\\\hat{p}_2\end{pmatrix}$$

其中 $|\theta| = \theta_{1L} - \theta_{2L} = \theta_{2K} - \theta_{1K}$，$\frac{a_{1L}}{a_{1K}} > \frac{a_{2L}}{a_{2K}}$，因此有 $|\theta| > 0$，而且设贸易之后，产品 1 的价格变化比产品 2 的价格变化大，$\hat{p} = \hat{p}_1 - \hat{p}_2 > 0$，则有：

$$\hat{w} = \frac{\theta_{2K}\hat{p}_1 - \theta_{1K}\hat{p}_2}{|\theta|} = \frac{(\theta_{2K} - \theta_{1K})\hat{p}_1 + \theta_{1K}(\hat{p}_1 - \hat{p}_2)}{\theta_{2K} - \theta_{1K}} > \hat{p}_1$$

$$\hat{r} = \frac{\theta_{1L}\hat{p}_2 - \theta_{2L}\hat{p}_1}{|\theta|} = \frac{(\theta_{1L} - \theta_{2L})\hat{p}_2 - \theta_{2L}(\hat{p}_1 - \hat{p}_2)}{\theta_{1L} - \theta_{2L}} < \hat{p}_2$$

即：$\hat{w} > \hat{p}_1 > \hat{p}_2 > \hat{r}$ 这就是著名的 SS 定理。

由此定理可知，如果一国出口劳动密集型的产品进口资本密集型产品，则该国劳动工资就会上升而资本的回报会下降，因此贸易会缩减国内要素间的收入差距；如果把模型中的资本换成熟练劳动力，把模型中的劳动看成非熟练劳动力，如果出口非熟练劳动力密集的产品，则按照 SS 定理，熟练劳动力和非熟练劳动力之间的工资差距就会缩减。

如果把上面的 SS 定理的分析扩大到多种产品和多要素的模型中，只要存在零利润条件，即只要有：$\hat{p}_i = \sum_{j=1}^{M} \theta_{ij} \hat{w}_j$，则贸易后，每种商品价格的变化必然导致一些要素价格的上升和另一些要素价格的下降，这是 SS 定理的一般化表示。[①] 也就是说在 H-O 模型假定下，贸易的发展会导致某些人收入的上升而另一些人收入的下降。

二、从要素需求变化角度对 H-O 定理隐含要素价格变化的分析

SS 定理是从贸易引起商品价格变化的角度分析贸易对要素价格的影响。还有一些学者主要是伍德（Wood）（1994、1995、1996、1998）从贸易引起要素需求增加的角度对贸易与要素价格之间的关系进行分析。考虑一个简单的 2×2×2 的 H-O 模型，假定两种要素是熟练劳动力和非熟练劳动力，两国家分别为非熟练劳动力丰裕的本国（发展中国家）和熟练劳动力丰裕的外国（发达国家），商品 1 服装是非熟练劳动力密集型的，商品 2 机械是熟练劳动力密集型的。按照 H-O 定理，发展中国家会生产并出口商品 1，发达国家会生产并出口商品 2。

依据伍德（1998）的分析，贸易与要素价格之间的关系可以用供求曲线表示，如图 2-2 所示。[②] dd 曲线是封闭经济条件下本国的非熟练劳动力需求曲线。假设劳动力相对供给曲线完全无弹性如 S_1 和 S_2，也即劳动力总供给是既定的。劳动力相对供给曲线的位置依据国家的要素丰裕与稀缺条件决定。作为发展中国家，本国非熟练劳动力供给相对丰裕，因此本国的劳动相对供给曲线为 S_1，熟练劳动力对非熟练劳动力的相对工资比较高，是 w_1。与发达国家进行贸易后，本国劳动力相对需求曲线为 DD，是由三部分构成，平滑部分即 D_1D_2 表示本国在两种产品都生产的条件下对

[①] 可参见 Feenstra, R. C.：*Advanced International Trade ——Theory and Evidence*, Princeton University Press, 2003, pp. 68-72 的详细表述。

[②] 参见 Adrian Wood and Cristóbal Ridao-Cano："Skill, Trade and International Inequality", *IDS Working Paper* 47, 1998。

劳动力的相对需求，向下倾斜部分是专业化生产条件下，本国对劳动力的相对需求，其中右边下倾的曲线是专业化生产机械的需求曲线，左边是专业化生产服装时的需求曲线。DD曲线和dd曲线相交于B点，在B点的左面，贸易后本国专业化生产并出口服装，将减少对熟练劳动力的相对需求，相应的熟练劳动力与非熟练劳动力的相对工资会下降，从w_1下降到w_1^*，而发达国家贸易后，会扩大对熟练劳动力的相对需求同时提高熟练劳动力的相对工资，从w_2提高到w_2^*。另外，从图2-2还可以看到，如果贸易后，本国同时生产两种商品，则熟练劳动力与非熟练劳动力的相对工资下降得更快。总之贸易后本国会增加对非熟练劳动力的需求，提高非熟练劳动力的工资，降低熟练劳动力的相对工资，而外国正好与本国相反。

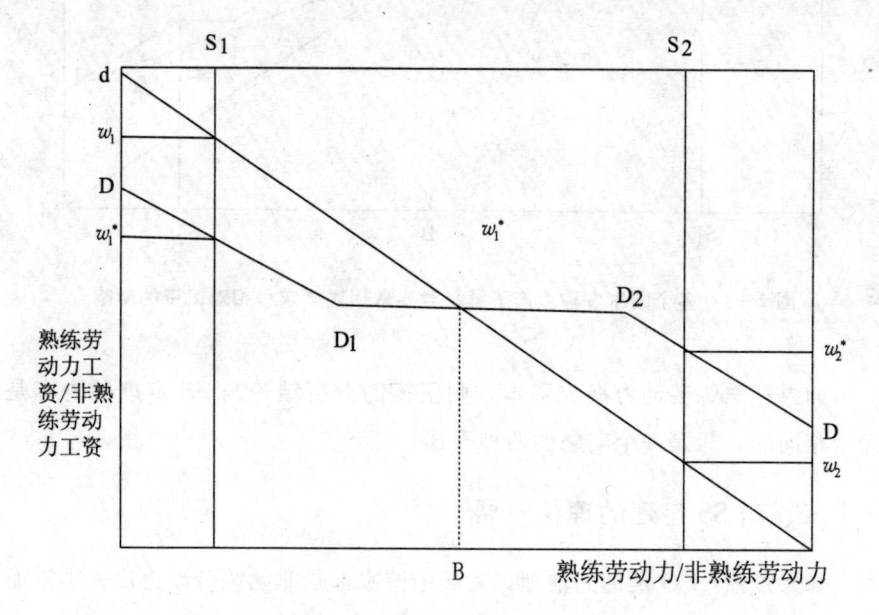

图2-2 简单2×2×2模型下贸易对要素相对需求和相对工资的影响

伍德还分析了多个国家和多种商品条件下，贸易对相对工资的影响与2×2×2模型的结论基本相同，在发展中国家，贸易会提高非熟练劳动力的工资水平，而且，越是非熟练劳动力相对供给越多的国家，对非熟练劳动力工资提高得越多，也即在 S_1 在 B 左边的位置越远，熟练劳动力的相对工资下降得越快，相对劳动力供给越靠近 B 点，则贸易对熟练劳动力相对工资下降的作用越低，如图 2-3 所示。

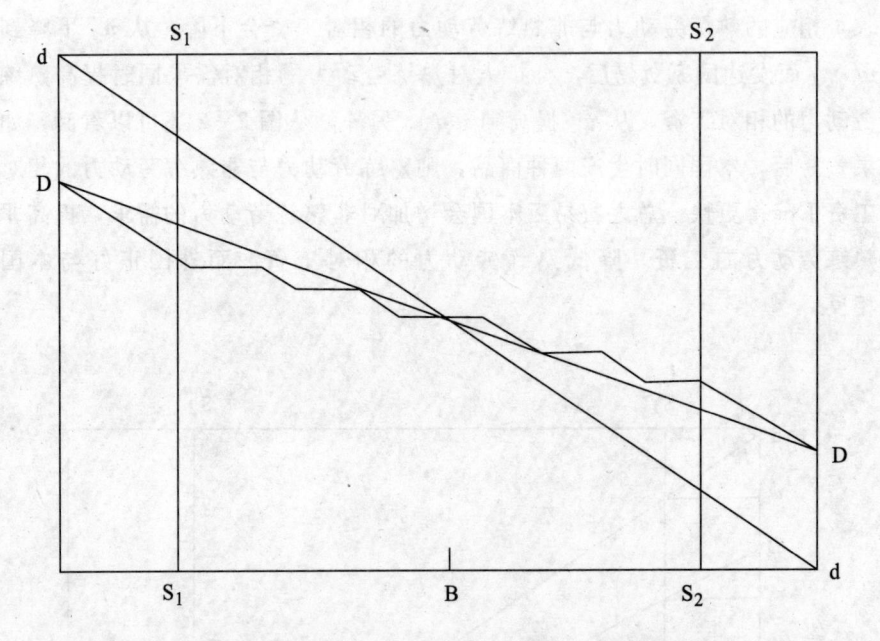

图 2-3 多个国家多种生产下贸易对要素相对需求和相对工资的影响

如果把熟练劳动力换成资本，则伍德的分析结论与 SS 定理的内容是完全相同的，只是一个问题的两种表述。

三、对 SS 定理的理论发展

如果按照 H-O 定理的推理，发展中国家都是非熟练劳动力比较丰裕而熟练劳动力比较稀缺的，贸易发展后，发展中国家对非熟练劳动力的相对需求上升，非熟练劳动密集型产品的价格上升，这样非熟练劳动力的工资水平就会上升，熟练劳动力和非熟练劳动力的工资差距会下降，但是现实的情况却是在发达国家工资之间差距上升的同时，许多发展中国家的工资差距也在上升。另外，发达国家和发展中国家工资差距的上升同时伴随着产业技术密集度的上升而不是密集度的下降。这两方面是 H-O 理论所不能解释的,因此,为了更好地使 SS 定理解释现实情况,贸易学家不断放宽 SS 定理成立的假设条件,进行了广泛的理论拓展。

(一) 存在技术进步条件下 SS 定理的发展

理查德森（Richardson）（1995）用一般均衡模型分析指出导致贸易扩张和经济增长的因素有许多,其中本国内的因素有五个。即:第一,开放贸易后,经济沿着给定的生产可能性边界转移;第二,经济自然的（内生的）增长;第三,外生的要素偏向的技术进步,比如资本存量相对于劳动力增加;第四,外生的部门偏向的技术进步,如投资部门的技术比其他部门技术进步得快;第五是偏好或者需求改变。在这五种因素中,他认为只有第一和第四个原因与收入分配相关。贸易开放导致国内贸易品相对于其他部门产品的相对价格上升,并导致其他部门所雇佣的劳动力向贸易品部门转移,贸易品部门生产可能性曲线的相对增长（技术进步）会吸收被其他部门释放的劳动力,但要完全吸收所有剩余劳动力则劳动者的工资必须下降。所以贸易开放和部门的特定技术变化的联合作用就会导致收入不平衡加剧。利默（Leamer）（1996）也指出在小国赫克谢尔—俄林—萨缪尔森（HOS）长期模型中,部门偏向的技术进步会影响工资率。但克鲁格曼（Krugman）（2000）指出要素偏向的技术进步也会导致收入差距拉大,部门偏向的技术进步只有在产品价格相对不变也即贸易国是小国并且技术进步是单边,其他国家不存在同等程度的进步条件下才会导致国内收入差距拉大;而要素偏向的技术进步影响收入分配则不受这些条件的限制。

琼斯（1997）以简单的 2×2 H-O 模型分析认为结构性的收入不平等受以下因素影响:一是国际市场上产品价格的变化;二是技术的变化;三是以成本降低为主的贸易自由化。随着南方国家技术的进步,对于中等技术密集产品,南北两国都可以生产该产品,两国中等技术密集产品关税的降低会导致两国工资不平等向同一方向变化;但是这种变化还依赖于贸易自由化变化的方向。如果北方国家进口中等技术密集产品并且降低关税,则两国国内工资不平衡会扩大,如果南方国家进口并减少关税,则两国工资不平衡程度会降低。

而祝淳和特勒副勒尔（2005）则在比较优势和要素禀赋优势的基础上

设立了一个南方国家经济赶超指数。在一般均衡且技术进步是希克斯中性的条件下，若南方国家的赶超指数大于零，则南北两国国内的收入差距都会拉大；若指数小于零，则两国的收入差距都会缩小。若存在技术偏向的技术进步而且技术进步在各国国内所有部门都相同，则北方国家的技术进步会使北方国家收入差距拉大而南方国家的收入差距会缩小；反之，南方的技术进步则缩小北方的收入差距，加大南方的收入差距。

（二）放宽两国消费偏好相同的假定

费舍尔（1992）建立了一个跨期迭代的2×2动态模型借助贸易与资本和劳动相对收益的变动，用来分析贸易对个人收入分配的长期和短期影响。在存在遗产转移与个体对遗产和储蓄偏好不同的条件下，若投资品是资本密集型的，那么贸易不论在短期还是在长期都会拉大资本丰裕型国家的收入不平等而缩小劳动丰裕型国家的收入差距；若消费品是资本密集型的，短期的影响方向依然存在，但长期的影响方向则不明确。

格雷泽（Glazer）和兰詹（Ranjan）（2003）从消费者偏好差异的角度出发分析了贸易与要素价格的关系。他们认为不论是发展中国家（非熟练劳动丰裕型国家）还是发达国家（熟练劳动丰裕型国家），如果熟练劳动偏好用熟练劳动密集型的产品则熟练劳动工人人数的增加会增加熟练劳动者的工资。在贸易条件下，若本国是熟练劳动密集型产品的净进口国，则熟练劳动密集产品的进口增加了熟练劳动的禀赋，从而提高了熟练劳动力的相对工资，所以贸易自由化会提高发展中国家的收入差距，这在墨西哥、智利等国家的实证分析中已经得到证实。

（三）存在中间品贸易而非最终产品贸易情况下的贸易与要素价格关系

芬斯特拉和汉森（1996）从生产外包和技术进步角度分析了贸易对收入差距的影响。由于南方资本存量的相对增加或者由于南方国家发展中性的技术进步，部分产品的生产会由北方国家转移到南方国家，也即生产外包；北方国家会转向生产熟练劳动密集度更强的产品。这种生产外包增加了南方国家产品的熟练劳动密集度，但仍然使南方国家的产品熟练劳动密集度低于北方国家。这样南北两国对熟练劳动力的需求都会增加从而扩大国内劳动者之间的工资差距。芬斯特拉和汉森（2003）等则从中间品贸易角度分析贸易对收入分配的影响。他们指出中间产品贸易不仅影响着进口竞争产业的劳动需求，而且影响着中间产品使用部门的劳动需求，中间产品贸易对相对工资的影响比最终产品贸易要大得多，甚至中间产品贸易对相对工资的影响与技术偏向的技术进步的作用一样。

W. J. 伊斯尔（W. J. Ethier）（2005）则是从全球化条件角度考察贸易、技术与工资之间的关系。在伊斯尔的模型中，核心的假设是在生产函数中，非熟练劳动者与国家之间的外包相互替代而设备与熟练劳动者互补。北方国家向南方国家部分承包非熟练劳动者完成的"中间产品"而南方国家出口这种中间品进口设备。在他的核心假设条件下，伊斯尔分析的结论是：第一，全球化程度上升，使南方国家贸易条件改善，提高南方的设备利用以及北方向南方的外包，南北两方熟练劳动者与非熟练劳动者的相对工资都会上升，收入差距拉大；第二，南方或北方国家的全要素生产率或提供设备服务的相对成本下降（技术进步），则南北两国的设备利用会增加从而增加对熟练劳动者的需求，熟练劳动者偏向的技术进步，使两国的相对工资上升。

实证分析方面，芬斯特拉和汉森（1996）对美国行业的外包和相对工资差距的关系进行回归发现外包的发展扩大了美国的工资差距；伊格（Egger），古勒（Gugler）和普法费默诺（Pfaffermayr）（2000）对澳大利亚外包对其国内劳动力市场的影响进行了分析；海曾（Hijzen），高格（Gorg）和海恩（Hine）（2003）对英国的贸易与熟练劳动力和非熟练劳动力工资差距进行了分析；翰德（Heand）和里斯（Ries）（2002）对日本的情况进行了分析都发现外包会扩大国内不同劳动者的工资差距。

（四）新要素理论

二战之后，贸易中技术品所占的比重越来越大，许多学者把传统的三种要素，土地、资本和劳动力拓展到包括知识、人力资本、研发等多种要素，形成了新要素理论。新要素理论的分析并未超出新古典贸易理论分析的框架，只是加入更多的要素。在分析贸易与收入差距时，新要素理论主要是关注由研发增加引发的技术进步导致对传统要素价格的影响。迪诺普洛斯（Dinopoulos）和施格斯特朗（Segerstrom）（1999）发展了一个动态一般均衡模型，指出贸易自由化会增加 R&D 的投入。假设 R&D 相对于最终产品的生产是技术密集型的，则贸易自由化会导致对熟练劳动工人需求的增加，从而提高熟练劳动者的相对工资。汤尼格（Thoenig）和维尔迪埃（Verdier）（2003）建立了一个质量梯度动态一般均衡模型（dynamic general-equilibrium quality ladder model）。他们把生产部门和研发部门分开，生产部门依据其技术水平向研发部门购买专利。这里的技术水平有两种：一种是一般的技术，通过信息溢出可以被其他竞争者模仿，不过在这种技术水平下，生产部门可以通过改进转变成为第二种技术；第二种是熟练劳动偏向的技术，不存在信息溢出而且很难被模仿。模型的均衡点由研发部门的资源约束线与无偏向的技术条件决定。在北方国家贸易一体化和动态均衡过程中，贸易首先导致研发人员数目上升，资源约束线右移，在达到新的均衡点过程中会发生技术偏向的技术进步，从而扩大北方国家的收入差距。在南北国家贸易一体化过程中，只要一方不完全专业化于第一种或者第二种技术，则贸易导致的技术偏向的技术进步会拉大其收入差距。贸易影响收入分配的方式是：贸易——技术偏向的技术进步——收入差距增大。

第三节 新贸易理论中贸易开放与要素收入之间关系的理论模型

传统的贸易理论包括古典贸易和新古典贸易理论的基本假定是不论是要素市场还是产品市场都是完全竞争的，国际贸易中交易的商品是同质的，因此传统理论只考虑行业间的产品交易。但是二战之后，国际贸易的发展出现了很多新现象，其一就是发达国家之间的贸易额大大增加，20世纪70年代以来，发达国家之间的贸易占世界贸易总额的约4/5，成为国际贸易的主要部分；其二就是同类产品之间的贸易额也即产业内贸易大量增加。这是传统贸易理论无法解释的。这些新贸易现象的出现引发了学者们对国际贸易理论的进一步探索，由此形成了以克鲁格曼、迪克西特等为代表的新贸易理论，他们通过产品差异、规模报酬递增以及不完全竞争等来解释这些新贸易现象。

新贸易理论在解释贸易产生原因的同时也指出贸易的发展会给各国带

来好处：一是带动劳动实际工资的上升，二是给国内消费带来更多可选择的商品，也即多样化效应。同时，赫尔普曼（Helpman）和克鲁格曼认为，规模收益递增的好处对所有的生产要素都有份，因此使得一些稀缺要素也能够从贸易中得到好处，而不是 SS 定理所说的那样，贸易开放会造成进口国稀缺要素价格也即收入的降低。[1]

一、布朗、大卫多夫和史顿模型

虽然新贸易理论也比较关注贸易发展与要素价格之间的关系，但是形成像新古典贸易理论中 SS 定理那样专门分析贸易与要素价格之间关系的模型比较少。其中布朗、大卫多夫和史顿（1993）在分析北美自由贸易协定对美国稀缺要素劳动的实际工资会产生什么样的影响时，提出了一个考虑到报酬递增、产品差异和不完全竞争等这些新贸易理论所强调因素的理论模型，是新贸易理论中分析贸易与要素收入比较全面的模型。对新贸易理论中贸易与要素收入之间关系的分析本书借鉴布朗、大卫多夫和史顿（1993）的模型。[2]

考虑一个简单的 2×2×2 贸易模型，两种生产要素（$i = L, K$）和两种商品（$j = 1, 2$）的假设，a_{ij} 是生产单位产品 j 所用要素 i 的最低量，取决于劳动工资 w 与资本租金 r 之间比率。为了引入规模报酬递增，假定 a_{ij} 中不只包括作为可变成本的生产要素，还可能有不随产量变化而变化的不变成本；同时假定可变生产要素成本的最小化取决于产出变量 x_j，而产出的变化并不带来要素投入比例的变化。在大多数场合，x_j 被假定为是单位企业的产量。因此有

---

[1] Helpman, Elhanan and Paul R. Krugman: *Market Structure and Foreign Trade: Increasing Returns, Imperfect Competition, and the International Economy*, Cambridge, MA: MIT Press, 1985, pp. 190–195.

[2] 参见 Brown, Drusilla K., Deardorff, Alan V. and Stern, Robert M.: "Protection and Real Wages: Old and New Trade Theories and Their Empirical Counterparts", *Paper prepared for the CEPR/CESPRI Conference*, "New Trade Theories: A Look at the Empirical Evidence", Milan, 27–28, May 1993, Bocconi University. Brown, Deardorff 和 Stern 模型主要是用于分析北美自由贸易组织成立后，关税降低和贸易发展对加拿大、墨西哥和美国实际工资的影响。

$$a_{ij} = a_{ij}(w/r, x_j) \quad i = L, K; j = 1, 2 \quad (2-5)$$

用 θ_{ij} 表示某要素在某商品边际可变生产成本中的权重或者比重。为了度量规模经济在可变成本上的效应，定义

$$\eta_j = -\frac{\partial a_{ij}}{\partial x_j}\frac{x_j}{a_{ij}} \quad i = L, K; j = 1, 2 \quad (2-6)$$

这里 η_j 等于零表示可变要素投入的规模报酬不变，大于零表示规模报酬递增。c_j 表示产业 j 的边际成本：

$$c_j = a_{Lj}w + a_{Kj}r \quad j = 1, 2 \quad (2-7)$$

则
$$\hat{c}_j = \theta_{Lj}\hat{w} + \theta_{Kj}\hat{r} - \eta_j\hat{x}_j \quad j = 1, 2 \quad (2-8)$$

在两个产品组成的上述方程组中，可以求出工资和资本租金的变化率来。现以工资率的变化分析为主。

$$\hat{w} = \varepsilon_{L1}(\hat{c}_1 + \eta_1\hat{x}_1) - (\varepsilon_{L1} - 1)(\hat{c}_2 + \eta_2\hat{x}_1) \quad (2-9)$$

这里
$$\varepsilon_{L1} = \frac{1 - \theta_{L2}}{\theta_{L1} - \theta_{L2}} > 1 \quad (2-10)$$

ε_{L1} 是斯托尔帕—萨谬尔逊弹性系数（Stolper-Samuelson elasticity）或放大系数，在 H-O 理论假定 $p_j = c_j$ 的情况下，若以商品 2 的价格作为对照物，则 ε_{L1} 表示商品 1 价格的提高对工资的影响。假定商品 1 是劳动相对密集的商品，ε_{L1} 的值为正并且大于 1。因此，在 H-O 理论的假定下，如果进口关税提高了国内商品 1 的相对价格，国内工资的提高程度就会超过价格的提高程度。

不同于 SS 定理的假定，现假设价格可以和边际成本不一致，而且假定各类价格之间也可以不一致。用 p_j 表示国内生产的商品 j 的价格，p_j^* 表示进口的外国商品 j 在国内市场上的价格，p_j^w 是该商品在世界市场上的价格。设 p_j^I 是考虑到消费对现有各类相似品种产品 j 的偏好后，基于最优享用原则下的国内价格指数。现加入新贸易理论因素的假定与理论模型可以表述如下：

①价格不等于边际成本时的加价公式

让价格在边际成本之上有一个增量 m_j 以后，则有

$$\hat{p}_j = \hat{m}_j + \hat{c}_j \quad j = 1, 2 \quad (2-11)$$

②产品具有差异性时国内外商品价格之间的关系

或者是由于消费者对于原产地不同的国家有着不同的偏好，或者是由于个别厂商在国内和国外生产有差异性的商品，国内生产的商品不一定可以完全替代国外商品。这时候，国内生产商品的价格会部分地依赖于国内进口的外国商品价格。令 φ_j 是 1 减去 p_j 相对于 p_j^* 的弹性（如果国内生产的商品 j 和进口的该 j 商品是完全替代的，则 $\varphi_j = 0$），同时令 φ_j^+ 为 p_j 相对于 p_i^* 的弹性，则有

$$\hat{p}_j = (1-\varphi_j)\hat{p}_j^* + \varphi_j^+ \cdot \hat{p}_i^* , j = 1,2; i \neq j \quad (2-12)$$

③有进口关税情况下国内进口商品价格与世界市场价格之间的关系

令 t_j 为 1 加上商品 j 的进口关税税率，国内市场上该进口商品价格与世界市场价格之间的关系就成为

$$\hat{p}_j^* = \hat{t}_j + \hat{p}_j^w , j = 1,2 \quad (2-13)$$

由于我们把商品 2 作为价值不变的对照物而只考虑关税对商品 1 的影响，因此我们有 $\hat{t}_2 = \hat{p}_2^* = \hat{p}_2^w = 0$。

④国家经济规模的大小

如果该国是小国，则进口关税不影响世界市场价格 p_j^w；但是如果该国是大国，情况就不一样了。再次把商品 1 作为价值不变的对照物，我们可用下式来描述一国经济规模和世界市场价格之间的关系

$$\hat{p}_1^w = -\Omega \hat{t}_1 \quad (2-14)$$

这里 Ω 度量一国经济规模的大小。

⑤实际工资、价格指数与多样性的偏好

假定代表性的工人的效用函数是：

$$U = a_1 \log\left[\sum_{i=1}^{n_1}(x_{i1})^{\rho_1} + \sum_{i=1}^{n_1^*}(x_{i1}^*)^{\rho_1}\right] + a_2 \log\left[\sum_{i=1}^{n_2}(x_{i2})^{\rho_2} + \sum_{i=1}^{n_2^*}(x_{i2}^*)^{\rho_2}\right]$$

$$(2-15)$$

这里
$$\rho_j = 1 - \frac{1}{\sigma_j}, j = 1,2 \quad (2-16)$$

$\sigma_j > 1$ 代表商品 j 中略有差异的各品种之间的替代弹性。工人的效用决定于实际工资的大小，而实际工资有依赖于最优享用原则下的价格指数：

$$\hat{p}_j^I = (1-\delta_j)\left(\hat{p}_j - \frac{\hat{n}_j}{\sigma_j - 1}\right) + \delta_j\left(\hat{p}_j^* - \frac{\hat{n}_j^*}{\sigma_j - 1}\right), j = 1,2 \quad (2-17)$$

该价格指数考虑到当 $\sigma_j < \infty$ 时，公式（2-15）所隐含的对同一产品差异性品种的偏好。公式（2-17）中 δ_j 商品 j 中进口商品的比重。n_j 和 n_j^* 是国内生产的和国外进口的产品 j 中不同品种的数量。

这样实际工资 ω 为：

$$\hat{\omega} = \hat{w} - a_1 \hat{p}_1^I - a_2 \hat{p}_2^I \qquad (2-18)$$

把公式（2-9）和（2-17）代入公式（2-18），再把公式（2-8）中的 $\hat{c}_j$ 代入，就得到

$$\hat{\omega} = \varepsilon_{L1}(\hat{p}_1 - \hat{m}_1 - \eta_1 \hat{x}_1) - (\varepsilon_{L1} - 1)(\hat{p}_2 - \hat{m}_2 - \eta_2 \hat{x}_2)$$

$$- a_1 \left[(1-\delta_1)\left(\hat{p}_1^* - \frac{\hat{n}_1^*}{\sigma_1 - 1}\right) + \delta_1 \left(\hat{p}_1^* - \frac{\hat{n}_1^*}{\sigma_1 - 1}\right) \right]$$

$$- a_2 \left[(1-\delta_2)\left(\hat{p}_2^* - \frac{\hat{n}_2^*}{\sigma_2 - 1}\right) + \delta_2 \left(\hat{p}_2^* - \frac{\hat{n}_2^*}{\sigma_2 - 1}\right) \right] \qquad (2-19)$$

这个基本结论或者基本解，把关税对实际工资的影响分解成以下几个不同的方面。首先是公式（2-19）第一行中的第一项：斯托尔帕—萨谬尔逊关于进口商品价格变化对工资放大效应的基本结论。然后是公式（2-19）第一行中的第二项：来自其他商品价格变化、加价情况的变化和企业产出情况变化对实际工资的影响。最后是公式（2-19）第二行和第三行所表示的：两个产品生产部门因为国内商品价格变化和进口商品价格变化，因为差异产品品种数量变化所带来的一定名义工资数量下实际工资的变化。

为了讨论市场和产业结构等这些非价格因素，假定表示这些因素的变量决定于两种外国商品的相对价格 $\frac{p_1^*}{p_2^*}$，p_2^* 作为价值不变的对照尺度，因此仅用 p_1^* 来表述加价幅度、产出变化幅度和差异品种数量变化幅度。这些非价格因素变化的公式是：

$$\hat{m}_j = \mu_j \hat{p}_1^* \qquad j = 1,2 \qquad (2-20)$$

$$\hat{x}_j = \chi_j \hat{p}_1^* \qquad j = 1,2 \qquad (2-21)$$

$$(\hat{n}_j, \hat{n}_j^*) = (v_j, v_j^*) \hat{p}_1^* \qquad (2-22)$$

现在把公式（2-12）和公式（2-20）到（2-22）代入公式（2-18），并且令 $\hat{p}_2^* = 0$ 作为不变的对照尺度，就可以得到仅用 p_1^* 来表示的实际工资变化。使用公式（2-13）和（2-14），实际工资变化可以仅用关税变化来表示。在进行了一些合并和整理以后，可以得到

$$\hat{\omega} = \Delta(1-\Omega)\hat{t}_1 \qquad (2-23)$$

其中

$(a) \Delta = \varepsilon_{L1} - \alpha_1$

$(b) \quad -(\varepsilon_{L1} - \alpha_1)\varphi_1 - \alpha_1\delta_1\varphi_1$

$(c) \quad -[(\varepsilon_{L1}-1)\varphi_2^+ + \alpha_2(1-\delta_2)\varphi_2^+]$

$(d) \quad +[-\varepsilon_{L1}\mu_1 + (\varepsilon_{L1}-1)\mu_2]$

$(e) \quad +[\varepsilon_{L1}\eta_1\chi_1 - (\varepsilon_{L1}-1)\eta_2\chi_2]$

$(f) \quad +\left[\alpha_1\dfrac{(1-\delta_1)v_1+\delta_1 v_1^*}{\sigma_1-1} + \alpha_2\dfrac{(1-\delta_2)v_2+\delta_2 v_2^*}{\sigma_2-1}\right]$

$$(2-24)$$

加入新贸易理论考虑因素以后的模型，把关税变化对实际工资的影响表述成了一个非常简单的公式 $\hat{\omega} = \Delta(1-\Omega)\hat{t}_1$。把零利润条件引入公式 (2-19)。假定成本可以分解成固定成本和可变成本，而可变成本要考虑产量变化带来成本的相应变化。因此，零利润意味着

$$\hat{p}_j = \hat{c}_j - \frac{(m_j-1)}{m_j}\hat{x}_j \qquad (2-25)$$

把公式 (2-25) 和加价公式 (2-11) 放在一起，我们可以有

$$\hat{m}_j = -\frac{(m_j-1)}{m_j}\hat{x}_j \qquad (2-26)$$

把公式 (2-26) 和 (2-13) 代入公式 (2-19)

$$\hat{\omega} = \varepsilon_{L1}\left[\hat{p}_1 + \frac{(m_1-1)}{m_1}\hat{x}_1\right] - (\varepsilon_{L1}-1)\left[\hat{p}_2 + \frac{(m_2-1)}{m_2}\hat{x}_2\right]$$

$$-\alpha_1\left[(1-\delta_1)\left(\hat{p}_1 - \frac{\hat{n}_1}{\sigma_1-1}\right) + \delta_1\left(\hat{p}_1^w + \hat{t}_1 - \frac{\hat{n}_1^*}{\sigma_1-1}\right)\right]$$

$$-\alpha_2\left[(1-\delta_2)\left(\hat{p}_2 - \frac{\hat{n}_2}{\sigma_2-1}\right) + \delta_2\left(\hat{p}_2^w + \hat{t}_2 - \frac{\hat{n}_2^*}{\sigma_2-1}\right)\right] \qquad (2-19')$$

公式 (2-19') 把 NAFTA 对工资变化的影响分解成五个方面：①斯托尔帕—萨谬尔逊效应，它反映一个经济体因为相对价格变化而产业部门间资源重新分配所带来的工资变化。②贸易条件效应，它反映国内各种商品的价格相对于进口商品价格上涨而带来的实际工资的提高。国内各种商品价格相对于进口商品价格的上涨，提高了用进口商品数量来表示的劳动

的边际产品的价值。③规模经济效应,它反映规模经济所带来的实际工资的提高。④进口关税效应,它反映因为进口商品消费税的免除而带来的实际工资的提高。⑤产品多样化效应,它反映可获得的差异性品种数量的增加而带来的实际工资的提高。

重新整理公式(2-19'),实际工资变化 $\hat{\omega}$ 就是以下五项之和:[①]

斯托尔帕—萨谬尔逊效应:

$$(\varepsilon_{L1} - \alpha_1)\hat{p}_1 - (\varepsilon_{L1} - 1 + \alpha_2)\hat{p}_2$$

贸易条件效应:

$$a_1\delta_1(\hat{p}_1 - \hat{p}_1^w) + a_2\delta_2(\hat{p}_2 - \hat{p}_2^w)$$

规模经济效应:

$$\varepsilon_{L1}\frac{m_1-1}{m_1}\hat{x}_1 - (\varepsilon_{L1}-1)\frac{m_2-1}{m_2}\hat{x}_2$$

进口关税效应:

$$-\alpha_1\delta_1\hat{t}_1 - \alpha_2\delta_2\hat{t}_2$$

产品多样化效应:

$$\frac{\alpha_1}{\sigma_1-1}[\delta_1\hat{n}_1^* + (1-\delta_1)\hat{n}_1] + \frac{\alpha_2}{\sigma_2-1}[\delta_2\hat{n}_2^* + (1-\delta_2)\hat{n}_2]$$

因此,在加入了规模经济、不完全竞争和产品多样性等新贸易理论强调的因素以后,在贸易开放和关税降低对实际工资影响的分析中,应当考虑除了传统的SS定理之外上述诸多其他因素所产生的效应。实际工资的变化应当是这些效应综合的结果。这就是布朗、大卫多夫和史顿(1993)模型给我们提供的新贸易理论分析模型。

另外,布朗、大卫多夫和史顿把NAFTA生效后,美国、加拿大和墨西哥的贸易对实际工资关系进行了分解,得出的结论是:规模经济、不完全竞争和产品多样性等新贸易理论强调的因素对实际工资的影响多多少少抵消了一些SS定理所预期的效应——贸易自由化会降低发达国家稀缺要素劳动的实际工资。

[①] 加入NAFTA对美国工资变化的这五大影响因素分解,可以见Brown, Drusilla K., Deardorff, Alan V. and Stern, Robert M.: "Protection and Real Wages: Old and New Trade Theories and Their Empirical Counterparts", *Paper prepared for the CEPR/CESPRI Conference*, "New Trade Theories: A Look at the Empirical Evidence"", Milan, 27-28, May 1993, Bocconi University, pp. 14-15.

二、其他基于新贸易理论和新要素模型的理论拓展

其他基于新贸易理论框架下对贸易与要素价格之间关系的分析主要是把技术进步、贸易与要素价格联系起来进行分析。

E. 毕利（E. Beaulieu）等（2004）建立了一个既存在科技产品间产业内贸易又存在科技产品与传统产品的产业间贸易的南北模型，考察科技产品贸易壁垒的降低与南北两国国内工资收入差距之间的关系。如果两国在科技产品上贸易壁垒都降低，则两国国内对科技产品的需求都会上升，两国的贸易量会扩大，国内产量会扩大（也即技术进步）。随着两国科技品产量的扩张，两国对熟练劳动力的需求会上升从而使两国国内熟练劳动者的工资上升而非熟练劳动者的工资下降，收入差距扩大。另外，E. 毕利等还指出如果一国贸易壁垒降低的幅度大于另一国的降低幅度，比如南方国家贸易壁垒降幅比北方国家降幅更大，则北方国家的收入差距扩大而南方国家的收入差距会缩小。

K. 埃克赫姆（K. Ekholrn）和 K. H. 米德尔法特（Midelfart）（2005）以北北贸易模型为基础分析北方国家贸易引起的科技变化与相对工资之间的关系。在他们的模型中存在两种产品：一是传统产品（Y 产品），二是同时使用熟练和非熟练劳动者的新兴产品（X 产品）。X 产品的生产企业有两种进入方式：其一是使用传统工艺即以低固定成本和较高的可变成本进入；二是使用新技术生产即以高固定成本和低可变成本进入。随着两国间关税的降低，贸易会引起 X 产品企业类型的变化，由使用传统工艺变为采用新技术，即引起技术的变化，随着新技术企业的进入和关税水平的进一步降低，新技术企业的规模会扩大，对熟练劳动者的需求上升从而使熟练劳动者的工资上升，收入差距拉大。这样贸易通过引起两国技术水平的提高方式影响国内的收入差距。

尼瑞（Neary）（2002）的寡头竞争模型中也指出随着贸易自由化的发展，产品市场的竞争加剧，企业会加大对 R&D 的投入，引起熟练劳动者的相对工资上升。

第四节　最新贸易理论关于贸易对要素报酬影响的分析[①]

不论是传统贸易理论还是新贸易理论都是研究国家之间的贸易关系，但是20世纪90年代后，国际贸易中企业的跨国外包和跨国企业内部贸易额的比重越来越大，这种企业内贸易和外包的发展用传统的贸易理论和新贸易理论都没有办法进行解释，迫切地需要新国际贸易理论的产生，但是到目前为止，国际贸易学者在这方面还在进行探索，没有形成比较好的解释模型，在这方面做出比较突出贡献的有赫尔曼等。有些学者把这种解释和研究跨国外包与企业内贸易的理论称为"新新贸易理论"（new-new trade），在此借用此概念。在贸易与收入分配变化之间的关系方面也有学者开始应用新新贸易的框架进行分析，这种分析主要是研究非贸易企业与贸易企业对员工要求和工资支付上的差距。P. 马纳塞（P. Manasse）和A. 杜里尼（A. Turrini）（2001）从企业层面上分析了全球化对收入不平衡的影响。他们建立的垄断竞争的一般均衡模型表明在从事产业内贸易的两个同质国家间，贸易自由化导致熟练劳动力在非出口企业的收入减少，在出口企业的收益可能上升也可能下降，但是熟练劳动力对非熟练劳动力的相对工资会上升；另外，出口企业竞争加剧会导致更大范围的技术进步和生产变革，从而要求企业雇佣更多的技术工人，这样熟练劳动者的工资也会上升。S. R. 耶波（Yeaple）（2005）在他的一般均衡模型分析中也指出出口企业规模大、利用更先进的技术、雇佣更熟练的劳动者并且支付较高的工资，同时它们也比非出口企业的生产率高；贸易成本的降低会导致企业技术的变革，导致更大的贸易流量，增加对熟练劳动力的需求，拉大了熟练劳动力与非熟练劳动力的工资差距。芬斯特拉和汉森（1996、2003）从外包角度对贸易与要素价格之间的关系进行的分析虽然研究的是

[①] 虽然芬斯特拉和汉森（1996、2003）和伊斯尔（2005）从生产外包角度对贸易与要素价格之间的关系进行了分析，但是他们的分析框架仍然是从国家的角度进行分析，没有超越新古典贸易理论的分析框架。因此，本书仍然把它归于新古典贸易的拓展中。

外包，但是仍然是从国家的角度进行分析，没有超越新古典贸易理论的分析框架。

伯纳德（Bernard）和詹森（Jensen）（1997）利用美国20世纪80年代制造业非生产工人需求的企业数据分析了企业类型对工资收入的影响，他发现出口企业出口增长几乎可以全部解释美国相对工资的升高；技术进步决定了企业的技术升级但不是导致工资差距拉大的主要因素。伯纳德和瓦格纳（Wagner）（1998）分析了德国公司的出口企业发现，用规模和生产率衡量的成功企业更倾向于成为出口企业而这些企业雇佣了更多的熟练劳动力。

国际贸易研究的一大趋势就是从宏观研究逐渐转入微观研究，因此从企业的角度对贸易与要素价格之间的关系进行分析是未来研究的方向。但是目前从企业角度进行的模型探索还不成熟而且从企业角度对劳动工资进行分析对数据要求非常高，而数据的可得性很低，所以，目前在这方面的研究非常少，进展很缓慢。

第五节 本章总结及对现有理论的评价

从上面本书对古典和新古典贸易理论、新贸易理论和"新新贸易理论"中贸易与收入关系的阐述中，可以看到，古典贸易理论的分析比较简单，比较适用于分析国家之间工资差距；新古典贸易理论中基于要素禀赋学说的SS定理是专门分析贸易与要素间收入的经典理论，虽然它的成立需要很多约束条件，但是目前不少学者的研究已经不断地放宽其假设条件，使SS定理更能适用于贸易发展的现实情况；新贸易理论虽然把产品差异、不完全竞争等条件加入到对贸易与要素价格之间关系的分析中，但是其分析的整体思路还是没有超出SS定理的框架，实际上是一种变相的对SS定理的发展；新新贸易理论中对收入分配的研究主要是对工资差距的研究可以说完全脱离了传统贸易理论的分析框架，是一种新的尝试，可惜目前的研究只是初步的探索，还面临种种困难，并未成熟。目前关于贸易与收入差距主要是各要素报酬差距的研究，主要还是以SS定理的分析为基础。

众所周知，发展中国家一般是非熟练劳动力比较丰裕而资本、熟练劳动力等要素比较稀缺。如果按照 SS 定理则贸易的发展会缩减发展中国家熟练劳动力与非熟练劳动力之间的工资差距，但是大量的实证发现随着贸易自由化的发展，许多发展中国家（比如墨西哥、巴西等国家）的熟练劳动力和非熟练劳动力的工资差距也像发达国家那样在不断地扩大，这是与 SS 定理完全相反的。这该如何解释呢？虽然现在也有学者开始关注发展中国家的贸易与要素收入差距之间的关系，包括从要素禀赋的改变（如费舍尔，2001 和伍德，1998 等）、南方国家的技术进步（祝淳和特勒副勒尔，2005）或者南方技术进步与中间品贸易（芬斯特拉和汉森，1996 等）等方面。但是这些研究考虑的都是一个要素可以自由流动并且充分就业条件的收入差距，所以得出的结论基本还是以贸易会缩减发展中国家收入差距的结论为主，还是无法很好地解释随着贸易发展，发展中国家丰裕要素与稀缺要素报酬之间差距拉大的现象。

另外，二战后，随着贸易自由化的发展大部分发展中国家的收入差距都随着贸易的发展而扩大，拉丁美洲国家，20 世纪 80 年代不平等上升，90 年代进一步上升或维持不变；自 20 世纪 80 年代以来，特别是 90 年代初以来，东亚和东南亚大多数国家的不平等都上升了；南亚后发自由化国家的收入分配比其他地区的变动要小，但是总体不平等显著上升；撒哈拉以南非洲国家的城乡差别下降，但城市之间以及有时农村之间的不平等上升。[①] 除了费舍尔（1992、2001）外，不论是贸易学者还是宏观经济学者很少把贸易与一国内部的收入差距放到一起分析贸易与国内收入差距的关系。现有学者对贸易与收入分配和差距的研究大都是从贸易对要素所有者报酬变化的角度进行，这种分析只是整个收入差距的一部分。一个国家的收入差距不仅仅是要素报酬的差距引起的，也受到各种要素在不同个体之间分布差异的影响，因此只分析贸易对要素报酬的影响并不等于是分析贸易对整个收入分配的影响。贸易与发展中国家内部收入差距的研究在目前还是比较薄弱的。

---

① 乔万尼·A. 科尼亚："经济自由化和全球化对发展中国家和转型国家收入不平等的影响"，《世界经济与政治》2003 年第 3 期，第 11～16 页。

作为世界上最大的发展中国家，我国在改革开放以来，尤其是20世纪90年代之后，随着贸易的发展和自由化程度的加强，居民的收入差距也在不断上升。研究我国的现实情况，并从我国的现实出发提出适合我国的贸易与要素报酬关系模型以及贸易与中国收入差距的模型，不仅能对我国的情况进行解释也能为其他发展中国家贸易发展与收入分配的关系提供借鉴。下面两章分别分析我国贸易发展和我国居民收入差距的现状。

第三章 我国贸易发展现状

第一节 我国总贸易发展现状

改革开放以来，随着我国出口导向政策的实施和世界贸易自由化的推进，我国贸易发展迅速。在经历1978年到1990年缓慢起步阶段、20世纪90年代的快速发展阶段后，现已进入21世纪的飞速发展阶段。贸易的排名也从第32位发展到2006年后的第3位。下面就从贸易总额增长、贸易依存度、加工贸易等方面分别进行具体的说明。

一、对外贸易总额的增长

1978年，我国的对外贸易总额是206.4亿美元，其中进口是108.9亿美元，出口额是97.5亿美元，贸易差额是-11.4亿美元。到2007年我国进出口贸易总额是21738亿美元，其中出口额12180亿美元，进口额9558亿美元，贸易顺差2662亿美元。仅从量上来讲，我国自施行改革开放以来，进出口总额已经比1978翻了105倍，出口额翻了124倍，进口额翻了85倍多。图3-1显示了我国自改革开放以来，我国逐年进出口贸易总额的增长情况。从图3-1中可以看出，我国的进出口额自1978年是呈现逐年增长趋势，1978年到1989年对外贸易额总体来讲比较少，而且增长比较慢；从1978年到1989年，我国贸易总额只增长了910.4亿美元，年均增长率为26%；1990年到1999年是我国贸易快速发展阶段，十年间我国的贸易额就从1154.4亿美元上升到3606亿美元，上升了2451.6亿美元，其增长幅度是1978年到1989年增长幅度的2.6倍；进入21世纪后，我国贸易的发展速度进一步加快尤其是2001年加入世界贸易组织之后，贸易额从2001年的5096亿美元上升到2007年的21738亿美元，涨幅为16641.5亿美元。

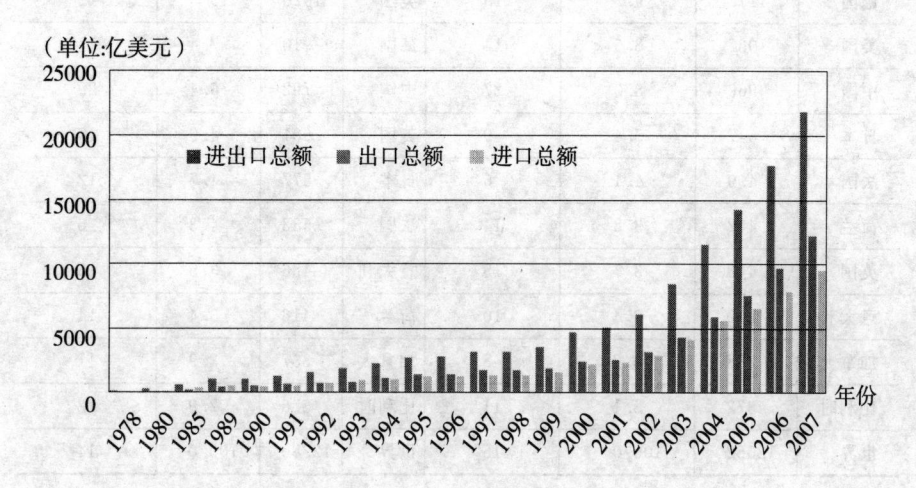

（单位：亿美元）

图3-1 我国进出口总额

数据来源：2005年之前的数据来自《2006年中国统计年鉴》，2006和2007年的数据来自各年的统计公告，如无特殊说明，以下表和图中的数据来源同。

改革开放之初的1978年，我国外贸进出口总额仅为206亿美元，在世界贸易中的排名为第32位，经过这些年的发展，我国进出口贸易在世界贸易中的排名已经上升到2004年以来的第3位。据WTO的统计显示，2005年我国货物贸易中不论进口还是出口在世界上都排名第3位，我国出口占世界总出口的比重为7.3%，进口比重为6.1%。2006年我国不论是进口还是出口排名仍然维持在第3位，其中进口占世界的比重上升到6.4%，出口比重上升到8%，在所有的国家中我国不论是进口还是出口的增长率都是最高的。可参见表3-1。

表 3-1　2006 年世界货物贸易进出口额前十名排序　（单位：10 亿美元）

国别	出口额	占比（%）	增速（%）	国别	进口额	占比（%）	增速（%）
德国	1112	9.2	15	美国	1920	15.5	11
美国	1037	8.6	14	德国	910	7.4	17
中国	969	8.0	27	中国	792	6.4	20
日本	647	5.4	9	英国	601	4.9	17
法国	490	4.1	6	日本	577	4.7	12
荷兰	462	3.8	14	法国	533	4.3	6
英国	443	3.7	15	意大利	436	3.5	13
意大利	410	3.4	10	荷兰	416	3.4	14
加拿大	388	3.2	8	加拿大	357	2.9	11
比利时	372	3.1	11	比利时	356	2.9	12
世界	12062	100.0	15	世界	12380	100.0	14

资料来源：世界贸易组织：《贸易快讯》，2007 年 4 月 12 日。

从年平均增长速度来讲，我国自 1978 年到 2007 年的进出口总额的年均增长速度是 26.6%，出口的增长速度是 27.67%，进口的增长速度是 26.1%，都高于我国 GDP 的增长速度 15.86%。从改革开放以来，我国的进出口增长率基本呈现先上升后下降再上升再下降的这样一种循环趋势，如表 3-2 所示。我国进出口增长最快的时候是 1990 年到 1996 年之间，这期间我国实行全面对外开放，再加上邓小平南方谈话的刺激，贸易增速最快，经济发展速度也最快；而之后由于受到东南亚金融危机的影响，1997 年到 1999 年，贸易基本无增长，1998 年出现我国自改革开放以来进出口增长率最小的一年，出口只比 1997 年增长 0.41%，进口出现负增长。自加入世界贸易组织之后，贸易的增长速度又有很大提高，而且进口和出口的增长速度基本保持持平。另外，从表 3-2 中还可以看出，GDP 增长率的变化趋势与进出口增长率的变化趋势基本相同，这也从中可以看出贸易对我国 GDP 增长率的贡献。

表 3-2 我国进出口和 GDP 的平均增长率

年份	出口	进口	进出口	GDP
1979~1984	23.48	23.00	23.08	12.11
1985~1989	27.97	32.78	29.82	18.82
1990~1995	38.78	31.97	34.95	23.99
1996~2000	11.16	11.82	11.34	10.36
2001~2007	28.93	25.88	27.50	14.49
平均	27.67	26.10	26.60	15.86

我国的贸易在改革开放初期一直到 1989 年都是以逆差为主,自 1990 年之后(除 1993 年)则长期保持顺差,而且顺差的额度呈现先上升后下降再上升的发展趋势,尤其是 2003 年之后,顺差的额度呈现突飞猛进的增长,这与我国 2001 年加入世界贸易组织促进我国出口迅速扩大有很大关系,如图 3-2 所示。

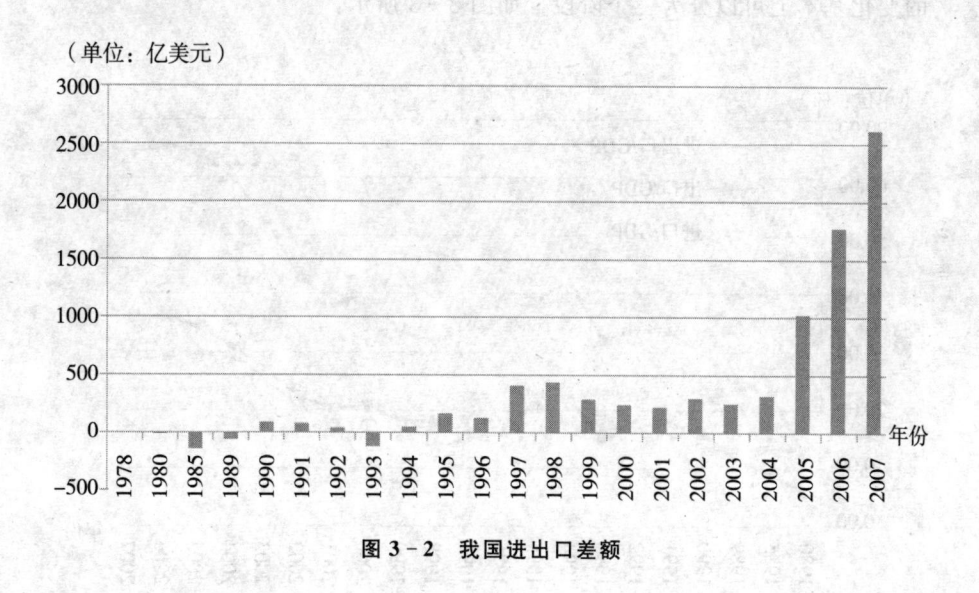

图 3-2 我国进出口差额

二、我国贸易占 GDP 比重的增长

我国对外贸易额不但在绝对量上逐年上升而且在相对量上也有上升趋势。我国进出口贸易额占 GDP 的比重在 1978 年只有 9.74%,到 2005 年

已经上升到63.86%，增长了近7倍。从国际比较来看，我国进出口占GDP的比重已经超过世界平均水平，根据WTO和IMF的计算，2003年世界平均外贸依存度（世界进出口贸易额占世界GDP的比重）接近45%，而我国已经达到51%，比世界平均水平要高6%。另外，我国的进出口比重明显高于美、日等经济大国，美国的进出口比重1978年为14.9%，到20世纪80~90年代基本维持在15%~18%左右；日本的进出口比重则从20世纪70年代末和80年代初的21%~26%下降到80年代中期以来的20%以下；发展中国家印度的比重到21世纪初也基本维持在20%左右，与这些国家相比，我国的比重的确要高很多。就进出口比重的变化幅度来讲，在1978~2002年间，美国大约在7个百分点左右，印度在11个百分点左右，日本也只有12个百分点左右，而我国进出口比重的上升幅度在40个百分点左右，明显高于其他国家。[①] 我国进出口占国内生产总值比重的变化基本上可以分为三个阶段，如图3-3所示：

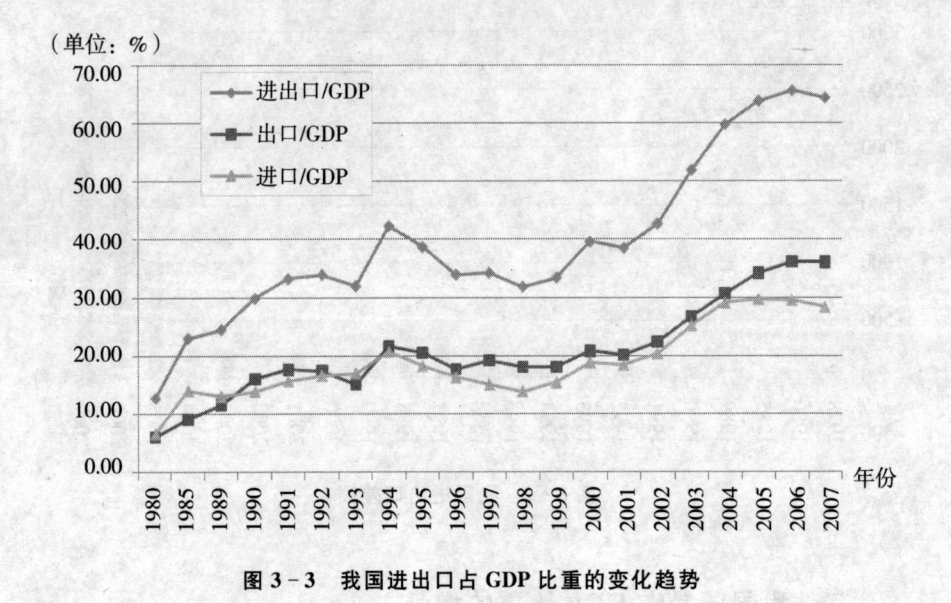

图3-3 我国进出口占GDP比重的变化趋势

---

① 详细可参见张旭宏、庞锦（2005）的分析，张旭宏、庞锦："我国外贸依存度分析和政策建议"，《经济研究参考》2005年第56期。

第一阶段是 1978~1989 年稳步上升阶段。1978 年我国进出口占 GDP 比重为 9.74%，到 1989 年逐步上升到 24.46%，年均提高约 1.4 个百分点。出口占 GDP 的比重由 4.6% 上升到 11.5%，进口占 GDP 的比重由 5.14% 逐步上升到 13%。

第二阶段从 1990 年到 1999 年是大幅波动中缓慢上升阶段，这期间受人民币贬值和以人民币计算的国内生产总值快速增长的双重影响，我国进出口占 GDP 的比重出现较大幅度的上下波动，其中波动主要出现在 1993~1994 年，这主要是由人民币汇率贬值引起的，1993 年美元对人民币汇率是 1：5.76，到 1994 年迅速上升到 1：8.61，使进出口占 GDP 的比重从 31.9% 上升到 42.29%。之后随着美元对人民币汇率的逐步下降，进出口占 GDP 的比重也不断下降。总体而言，这一阶段进出口比重从 1990 年的 29.78% 缓慢上升到 1999 年的 33.36%，年均提高 0.4 个百分点。

第三阶段为 2000 年之后的快速上升阶段，加入世界贸易组织之后我国的对外贸易额大幅上升，进出口总值年均增长 26% 左右，进出口占 GDP 的比重也迅速上升，从 2000 年的 39.58% 上升到 2006 年的近 67%，年均增长 4.35 个百分点，其中进口占 GDP 的比重从 18.79% 上升到 30%，出口的比重从 20.8% 上升到 36.14%，年均增长 2.7 个百分点。2007 年我国对外贸易依存度有所下降，变为 64.39%，不过总体来讲，比重还是很高的。

三、我国加工贸易的发展现状

我国对外贸易发展的另一个特点就是加工贸易的飞速发展。加工贸易进出口总额从 1980 年的 16.66 亿美元增加到 2007 年的 9861 亿美元，增长了 590 倍。在 1985 年之前，我国加工贸易的进出口额还相当小，到 1985 年只有 75.9 亿美元，占我国进出口贸易总额的比重为 8% 左右；1985 年到 1995 年，我国加工贸易迅速增长，年均增长率为 33%，加工贸易总额从 75.9 亿美元上升到 1320.7 亿美元，增长了 17 倍，其中加工出口贸易从 33.16 亿美元上升到 737 亿美元，年均增幅 35%，进口加工贸易从 42.74 亿美元上升到 583.7 亿美元，年均增长率为 31%；1996 年到 2000 年我国加工贸易受到金融危机和世界经济萎缩的影响增速下降，加工贸易进出口总额从 1466 亿美元增加到 2302.1 亿美元，年均增长率降到 12%，其中出口总额从843.3亿美元上升到1376.52亿美元,年均增长率为13%,进口从622.7上升到925.58亿美元,年均增长率为10%;2001年之后,我国加工贸易又出现快速增长趋势,加工贸易总额从2414亿美元上升到2007年的9861亿美元,年均增长速度为25%,其中出口年均增长速度为25.32%,进口为24.91%,详细见图3-4所示。此外,我国加工贸易发展中,出口加工贸易的增长速度明显快于进口加工贸易的发展,1989年之前,我国加工贸易一直处于逆差状态,之后,则长期处于顺差,而且顺差额不断上升,从1989年的26.21亿美元上升到2005年的1424.55亿美元,顺差额增加了54倍多,我国加工贸易的长期顺差是导致我国贸易顺差的主要原因。

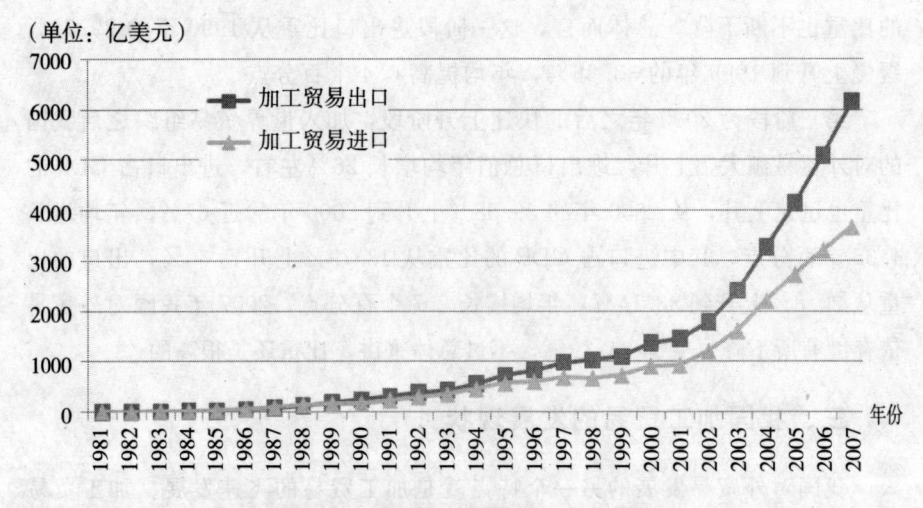

图 3-4 我国加工贸易进、出口发展

从我国加工贸易占总进出口贸易的比重来看,自改革开放之后,加工贸易的比重迅速增加,1981～1985年间,我国加工贸易的比重只有8.26%,到2005年已经上升到48.56%,增长了6倍,这也说明我国加工贸易增长的速度要高于整个对外贸易发展的速度。在1990年之前,我国加工贸易的比重不超过30%,1990年到1995年加工贸易占总贸易的比重从38.27%上升到47%,出口加工贸易占总出口的比重从41%上升到49.54%。自1996年到1999年加工贸易的比重上升到50%以上,到2000

年之后有所下降,但还在47%以上。自1996年之后出口加工贸易占总贸易的比重一直超过我国总出口的50%以上,到1998年之后超过55%。加入WTO以后,我国加工贸易在总贸易中的比重有下降趋势,2001年到2006年,加工贸易所占的比重基本维持在47%～49%,2007年则进一步降到45.36%;加工出口贸易的比重自加入WTO之后也有所下降,从2004年到2007年基本保持每年下降2个百分点,见表3-3。

表3-3 我国加工贸易占总贸易的比重 (单位:%)

年份	1981~1985	1986~1990	1990	1991	1992	1993	1994	1995	1996	1997
加工出口/出口	7.81	31.77	40.94	45.10	46.64	48.23	47.09	49.54	55.83	54.49
加工贸易/总贸易	8.26	29.15	38.27	42.34	42.99	41.19	44.18	47.02	50.57	52.22
年份	1998	1999	2000	2001	2002	2003	2004	2005	2006	2007
加工出口/出口	56.86	56.88	55.24	55.41	55.26	55.19	55.28	54.66	52.67	50.71
加工贸易/总贸易	53.42	51.15	48.54	47.37	48.67	47.57	47.61	48.56	47.24	45.36

第二节 分行业和地区贸易发展现状

一、我国贸易发展的地区不平衡

虽然我国的总体对外贸易不论在绝对量上还是在相对量上都迅速发展,但是对外贸易的发展在地区分布上呈现很大不平衡。因我国对外贸易是从东部地区首先开始,所以东部各省市的对外贸易额都比较高而且发展较快,而中西部省份的贸易发展比较慢。为确保横向比较的准确性,本书的地区贸易数据截取于我国各地区全面对外开放也即1992年以来按境内目的地、货源地分进、出口总额数据。

从各省市自治区的情况来看，我国贸易额最大的省市是广东省，其次是江苏、上海、浙江、山东、福建、天津、北京等，其2005年的贸易额分别是4391.84、2384.75、1815.05、1238.11、891.15、567.99、546.32和534.86亿美元，占全国总贸易的比重分别为30.89%、16.77%、12.76%、8.7%、6.26%、3.99%、3.84%和3.7%，而这些省市都属于东部地区。贸易额最少是西藏，2005年贸易额只有1.3亿美元，其次是青海、宁夏、贵州等，多为西部地区的省市自治区。

从东中西部三大地区对外贸易占全国总对外贸易的比重来讲，东部地区是我国对外贸易的主力军，其对外贸易额占全国总贸易额的80%~90%以上，而且这一比例正在逐年上升，1992年东部地区的进出口贸易额占全国总贸易额的比重为83.64%，到2005年这一比重已经上升到92%以上。中西部地区的贸易占全国的贸易比重之和只有不到10%，中部地区的比重是逐年下降，已经由1992年的10.64%下降到2005年的4.74%，西部地区的比重也在下降，已经由1992年的5.72%下降到2005年的3.18%，不过自2000年之后中西部地区比重下降的速度有所减缓，如表3-4所示。

表3-4 我国东中西部地区进出口额占全国总进出口额的比重　　（单位：%）

年份	1992	1993	1994	1995	1996	1997	1998
东部	83.64	84.39	85.57	86.19	88.11	89.86	90.17
中部	10.64	9.74	8.20	7.94	6.94	6.43	5.84
西部	5.72	5.87	6.24	5.86	4.96	3.71	3.99
年份	1999	2000	2001	2002	2003	2004	2005
东部	90.66	91.05	91.25	91.77	91.72	91.92	92.09
中部	5.54	5.40	5.29	4.86	5.05	4.91	4.74
西部	3.80	3.55	3.46	3.36	3.23	3.17	3.18

从贸易量的增长来看，东部地区1992年的对外贸易额是8914亿元，到2005年已经上升到106789.3亿元，增长了近12倍；而中部地区贸易额从1134.16亿元上升到2005年的5494.11亿元，增长了4.8倍；西部地区贸易额从609.2亿元上升到3682.53亿元，增长了6倍多，中西部地区的

进出口总额的增长速度明显低于东部地区。我国地区贸易的基尼系数数值是很高的，在0.68~0.75之间，而且自1992年到2003年贸易的地区基尼系数一直呈逐年上升趋势，从1992年的0.68上升到2004年的0.74，只在2005年有所下降，为0.71，这说明我国地区之间的贸易差距越来越大。另外，从各地区进出口额的比值也能看出我国地区贸易之间的差距扩大的趋势。东部地区的进出口总额与中部地区和西部地区的进出口总额的比值不断上升，1992年，东部地区贸易额是中部地区的7.9倍，到2005年已经上升到19.4倍，扩大了11.6倍，而东部与西部的比值也由1992年的14.6倍上升到2005年的29倍，扩大了14.4倍，这说明东部地区与中西部地区之间的贸易差额在不断扩大。而中部地区与西部地区的比值基本没有什么变化，一直保持在1.5左右。参见图3-5东、中、西部地区进出口总额变化和表3-5东中西部地区之间贸易额之比。

表3-5　东中西部地区之间贸易额之比　　（单位:%）

年份	1992	1993	1994	1995	1996	1997	1998	1999	2000	2001	2002	2003	2004	2005
东部/中部	7.9	8.7	10.4	10.9	12.7	14.0	15.4	16.4	16.9	17.3	18.9	18.2	18.7	19.4
东部/西部	14.6	14.4	13.7	14.7	17.8	24.2	22.6	23.9	25.7	26.4	27.3	28.4	29.0	29.0
中部/西部	1.9	1.7	1.3	1.4	1.4	1.7	1.5	1.5	1.5	1.5	1.4	1.6	1.5	1.5

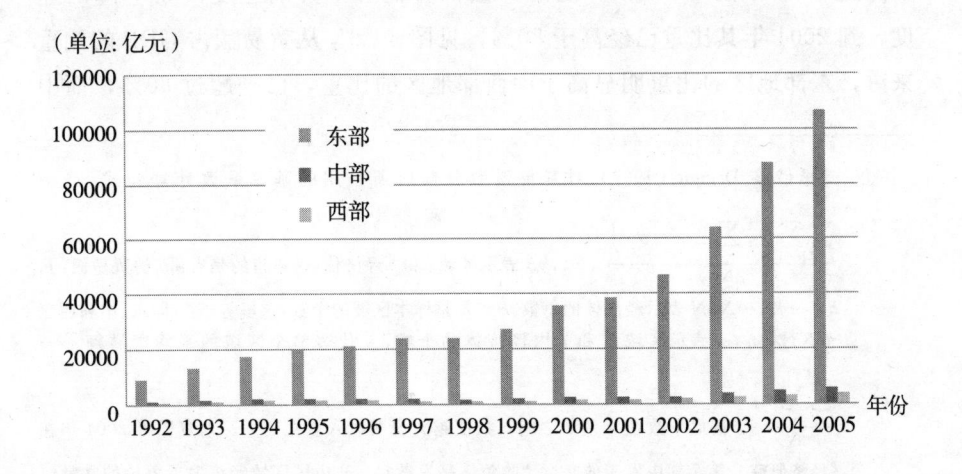

贸易的地区基尼系数

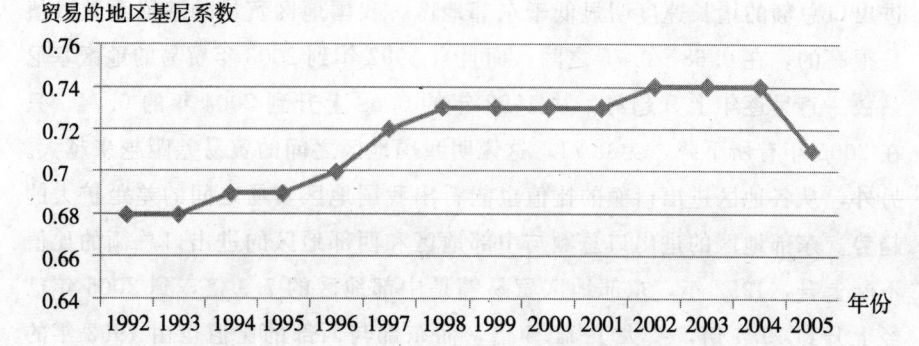

图3-5 东、中、西部地区进出口总额变化和我国地区贸易的基尼系数变化[①]

从贸易额占 GDP 的比重来讲，东中西部之间的差距也很明显。中西部地区的贸易额占 GDP 的平均比重都不超过 20%。1992 年到 2001 年期间，中西部地区各省贸易额占 GDP 的平均比重不断下降，中部地区从 17.21% 下降到 9.18% 左右，西部地区从 13.9% 下降到 9.4%。2001 年之后，随着西部大开发和中部崛起战略的实施，中西部地区的贸易比重有所上升，到 2005 年中部的平均比重是 12.79%，西部地区的比重为 11.95%。东部地区各省平均进出口额占 GDP 的比重也呈先下降后上升趋势，1998 年之前，东部地区贸易额占 GDP 的比重一直在下降，从 1993 年的 62.2% 下降到 1998 年的 46.32%，之后开始回升而且上升的速度高于下降的速度，到 2004 年其比重已经高于 80%，见图 3-6。从贸易额占 GDP 的比重来讲，东部地区的比重明显高于中西部地区的比重，已经超过 80%，而中

[①] 这里借鉴 Dagum（1997）对基尼系数分解时所采用的基尼系数计算公式：$G = \dfrac{\sum_{j=1}^{k}\sum_{h=1}^{k}\sum_{i}^{n_j}\sum_{r}^{n_h}|y_{ji}-y_{hr}|}{2N^2\bar{y}}$，$y_{ji},y_{hr}$ 表示区域 j 和 h 经济体（这里指的是省份）的贸易额，$j,h=1,2,\cdots N;N$ 表示经济体的总数。k 和 h 是样本区域的个数，这里等于 3，即东、中和西三个区域；n_h, n_j 表示区域 h 和 j 内经济体的个数，$\bar{y}$ 代表整个区域的平均贸易额 $\bar{y} = \dfrac{\sum_{j=1}^{k}\sum_{i=1}^{n_j}y_{ij}}{N}$。基尼系数在 0 到 1 之间，数值越大说明收入差距越大。刘夏明等 2004 年在《经济研究》第 7 期中发表的文章"收敛还是发散？——中国区域经济发展争论的文献综述"利用该公式对我国地区收入差距进行了计算。

西部地区的比重基本维持在10%左右，这说明我国东中西部地区之间的外贸依存度差距很大，东部依存度过大，风险很高，而中西部依存度过低，贸易对经济的拉动作用不明显。

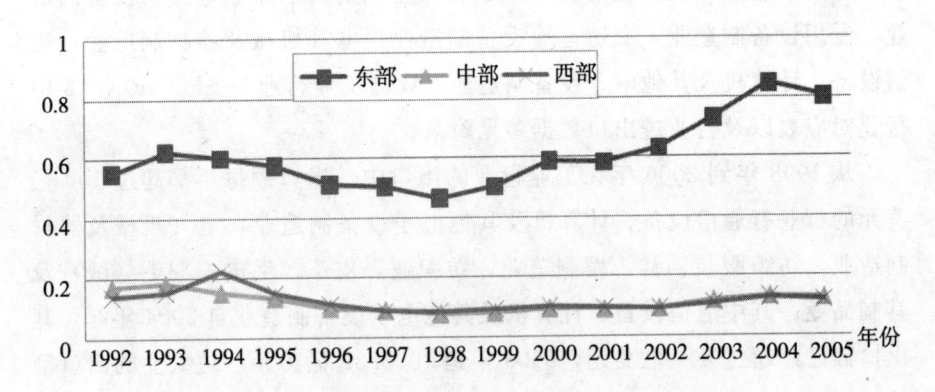

图3-6 我国东中西部平均进出口额占GDP比重

二、分行业贸易发展现状

在我国的统计中，对行业的划分有两种，一种是按照大类进行划分，包括农、林、牧、渔业，采掘业，制造业等；另一种是对工业行业的划分，主要是对采掘业和制造业的细分。由于我国公开统计中的行业分类与按照海关分类和国际标准分类的方式不同，因此按照现行的统计无法获得按我国统计年鉴分类的行业进出口数据。不过盛斌在2002年《中国对外贸易政策的政治经济分析》一书中对我国工业细分行业和按国际标准分类(SITC Rev. 3)进行了系统对照，并给出我国统计年鉴中工业经济的36个行业与SITC Rev. 3中行业划分的一一对应，本书下面分析的行业贸易数据就是利用盛斌给出的对应方式从联合国贸易统计数据库中获得，考虑到后面对行业数据的回归数据的可得性，这里只选择了30个行业，分别为煤炭开采和洗选业，石油和天然气开采业，黑色金属矿采选业，有色金属矿采选业，非金属矿采选业，食品制造业（是农副产品加工和食品制造业的合并），饮料制造业，烟草制品业，纺织业，纺织服装、鞋、帽制造业，皮革、毛皮、羽毛（绒）及其制品业，木材加工及木、竹、藤、棕、草制品业，家具制造业，造纸及纸制品业，文教体育用品制造业，石油加工、炼焦及核燃料加工业，化学原料及化学制品制造业，医药制造业，化学纤维制造业，橡胶制品业，塑料制品业，非金属矿物制品业，黑色金属冶炼及压延加工业，有色金属冶炼及压延加工业，金属制品业，通用设备制造业，专用设备制造业，交通运输设备制造业，电气机械及器材制造业，通信设备、计算机及其他电子设备制造业。我国工业行业与 SITC Rev. 3 中行业对应表以及行业进出口数据参见附录。

从 1998 年到 2006 年在工业行业的出口中，出口额每年都超过 100 亿美元的行业有通信设备、计算机及其他电子设备制造业，电气机械及器材制造业，纺织服装、鞋、帽制造业，纺织业，皮革、毛皮、羽毛（绒）及其制品业，其中通信设备、计算机及其他电子设备制造业自 2004 年起，其出口额已经超过 600 亿美元，2006 年是 1070.32 亿美元。纺织业的出口额从 1998 年的 125 亿美元，到 2006 年上升到 486.86 亿美元，纺织服装、鞋、帽制造业的出口额一直在 300 亿美元以上，到 2005 年已经达到 741 亿美元，2006 年上涨到 953.88 亿美元。在所有的行业中，黑色金属矿采选业的出口额最少，每年的出口额都没有超过 0.2 亿美元，其次是烟草制造业和有色金属矿采选业，每年出口额在 1 亿~2 亿美元左右，还有就是化学纤维制造业的出口也比较少。从出口的平均增长率来看，黑色金属矿采选业，黑色金属冶炼及压延加工业 1998~2006 年的平均出口增长率都在 40% 以上，有色金属矿采选业和通信设备、计算机及其他电子设备制造业的出口增长率也比较高，平均能达到 37% 以上。其他重工业比如石油加工，炼焦及核燃料加工业、交通运输设备制造业、通用设备制造业等的平均出口率也比较高，不过我国具有明显比较优势的轻工行业如纺织业，纺织服装、鞋、帽制造业，皮革、毛皮、羽毛（绒）及其制品业等出口增长率都不是很高，1998~2006 年均增长率都不超过 20%。非金属矿采选业、饮料制造业和烟草制品业的出口平均增长率都不超过 10%，是出口增长率比较低的行业，见图 3-7。

从进口角度来看，资本比较密集的行业比如电气机械及器材制造业、通用设备制造业、专用设备制造业、化学原料及化学制品制造业、石油和天然气矿采选业等行业的进口都比较多。其中又以电气机械及器材制

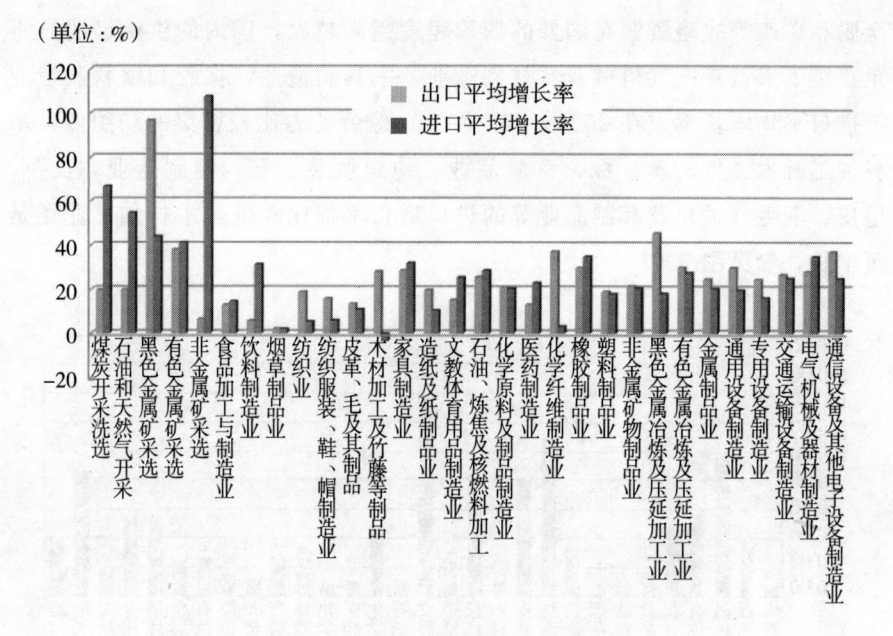

图 3-7　我国行业 1998～2006 年平均进口和出口增长率

造业的进口额为最多，1998年其进口额只有164亿美元，到2004年已经超过1000亿美元，2005年进口1360亿美元，2006年为1731.43亿美元，其次是医药制造业，2005年的进口额超过700亿美元，2006年超过812亿美元。而进口比较少的行业一般都是我国有优势的劳动和资源比较密集型行业或者垄断行业，如家具制造业，饮料制造业，烟草制品业，木材加工及木、竹、藤、棕、草制品业，纺织服装、鞋、帽制造业等，其中烟草制造业的进口最少，不超过1亿美元。另外需指出的是我国纺织业的进口额也比较多，每年的进口额都达到100亿美元以上，2004年超过150亿美元，2005年和2006年分别进口155.12亿美元和163.68亿美元。从1998年到2006年我国行业进口年均增长率来看，资源开采业的进口增长速度都比较快，非金属矿采选业与煤炭开采和洗选业虽然进口额不多，但是增长速度是最快的，年均进口增长率达到70%以上，石油和天然气开采业的进口增长率也接近60%，有色金属矿采选业、黑色金属矿采选业的年均增长速度也超过40%，这说明我国的石油、金属和矿产等战略资源对国外的依赖程度越来越大,国内的供给已明显不足;接下来就是电气机械及器材制造业、家具制造业、橡胶和饮料制造业等进口平均增长率也在20%~30%左右;像劳动力比较密集的纺织业,木材加工及木、竹、藤、棕、草制品业,纺织服装、鞋、帽制造业,皮革、毛皮、羽毛(绒)及其制品业等的进口增长率都比较低,木材加工业还是负增长,参见图3-7。

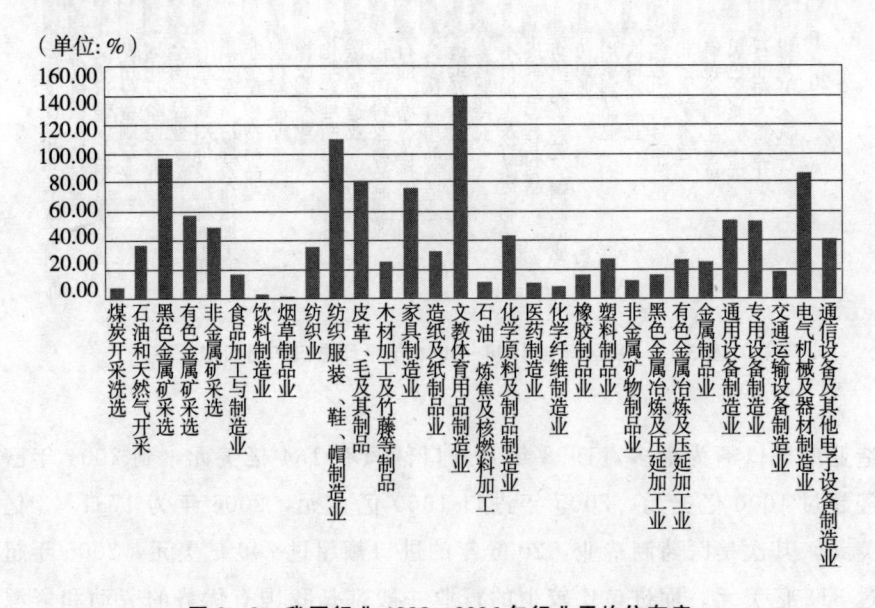

图3-8 我国行业1998~2006年行业平均依存度

我国煤炭开采和洗选业,食品加工和制造业,纺织业,纺织服装、鞋、帽制造业,皮革、毛皮、羽毛(绒)及其制品业,木材加工及木、竹、藤、棕、草制品业,家具制造业,文教体育用品制造业,医药制造业,橡胶制品业,塑料制品业,非金属矿物制品业,金属制品业,通信设备、计算机及其他电子设备制造业等行业都是净出口行业,而其他的行业基本处于净进口。从行业的进出口增长率和净进出口的地位来看,我国行业贸易基本反映我国的要素禀赋状况。

从进出口额占行业总产值的比重,也即行业外贸依存度来看,我国文教体育用品制造业的行业外贸依存度最高,接近140%;黑色金属采选业,纺织服装、鞋、帽制品业，皮革、毛皮、羽绒及其制品业，家具制造业和电气机械及器材制造业的行业外贸依存度都超过60%，是贸易依存度比较高的行业；其他行业的依存度基本在20%～50%间；烟草行业的贸易依存度最低，只有1%左右，其次是饮料制造业，为4%以上但不超过5%，可以参看图3-8我国行业外贸依存度。

第三节 本章总结

随着我国改革开放政策的实施以及世界贸易自由化进程的不断推进，我国对外贸易得到了长足的发展，贸易总额已经由1978年的355亿元人民币上升到2006年的140971.5亿元人民币，比1978年增长397倍。贸易差额由1978年逆差19.8亿元人民币变为2006年的顺差14217.7亿元人民币。我国外贸依存度也从1978年的9.74%上升到2005年的63.86%，在世界贸易中的排名也上升到第3位。我国的贸易有一半以上是加工贸易，目前的加工贸易占总贸易的比重已经达到50%以上，我国贸易顺差主要是由加工贸易顺差引起的。

虽然我国总体贸易发展很快，但是贸易在各地区发展存在很大差异。东部各省市最先开始进行对外贸易，东部对外贸易发展比较快，贸易依存度比较高。中西部地区的贸易发展起步较晚而且发展比较缓慢，地区贸易基尼系数也从1992年的0.68上升到2004年的0.74。东部地区的贸易占全国总贸易的比重1992年是83%，之后逐年上升，到2005年已经达到92.04%，而中西部的贸易比重2005年只有7%左右。

从行业来看，进入21世纪之后，我国各行业的对外贸易发展都比较快但是发展也不平衡。通信设备、计算机及其他电子设备制造业，电气机械及器材制造业，纺织服装、鞋、帽制造业，纺织业，皮革、毛皮、羽毛（绒）及其制品业等劳动密集型行业是我国出口主要行业，而采矿业、资本比较密集的行业如化学纤维制造业等是我国主要进口行业。从行业贸易依存度来看，文教体育用品、黑金属矿采业、服装及其制品行业、家具制造业等行业的贸易依存度都很大，而其他行业如化学纤维制造业、医药及其制品业、烟草加工和饮料制造业等贸易依存度比较小。

第四章 我国的收入差距现状

第一节 我国居民收入差距现状

一、全国居民收入差距

基尼系数是国际上公认的判断一国或者地区收入平均程度的最基本指标。国际上对基尼系数的划分标准是：0.3 以下，贫富差距小；0.3~0.4，贫富差距一般；0.4~0.5，贫富差距较大；0.5 以上，贫富差距大。由于我国存在明显的二元经济结构，因此为使基尼系数更能反映我国的收入差距现状，我国政府和学术界一般都计算三种基尼系数，即农村居民基尼系数、城镇居民基尼系数和全国居民基尼系数。改革开放之前，我国一直实行的是平均主义，因此居民之间的收入差距比较小；改革开放以后，随着市场经济体制改革和"以按劳分配为主，多种分配方式并存，兼顾效率和公平"的收入分配制度的改革，我国在居民收入不断上升的同时，居民之间的收入差距也在不断扩大。

1. 城镇居民收入差距。改革开放以来，我国城镇居民收入大幅度增长，1979~2003 年年均增长 6.8%，特别是 1998 年之后，年均增长速度达到 8% 以上，2003 年城镇居民人均可支配收入比 1978 年增长了 24 倍，比 1995 年增长 5.6 倍。与此同时，城镇居民之间的收入差距也在不断扩大，基尼系数从 1978 年的 0.16 上升到 2004 年的 0.334，上升了约 17 个百分点。从统计数据看，我国城镇居民的收入差距的扩大始于 20 世纪 80 年代中期。1978~1984 年，城镇居民的分配政策和分配制度仍处于原有的计划经济体制下，平均主义的分配体制基本没有受到改革的触动，收入分配差距相对较小,也没有太大变化,城镇居民的基尼系数基本在 0.15～0.16。1985 年,国有企业逐步改革内部分配制度,恢复奖金制度,国家对企业实行利润留成、承包经营、改革工资制度,发展多种经济,城镇居民的收入来源渠道增多,平均主义的分配方式被打破,城镇居民的收入差距开始拉大,并从 90 年代初期开始急剧拉大。城镇居民收入的基尼系数由 1985 年的 0.19 上升到 1994 年的 0.30,比改革开放初期上升了近 50%。1995 年之后,受宏观经济环境变化的影响,城镇居民收入增长速度明显放缓,收入差距的变化出现了一个相对平稳的时期。1994～1999 5 年间,个别年份的基尼系数虽有所下降,至 1999 年仍稳定在 0.30 的水平。2000 年以来,随着经济进入新一轮的增长期,城市经济体制改革步伐加快,尽管国家增大了对低收入者的收入保障,加大对个人税收调节力度,城镇居民收入差距还是呈扩大趋势,2004 年度,最高 10% 收入组的人均可支配收入为 19210 元,最低 10% 收入组为 2116 元,高低收入组的收入之比为 9.1:1,2005 年高低收入组的收入之比达 9.2:1,高低收入组之间的收入差距进一步扩大。2003 年基尼系数上升到 0.33,2004 年上升到 0.334,参见表 4-1 和图 4-1。就目前的增长速度来看,在未来几年城镇居民之间的收入差距很可能超过警戒线水平。

表 4-1 我国 1978～2004 年基尼系数表

年份	农村居民	城镇居民	年份	农村居民	城镇居民
1978	0.2124	0.16	1997	0.3285	0.290
1985	0.3042	0.19	1998	0.3369	0.300
1990	0.3099	0.23	1999	0.3361	0.300
1991	0.3072	0.24	2000	0.3536	0.320
1992	0.3134	0.25	2001	0.3603	0.320
1993	0.3292	0.27	2002	0.3646	0.320
1994	0.3210	0.30	2003	0.3680	0.330
1995	0.3415	0.28	2004	0.3692	0.334
1996	0.3229	0.28			

数据来源:孔泾源主编:《中国居民收入分配年度报告(2005)》,经济科学出版社 2005 年版,图 4-1 同。

2. 农村居民收入差距。总体来讲，农村居民收入差距要高于城镇居民收入差距。农村居民收入分配差距经历了由逐渐扩大到缩小，再由缩小到逐渐扩大的过程。1978年开始随着农村经济改革的开始，农村居民收入差距逐年扩大，1995年达到第一个顶峰，基尼系数由0.21扩大到0.3415，扩大了13个百分点，平均每年扩大0.8个百分点。1996年基尼系数下降为0.3229，比1995年下降2个百分点，恢复到90年代初期水平，随后差距开始逐年扩大，1999年的基尼系数为0.3369，2000年的基尼系数达到0.3536，2004年的基尼系数进一步扩大到0.3692，比1995年的最高点扩大3个百分点；按农户人均收入水平进行5等份分组（每组各占总户数的20%），2001年高低收入组农户的收入比为6.8：1（以低收入组农户的收入为1），2002年扩大为6.9：1，2003年进一步扩大为7.3：1，2004年为6.9：1，2005年又扩大到7.3：1。

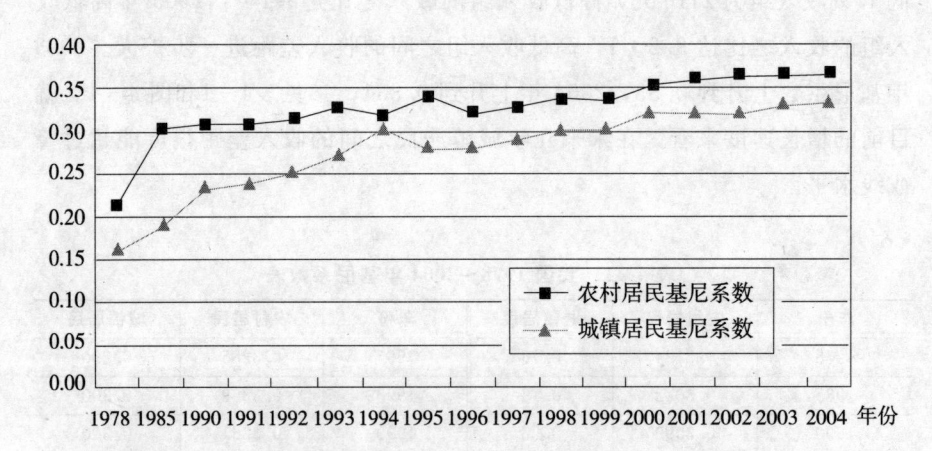

图4-1 1978以来我国农村居民基尼系数和城镇居民基尼系数变化趋势

3. 全国居民收入差距。对于全国居民的基尼系数，国家没有给予统一明确的数值，各学者在计算时，因为方法和数据来源的不同得到的结果也不同。不过全国居民基尼系数要高于农村和城镇居民的基尼系数。全国基尼系数自1980年以来先上升，到1995年到达一个高点后，1996年到1998年略有下降后再次上升。根据钱敏泽（2002）利用我国现行统计方法计算的全国居民基尼系数1982年为0.268，1985年上升到0.289，1990年为

0.327，1995年再次上升到0.376，自1996年之后有所下降，最低为1997年的0.352。[①] 但之后再次上升，据世界银行统计结果，2000年我国全国基尼系数已经超过0.4，2003年上升到0.4386，到2005年已经逼近0.47。全国居民基尼系数比城镇和农村居民基尼系数都高的原因主要是由我国城镇和农村之间的差距引起的。

二、全国城乡差距

城乡居民收入差距是中国现阶段居民收入差距的主要表现。全国居民基尼系数要高于农村居民和城镇居民的基尼系数主要也是由我国的城乡差距引起的。总的来看，我国城乡居民收入差距呈先下降后上升，再下降后加速上升的趋势，如图4-2所示。改革开放初期，从1978年到1984年，由于改革首先从农村开始，农村居民首先从改革中获益，农民收入水平较

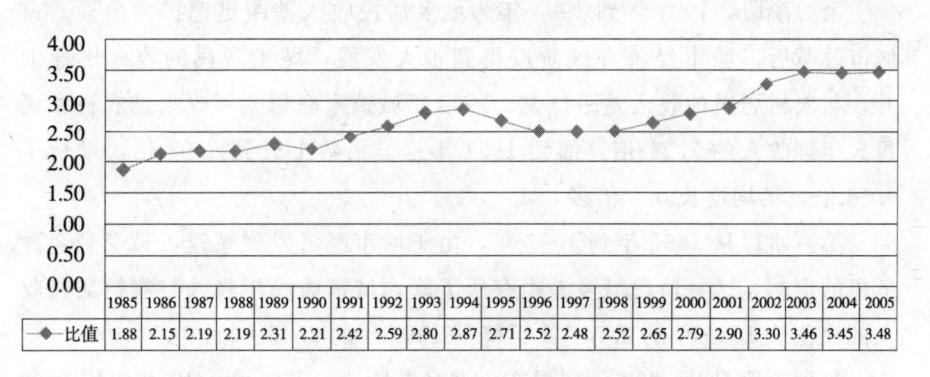

	1985	1986	1987	1988	1989	1990	1991	1992	1993	1994	1995	1996	1997	1998	1999	2000	2001	2002	2003	2004	2005
比值	1.88	2.15	2.19	2.19	2.31	2.21	2.42	2.59	2.80	2.87	2.71	2.52	2.48	2.52	2.65	2.79	2.90	3.30	3.46	3.45	3.48

图4-2 全国城镇家庭平均每人全年实际收入与农村居民家庭人均年纯收入的比值变化[②]

---

① 钱敏泽的计算与本书列出的孔泾源等人的城镇和农村居民基尼系数相比要低，与其他学者的计算相比也偏低。如李强（1995）援引了中国人民大学社会调查中心1994年在全国范围内的收入调查资料，并据此计算出全国城乡合一的基尼系数为0.445；中国社会科学院经济研究所也进行过两次大规模的抽样调查，计算出1995年全国的基尼系数值为0.452（李实、赵人伟，1999）。赵涛（2000）认为，1996年为0.42，1997年提高到0.43，1998年则提高至0.46；马敏娜（2001）曾依据历年的《中国统计年鉴》测算出1996年的基尼系数为0.424，1997年为0.425，1998年为0.445。

② 比值未考虑农村和城镇的物价差。

之城镇居民提高得更快,增幅更明显,城乡居民收入差距逐步缩小。城乡居民收入比由 1978 年的 2.56 倍缩小为 1984 年的 1.83 倍,缩小近 30%。但之后随着城市改革的开始,我国城乡之间的收入差距也开始拉大,1985 年之后城乡差距基本以上升趋势为主,城镇家庭平均每人全年实际收入与农村居民家庭人均年纯收入的比值由 1985 年的 1.88 倍上升到 2005 年的 3.48 倍,增长了 1.6 倍。

从 1985 年起我国城乡收入差距呈螺旋式上升,大体来讲经历了以下几个阶段。

第一阶段从 1985 年到 1990 年,城乡差距缓慢拉大。在这一阶段城乡居民收入水平继续提高但增速下降,城乡居民收入差距逐步拉大。城乡居民收入比由 1985 年的 1.88 倍扩大到 1990 年的 2.21 倍,增长了 0.33 倍,年均增长 0.055 倍。

第二阶段,1991 年到 1994 年为城乡居民收入差距迅速扩大阶段。自城市改革后,城市经济在该阶段得到很大发展,城镇居民的收入迅速上升,与农村居民的收入差距拉大,1990 年城镇家庭每人年收入是农村家庭每人年纯收入的 2.21 倍,而到 1994 年这一倍数上升到 2.87 倍,增长了 0.56 倍,年均增长 0.1 倍多。

第三阶段从 1995 年到 1997 年,由于城市经济发展减速,又受到金融危机的影响,这一阶段城乡差距有所下降,城镇居民年收入与农村居民收入的比值从 1995 年的 2.71∶1 下降到 1997 年的 2.48∶1。

第四阶段是从 1998 年到现在,城乡差距进一步拉大。1998 年到 2002 年城乡收入差距上升得比较快,城镇和农村居民的收入比从 2.52 上升到 3.30,增加了近 0.8,年均增加 0.16,是改革开放以来收入差距拉大最快的时候,而且 2002 年我国城镇居民收入与农村居民收入差距首次超过 3 倍。2002 年之后,国家对三农问题关注上升,政策上向农村倾斜,农民的收入上升较快,城乡收入差距上升的速度有所下降。但是我国城乡差距已经超过世界公认的警戒线 3∶1,目前,全世界超过城乡居民收入差距 3∶1 的只有两个国家,一个是中国,一个是莫桑比克。因此我国的城乡差距问题应当引起高度重视。

第二节 各地区居民收入差距现状

我国疆土广阔,省市自治区多达 30 多个,有些省份比某些国家还要大,而且各省市自治区之间的发展水平、资源条件等都不同,所以各省市自治区内部的收入差距也存在很大差距。由于数据限制,对我国各省市自治区内部收入差距分析得比较少,主要有胡祖光(2004)对浙江省的分析;陈昌兵(2007)对我国有数据基础的 21 个省市自治区 1995 年到 2004年的农村、城镇和全国居民基尼系数进行了计算,陈昌兵的计算结果和数据涵盖面在目前对基尼系数的计算中是比较全面的,因此本章就以他们计算的结果查看我国地区居民收入差距现状[①]。

一、省市自治区内部居民收入差距现状

1. 城镇居民基尼系数。1995 年以来,依据陈昌兵(2007)的计算结果参见表 4-2,我国 21 个省市自治区的城镇居民收入差距都在波动中不断上升。1995 年,江苏省城镇居民基尼系数最大,为 0.288,其次是新疆 0.259,上海 0.245,山西 0.243,再者是陕西、广东等,云南省的最小为 0.186。2001 年之前,各省市自治区的城镇基尼系数基本都保持在 0.2~0.286 之间,没有超过 0.3,但 2002 年之后,在 21 个省市自治区中有 14个省市自治区的城镇基尼系数超过了 0.3,2004 年,广东省的城镇基尼系数上升到 0.359,是 21 个省市中最高的,其次是江苏省为 0.352,黑龙江 0.314,上海 0.309;最低的是湖南省 0.239,其次是重庆、湖北,都在

---

① 陈昌兵在计算中首先利用非等分组的基尼系数计算公式直接计算出全国城镇居民、农村居民基尼系数,然后使用"分层加权法"计算出全国城乡基尼系数。非等分组的基尼系数基本计算公式为 $G = u^{-1} \sum_{i=2}^{N} \sum_{j=1}^{i-1} p_i |y_i - y_j| p_j$,$G$ 是基尼系数,u 是总体收入的期望值,N 表示总分组数,y_i 和 p_i 分别表示组 i 的平均收入水平和组 i 的人口占总人口比重,实际计算中常采用 $G = \sum_{i=1}^{N} W_i Y_i + 2\sum_{i=1}^{N-1} W_i(1-V_i) - 1$,其中 W 是按收入分组后的人口数占总人口的比重,Y_i 是按收入分组后各组人口所拥有的收入占总收入的比重,V_i 是从 $i=1$ 到 i 的累计数,如 $V_i = Y_1 + Y_2 + \cdots + Y_i$。

0.25 左右。虽然，1995 年各地区城镇基尼系数与人均收入水平的高低看不出太大的关系，收入水平低的地区也有基尼系数比较高的，比如山西和陕西，收入水平高的地区也有差距比较大的比如江苏、上海。但是经济发展越快的地区其城镇基尼系数也上升得快，到 2004 年城镇基尼系数较高的地区基本都是发展比较快的地区，如广东、江苏、上海、浙江等。另外，从我国东中西部的地带划分来看，东部各省份平均城镇基尼系数明显高于中西部地区，1995 年东部城镇平均基尼系数是 0.227，西部是 0.2157，中部为 0.2071，2004 年东部地区的平均值上升到 0.318，西部地区为 0.2811，中部地区为 0.269；从城镇基尼系数上升的速度来看，东部各省份 1995～2004 年的上升幅度也大于中西部地区，这说明城镇居民收入差距与地区经济存在比较大的关系。

表 4-2　全国 21 个地区 1995～2004 年城镇居民基尼系数

年份 地区	1995	1996	1997	1998	1999	2000	2001	2002	2003	2004
天津	0.224	0.232	0.244	0.215	0.255	0.261	0.286	0.295	0.294	0.304
辽宁	0.215	0.230	0.234	0.244	0.237	0.251	0.250	0.312	0.283	—
上海	0.245	0.245	0.198	0.199	0.299	0.212	0.249	0.253	0.291	0.309
江苏	0.288	0.296	0.216	0.228	0.247	0.259	0.277	0.355	0.340	0.352
浙江	0.197	0.196	0.211	0.224	0.222	0.245	0.257	0.272	0.294	0.308
福建	0.196	0.197	0.189	0.195	0.202	0.222	0.220	0.238	0.251	0.280
广东	0.227	0.227	0.239	0.243	0.241	0.254	0.257	0.383	0.366	0.359
内蒙古	0.214	0.216	0.247	0.241	0.242	0.258	0.244	0.314	0.317	0.293
广西	0.213	0.293	0.218	0.224	0.230	0.248	0.268	0.303	0.309	0.286
重庆	0.187	0.170	0.190	0.197	0.217	0.216	0.248	0.306	0.237	0.253
云南	0.186	0.178	0.198	0.217	0.233	0.223	0.221	0.277	0.256	—
陕西	0.232	0.205	0.216	0.236	0.235	0.267	0.273	0.281	0.281	0.282
青海	0.219	0.266	0.230	0.237	0.246	0.240	0.257	0.324	0.320	0.286
新疆	0.259	0.259	0.289	0.282	0.254	0.276	0.259	0.299	0.227	0.287
山西	0.243	0.247	0.258	0.251	0.233	0.272	0.276	0.338	0.277	—
黑龙江	0.221	0.212	0.224	0.241	0.243	0.267	0.278	0.323	0.306	0.314
安徽	0.188	0.187	0.197	0.199	0.214	0.252	0.245	0.307	0.274	0.268
江西	0.210	0.205	0.165	0.208	0.217	0.238	0.242	0.318	0.247	0.267
河南	0.203	0.192	0.210	0.217	0.228	0.262	0.261	0.318	0.307	0.276
湖北	0.189	0.197	0.209	0.209	0.226	0.243	0.250	0.312	0.299	0.255
湖南	0.196	0.192	0.219	0.200	0.241	0.242	0.281	0.325	0.332	0.239

数据来源：陈昌兵："各地区居民收入基尼系数计算及其非参数计量模型分析"，《数量经济技术经济研究》2007 年第 1 期，表 4-3 和图 4-3 同。

2. 农村居民收入差距。各省市自治区的农村居民基尼系数与全国农村基尼系数一样，都高于城镇基尼系数。1995年在21个地区中有6个省市自治区的农村基尼系数超过0.3，分别是东部的浙江省，西部的广西壮族自治区、云南、陕西和新疆维吾尔族自治区，中部的山西。其中新疆的农村收入差距最大，1995年为0.391，到2003年上升到0.402。而像河南、安徽、湖南等农业和人口大省的农村居民收入差距都比较小且上升幅度较小，1995年河南省为0.247、湖南为0.242、安徽只有0.232，2004年安徽是0.277，河南是0.29，湖南为0.3。在所有的省市自治区中辽宁省的农村基尼系数上升幅度最大，从1995年到2004年上升了0.093个点，其次是黑龙江，上升了0.067个点，再者是上海为0.064个点，其他地区的上升幅度都在0.03～0.05个点左右。就东中西地带来看，西部地区农村基尼系数的平均值最大，1995年是0.316，2004年上升到0.328；东部地区的其次，平均值1995年为0.289，2004年为0.326；中部地区的最低，1995年是0.27，到2004年上升到0.305。不过中部地区各省市农村基尼系数的上升速度最快，从1995年到2004年平均上升了0.049点；其次是东部地区的上升为0.0403点；虽然西部的差距最大，但是增长速度最低，平均增幅只有0.0226，参见表4-3全国21个地区农村基尼系数。

表4-3 全国21个地区1995～2004年农村居民基尼系数

年份 地区	1995	1996	1997	1998	1999	2000	2001	2002	2003	2004
天津	0.264	0.286	0.291	0.305	0.317	0.337	0.340	—	—	—
辽宁	0.284	0.219	0.325	0.307	0.325	0.393	0.366	0.383	0.377	—
上海	0.285	0.273	0.294	0.296	0.336	0.323	0.346	0.356	0.350	0.349
江苏	0.299	0.283	0.278	0.280	0.338	0.352	0.350	0.358	0.358	0.338
浙江	0.334	0.347	0.354	0.353	0.325	0.318	0.326	0.331	0.322	0.302
福建	0.290	0.274	0.260	0.271	0.275	0.296	0.318	0.322	0.343	0.315
广东	0.273	0.229	0.264	0.270	0.308	0.289	0.302	0.321	0.327	0.326
内蒙古	0.260	0.293	0.226	0.284	0.301	0.332	0.372	0.361	0.369	0.254
广西	0.312	0.314	0.321	0.299	0.297	0.343	0.337	0.346	0.356	0.353
重庆	0.272	0.259	0.249	0.272	0.288	0.291	0.294	0.288	0.296	0.293

续表

年份 地区	1995	1996	1997	1998	1999	2000	2001	2002	2003	2004
云南	0.380	0.352	0.347	0.354	0.343	0.336	0.343	0.390	0.376	—
陕西	0.309	0.317	0.317	0.327	0.350	0.334	0.321	0.319	0.376	0.357
青海	0.292	0.270	0.269	0.280	0.287	0.373	0.385	0.361	0.359	0.336
新疆	0.391	0.377	0.370	0.380	0.384	0.388	0.371	0.378	0.402	0.379
山西	0.357	0.310	0.333	0.321	0.366	0.309	0.324	0.232	0.326	—
黑龙江	0.270	0.284	0.269	0.283	0.293	0.386	0.370	0.375	0.395	0.337
安徽	0.232	0.233	0.228	0.236	0.225	0.243	0.242	0.264	0.287	0.277
江西	0.268	0.257	0.273	0.292	0.305	0.269	0.290	0.297	0.304	0.310
河南	0.247	0.251	0.252	0.263	0.227	0.291	0.292	0.295	0.325	0.290
湖北	0.277	0.261	0.273	0.283	0.287	0.280	0.294	0.292	0.309	0.318
湖南	0.242	0.239	0.250	0.260	0.257	0.282	0.287	0.302	0.302	0.300

3. 城乡结合的居民基尼系数或者总体基尼系数。各省市自治区的总体基尼系数自1995年到2004年有明显的上升趋势，1995年在21个省市自治区中，总基尼系数超过0.4的只有西部的四个省份，分别是陕西省，为0.455，其次是青海0.413、四川0.407、新疆0.402。到2004年超过0.4的已经有十个省市自治区，按照由高到低分别为云南省0.468（2003）、青海0.465、广东0.457、内蒙古0.439、广西0.437、四川0.425、河南0.423、山西0.419、安徽0.405、黑龙江0.4。从总基尼系数的排名来看，中部省份的排名基本名列前列，如江西、安徽、河南等；东部省市的总基尼系数都比较低，如江苏、上海、浙江、福建等，1995年这些省市的基尼系数都在0.25左右。西部省自治区的总体基尼系数位于中东部省市之间，1995年基本都在0.31~0.38之间，2004年上升到0.4左右。就地区省市自治区的平均总基尼系数来讲，中部的平均最高，但是增长比较缓慢，西部的其次，东部的平均最低，但东西部增长速度比较快，到2002年基本都接近0.4，参见图4-3。

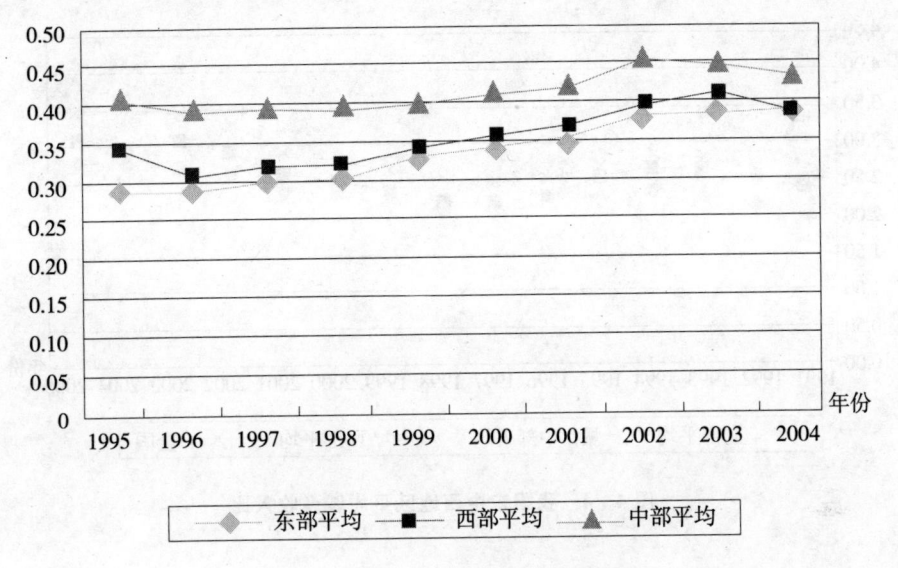

图4-3 东中西部地区平均基尼系数

二、城乡差距的地区不平衡

我国各地区的城乡差距存在很大的不同。从1991年到2005年平均来讲，东部地区的城乡差距最小，2005年城镇居民家庭人均纯收入与农村居民家庭人均年纯收入的比值最高为2.78，没有超过警戒线；中部地区的其次，在2002年之前中部地区的差距也没有超过3，2003年首次超过3倍，达到3.08，中东部地区的城乡差距要低于全国的平均水平；西部地区的差距比值最高，1991年比值已经达到2.87，1992年就超过3，之后一直上升，到2002年达到4.07，首次超过4倍，2005年已经上升到4.1倍，如图4-4所示。

从增长速度来看，西部地区城乡差距的增长速度最快，从1991到2005年，西部地区的城乡收入比已经由2.87上升到4.1，上涨了1.23；东部地区其次上涨了0.79；而中部地区的差距增长比较缓慢，从1991年到2005年只增长了0.69。

就各省份来讲，西藏地区的城乡收入比重在全国来讲是最高的，1991年已经为3.42，1994年就超过4倍，达到4.12，1997年超过5倍，达到

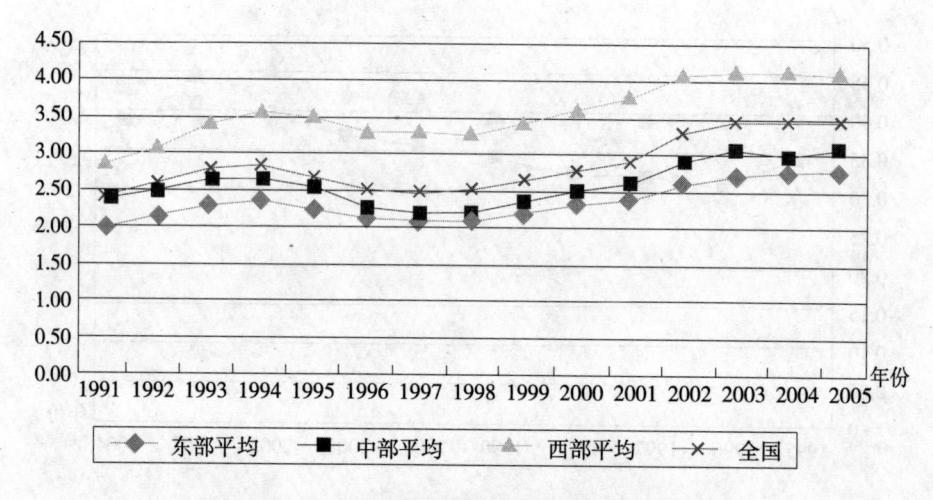

图 4-4 我国东中西地区平均城乡收入比

5.66，之后一直没有低于5倍，2005年时下降到5.13。天津的城乡差距在全国来讲是最低的，1991年为1.58倍，2005年上升到2.43倍。就1991年到2005年的增长幅度来讲，安徽省的增长幅度最小，只增长了0.12，这与安徽农村剩余劳动力向东部地区转移有很大关系；其次是海南省，增长了0.29；增幅最大的是云南省，从1991年的3上升到2005年的4.9，增长了1.9，其次是西藏增长了1.7，陕西增长1.51，参见表4-4。

表 4-4 各省、市、自治区城镇居民家庭人均纯收入与
农村居民家庭人均年纯收入的比值

地区\年份	1991	1995	1997	2000	2005	增幅
北京市	1.54	1.94	2.15	2.26	2.66	1.12
天津市	1.58	2.05	2.04	2.25	2.43	0.85
河北省	2.42	2.35	2.18	2.29	2.76	0.34
辽宁省	1.92	2.11	1.98	2.29	2.67	0.75
上海市	1.25	1.70	1.61	2.11	2.50	1.25
江苏省	1.96	1.89	1.78	1.90	2.53	0.57
浙江省	1.77	2.10	2.00	2.19	2.68	0.91
福建省	2.24	2.20	2.23	2.32	3.01	0.77
山东省	2.21	2.49	2.28	2.45	2.95	0.74

续表

地区＼年份	1991	1995	1997	2000	2005	增幅
广东省	2.43	2.76	2.48	2.70	3.46	1.03
海南省	2.59	3.16	2.57	2.48	2.89	0.29
东部平均	**1.99**	**2.25**	**2.12**	**2.30**	**2.78**	**0.79**
内蒙古	2.52	2.38	2.23	2.53	3.2	0.68
西藏	3.42	4.41	5.66	5.62	5.13	1.71
陕西省	2.83	3.44	3.16	3.57	4.34	1.51
甘肃省	3.34	3.58	3.05	3.46	4.41	1.07
青海省	2.63	3.22	3.04	3.49	4.07	1.44
宁夏	2.68	3.39	2.55	2.87	3.49	0.80
新疆	2.31	3.68	3.24	3.51	3.50	1.19
西部平均	**2.87**	**3.51**	**3.29**	**3.59**	**4.10**	**1.23**
山西省	2.50	2.74	2.31	2.49	3.30	0.80
吉林省	1.88	1.97	1.92	2.39	2.80	0.92
黑龙江省	1.89	1.91	1.78	2.30	2.71	0.82
安徽省	3.36	2.91	2.55	2.76	3.48	0.12
江西省	1.85	2.20	1.94	2.40	2.89	1.04
河南省	2.58	2.68	2.37	2.41	3.19	0.61
广西	2.75	3.33	2.74	3.15	4.02	1.27
四川省	2.90	3.46	3.05	3.22	3.58	0.67
贵州省	3.20	3.62	3.43	3.74	4.47	1.26
云南省	3.00	4.07	4.08	4.31	4.90	1.90
湖北省	2.56	2.67	2.23	2.44	3.03	0.47
湖南省	2.50	3.30	2.58	2.85	3.24	0.74
中部平均	**2.39**	**2.55**	**2.21**	**2.51**	**3.08**	**0.69**

数据来源：中经网统计数据库。

第三节 行业要素报酬差距

我国居民收入差距主要是由所持有要素收入差距引起的。劳动报酬是居民的主要收入来源，而且其比重总体上呈现稳中有升的趋势。从1992年到1998年，劳动者报酬在居民可支配收入中所占的比重基本维持在88%～89%；1999年之后，上升到90%以上，2001年占到92.9%，比1992年上升了3.1个百分点，虽然之后比重又低于90%，但2003年仍为85%左右，劳动者收入仍然在居民收入中占绝对的比例，在劳动者总报酬中，工资收入又占主要部分。虽然资本、技术等要素的收入在居民总收入中所占的比重较小，但是在居民中分布及其不平衡，可以说是引起我国收入差距的主要原因。因此要分析我国的收入差距现状就不得不分析我国各行业工资差距、资本收益差距和行业工资与资本收益之间的差距。

一、行业大类平均工资的增长和行业间工资差距的上升

在改革开放以前，受计划经济的影响和制约，我国在居民收入分配政策上实行平均主义，行业之间的工资差距表现得并不明显，工资的增长速度也比较慢。但改革开放以后，在向市场经济发展过程中，国家仍然对一些行业未能全部放开，对一些行业准入进行了严格的限制（如电力、邮电、金融保险业、房地产业等），致使这部分行业在社会竞争中处于垄断地位，并依靠这种垄断地位，获取了大量的垄断利润，另外随着多种所有制结构的出现，行业工资的增长大幅上升而且行业之间的工资差距也在不断上升。

表4-5给出了我国行业大类1990到2005年的在岗职工平均工资，从表中可以看出自1990年到2005年各行业的平均工资都在逐年增加，其中金融业的平均工资增长最快，从1990年到2005年涨幅为30131元，增长的幅度是1990年平均工资的10倍多，其次是电力、燃气等民用事业单位，工资涨幅为22417元；在行业大类中平均工资增长最慢的是农、林、牧、渔业，其次是建筑业和批发零售业，再次是制造业和采矿业，制造业的平均工资自1990年到2005年上涨了13684元，采矿业上涨幅度是17908元，这两个行业的工资增长幅度基本上处于所有行业工资增长的中间水平，参见表4-5。

表4-5 我国按大类分行业在岗职工平均工资 （单位：元）

年份	农、林、牧、渔业	采矿业	制造业	电力、燃气及水的生产和供应业	建筑业	交通运输、仓储和邮政业	批发和零售业	金融业	房地产业	最高行业/最低行业
1990	1541	2718	2073	2656	2384	2520	1855	2097	2243	1.72
1991	1652	2942	2289	2922	2649	2796	1986	2255	2507	1.78
1992	1828	3209	2635	3392	3066	3261	2221	2829	3106	1.86

续表

年份	农、林、牧、渔业	采矿业	制造业	电力、燃气及水的生产和供应业	建筑业	交通运输、仓储和邮政业	批发和零售业	金融业	房地产业	最高行业/最低行业
1993	2042	3711	3348	4319	3779	4273	2679	3740	4320	2.12
1994	2819	4679	4283	6155	4894	5690	3537	6712	6288	2.38
1995	3522	5757	5169	7843	5785	6948	4248	7376	7330	2.23
1996	4050	6482	5642	8816	6249	7870	4661	8406	8337	2.18
1997	4311	6833	5933	9649	6655	—	—	9734	9190	2.26
1998	4528	7242	7064	10478	7456	9808	5865	10633	10302	2.35
1999	4832	7521	7794	11513	7982	10991	6417	12046	11505	2.49
2000	5184	8340	8750	12830	8735	12319	7190	13478	12616	2.60
2001	5741	9586	9774	14590	9484	14167	8192	16277	14096	2.84
2002	6398	11017	11001	16440	10279	16044	9398	19135	15501	2.99
2003	6969	13682	12496	18752	11478	15973	10939	22457	17182	3.22
2004	7611	16874	14033	21805	12770	18381	12923	26982	18712	3.55
2005	8309	20626	15757	25073	14338	21352	15241	32228	20581	3.88
增幅	6768	17908	13684	22417	11954	18832	13386	30131	18338	—

随着我国行业工资水平的不断上涨，行业之间平均工资水平差距呈现先下降后上升的趋势，图4-5同时列出了我国工资最高行业和最低行业之间的比值。1978年到1987年，我国行业间的收入差距是逐年下降，最高行业和最低行业之间的收入差距比从1978年的2.17倍缩小到1987年的1.55倍，这一阶段主要还是依据我国建国初期那种依据所付出劳动的苦累程度作为工资制定的标准，因此最高工资的行业主要是地址勘探等苦力行业，而最低工资行业是社会服务业。1988年之后，随着我国改革的进行，我国行业之间的工资差距一直持续上升，到2005年最高行业和最低行业工资的比值已经由1.58倍上升到3.88倍，17年间上升了2.3倍，最高行业和最低行业之间的差值也由1988年的745元上升到2005年的32249元，差值上升了31504元。尤其是进入21世纪以来，行业工资的差距上升加速，2000年最高行业和最低行业的工资比还只有2.6倍，到2005年已经到了3.88倍，5年时间上升了1.2倍。1988年到1999年我国收入较高的

行业主要是国有垄断行业如电力煤气、金融保险、房地产、采掘、地质勘探业等，2000年之后，知识、信息含量高的行业如科学研究、信息、计算机服务以及软件开发业等工资才大幅上升，成为收入最高的行业。从1988年开始农林牧渔业的行业工资一直是最低的，而且其增长的速度也最慢，从1978年到2005年年均增长率只有11%，而金融业、电力、燃气及水的生产和供应、信息、计算机服务和软件业等年均增长率都接近或者超过15%，制造行业的平均工资年均增长率还在13%以上，这也可以从一侧面看出我国农村居民与城镇居民收入不断扩大的原因。

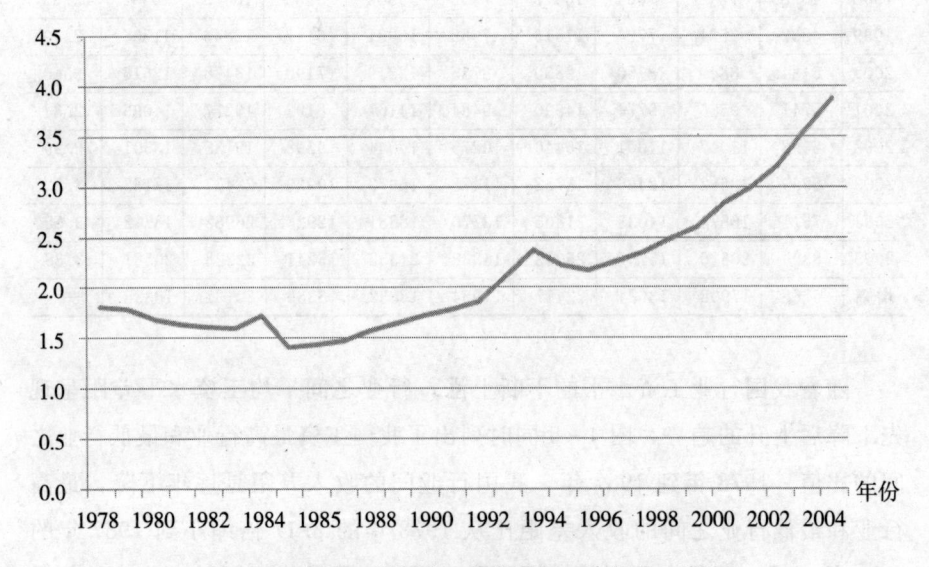

图4-5 最高工资行业工资与最低工资行业工资比

资料来源：2002年之前的数据来源于：蔡继明："我国行业收入差距和对策"，中国网；2002年之后数据来自《2006年中国统计年鉴》。

二、工业细分行业平均劳动报酬变动

就工业行业的细分行业来讲，其工资上升和工资之间的差距也是相当明显的。1996年工业行业中木材加工及木、竹、藤、棕、草制品业的平均劳动报酬最低，只有3367.62元，最高行业为石油和天然气开采业，其平均报酬为9416.4元,最高行业是最低行业平均报酬的2.8倍,其差额为6048.78元;2003年行业中平均劳动报酬最高的是烟草制品业,27143元,最低行业为木材加工及木、竹、藤、棕、草制品业,7879元,两者相差19264元,最高行业是最低行业的3.44倍;2004年和2005年塑料制品业的平均劳动报酬最低,分别为8801元和9927元,最高行业为有色金属冶炼及压延加工业,其平均劳动报酬分别为34688元和42772元,2004和2005年最高行业与最低行业平均劳动报酬的差额分别为25887元和32845元,其比值分别为3.94和4.31。从1996年到2005年工业行业间平均劳动报酬的差距不论是从差额还是从比值上来看都是上升的。

虽然工业行业的平均劳动报酬是逐年增加但是平均劳动报酬的增长存在很大差距,劳动力比较密集型行业的涨幅一般比较低,1999年到2005年劳动报酬涨幅最低的行业是木材加工及木、竹、藤、棕、草制品业,其次分别是文教体育用品制造业,纺织业,皮革、毛皮、羽毛(绒)及其制品业。而垄断程度比较高的行业和与资源加工有关的行业一般工资上涨得比较快,如烟草制品业、石油和天然气开采业等。从1996年到2005年的平均劳动报酬涨幅来看,报酬涨幅最大的行业是烟草制品业,涨幅为33832.98元;其次是石油和天然气开采业,21249.6元,石油加工、炼焦及核燃料加工业,17770.42元,黑色金属冶炼及压延加工业,17034.33元等;最低的行业是纺织业,从1996年到2005年平均劳动报酬只涨了6453元,与烟草制品业相差27379多元;其次是木材加工及木、竹、藤、棕、草制品业,上涨6559.38元,详细可参见表4-6。

表4-6 工业行业平均劳动报酬 (单位:元)

年份 行业	1996	1999	2000	2001	2002	2003	2004	2005	增幅 2005~1999	增幅 2005~1996
木材加工及木、竹、藤、棕、草制品业	3368	5410	6003	6318	7339	7879	8801	9927	4517	6559

续表

年份　　行业	1996	1999	2000	2001	2002	2003	2004	2005	增幅 2005~1999	增幅 2005~1996
文教体育用品制造业	5258	8016	8839	10826	10390	11432	12183	12741	4725	7483
纺织业	4144	5753	6398	6681	7268	8079	9038	10597	4844	6453
皮革、毛皮、羽毛（绒）及其制品业	4715	7333	8005	8217	9108	9883	10964	12261	4928	7546
非金属矿物制品业	4189	6390	6877	9343	8123	9173	10394	11568	5178	7379
纺织服装、鞋、帽制造业	4760	7084	7787	8367	9066	10090	11381	12437	5353	7677
食品加工与制造业	4238	6726.5	7397.5	8148.5	9014.5	9942	10983.5	12287.5	5561	8050
化学纤维制造业	6846	9524	10447	13266	11404	12562	13804	15352	5828	8506
塑料制品业	4503	7377	8230	8880	10131	11317	12584	13246	5869	8743
造纸及纸制品业	4344	6360	7081	7730	8668	10067	11232	12347	5987	8003
家具制造业	4135	6306	6884	7721	8881	9501	10808	12393	6087	8258
饮料制造业	4327	7393	7907	8919	9619	10746	12174	13518	6125	9191
橡胶制品业	4870	7664	8070	11950	10055	11024	12470	13926	6262	9056
非金属矿采选业	4216	6123	6551	7403	8043	8980	10578	12405	6282	8189
电气机械及器材制造业	5508	8635	9583	10994	12405	13435	14797	16093	7458	10585

续表

年份 行业	1996	1999	2000	2001	2002	2003	2004	2005	增幅 2005~1999	增幅 2005~1996
金属制品业	4888	7132	7928	10740	10075	11073	12451	14806	7674	9918
医药制造业	5424	9187	10259	7359	13207	14556	15652	17121	7934	11697
化学原料及化学制品	5285	7542	8338	8990	10359	12129	13729	15585	8043	10300
通信设备、计算机及其他电子设备制造业	6566	12249	14138	15887	17636	18922	20428	20299	8050	13733
有色金属冶炼及压延加工业	6406	9202	11164	12141	12491	13661	15285	17534	8332	11128
有色金属矿采选业	4796	6910	7610	8185	8822.5	10394	12410	15597	8687	10801
专用设备制造业	5024	7103	7720	11091	10406	12040	13985	16078	8975	11054
通用设备制造业	5166	7455	8230	16350	10668	12777	14549	16474	9019	11308
黑色金属矿采选业	5181	7768	8188	9226	9955	12208	14602	17489	9721	12308
交通运输设备制造业	6066	9460	10669	7423	14409	16313	18485	19805	10345	13739
石油加工、炼焦及核燃料加工	8009	12917	15335	9089	17357	20733	22951	25779	12862	17770

第四章 我国的收入差距现状

续表

年份 行业	1996	1999	2000	2001	2002	2003	2004	2005	增幅 2005~1999	增幅 2005~1996
煤炭开采和洗选业	5435	6546	7329	8695	9769.5	11894	15190	19423	12877	13988
黑色金属冶炼及压延加工业	7186	10074	11549	9004	15032	17989	21074	24220	14146	17034
石油和天然气开采业	9416	14318	16614	18695	20883.5	23082	26316	30666	16348	21250
烟草制品业	8939	13831	16591	20269	23744	27143	34688	42772	28941	33833

数据来源：1996 年数据来自于盛斌：《中国对外贸易政策的政治经济学分析》，上海人民出版社，2002 年，第 544 页，表 7 中国工业行业的劳动力状况；1999～2005 年数据来自于《中国劳动力统计年鉴》相关各年。

三、行业资本收益率变动

由于对具体资本收益率的衡量存在较多的技术困难（樊潇彦，2004），国内很少学者关注我国资本收益率以及行业资本收益率之间的差距，对于资本收益率的计算也少有涉及。[①] 为了比较这些年来，我国资本收益率变动与工资变动的情况，本书对我国行业资本收益率进行了计算。根据我国收入法（或要素分配法）核算的工业增加值："工业增加值＝劳动报酬＋固定资产折旧＋生产税净额＋营业盈余"。假定生产中只存在两种要素资本和劳动力，如果将除劳动者报酬之外的所有项目都视为资本收入[②]，那

[①] 在这方面有研究的主要有两篇文章：樊潇彦："中国工业资本收益率的测算与地区、行业结构分析"，《世界经济》2004 年第 5 期，第 48～57 页；陈仲常、吴永球："中国工业部门资本利润率变动趋势及原因分析"，《经济研究》2005 年第 5 期，第 96～106 页。

[②] 在此使用的是"广义的资本报酬"的概念，同李京文、钟学义（1998, P96）和张帆（2000），该方法可参见樊潇彦（2004）的分析。

么可以得到资本收益率:

$$r = \frac{本年固定资产折旧 + 产品销售税金及附加 + 应交增值税 + 利润总额}{固定资产净值年均余额}$$

$$= \frac{本年工业增加值 - 劳动者报酬}{固定资产净值年均余额} \quad (4-1)$$

根据《中国工业经济统计年鉴》中细分工业行业的相关数据,本书依据(4-1)式计算了我国 2000 年到 2005 年行业资本的收益率,结果见表 4-7。从计算结果来看,我国行业资本收益率基本都在 20% 以上,还是比较高的,而且呈现逐年增长趋势。在所有行业中,烟草加工业资本收益率是最高的,2000 年是 147%,到 2005 年达到 300% 以上,属于超高利润行业;其次是皮革毛皮羽绒及其制品业、电气机械及器材制造业、有色金属矿采选业、服装及其他纤维制品制造、食品制造业等行业,2005 年的资本收益率也在 115% 以上,是利润率比较高的行业;资本收益率最低的行业是非金属矿物制品业、造纸及纸制品业、化学纤维制造业,2005 年的资本收益率分别为 54%、48%、39%。从行业特点来看,一般资本收益率较高的行业是垄断程度比较高的行业,竞争程度较高的行业资本收益率比较低,如纺织业的资本收益率在 40%~80% 之间、饮料制造业的收益率在 50%~80% 左右。另外,行业之间资本收益率的差距还是比较明显的,2005 年最高收益率行业与最低行业的收益率差距达到 270% 多。

从行业资本收益率的增长速度来看,黑色金属矿采选业的增长速度最快,从 2000 年的 40% 上升到 2005 年的 112%,年均增长率是 37%,其次是煤炭采选业、非金属矿采选业、黑色金属冶炼及压延加工业,其年均增长率分别为 31%、29% 和 25%;增长速度最慢的是医药制造业(年均增长率 4%)、文教体育用品制造业(7%)、电子及通信设备制造业(7%)、服装及其他纤维制品制造业(8%)等,其他行业的资本收益率的年均增长率都在 10%~20% 左右,像纺织业的年均增长率是 13.7%、食品制造业的年均增长率是 16% 等。

表4-7 行业资本收益率及其变动

行业＼年份	2000	2001	2002	2003	2004	2005	年均增长率（%）资本	年均增长率（%）工资
煤炭采选业	0.15	0.18	0.24	0.27	0.57	0.62	30.65	20.05
石油和天然气开采业	0.78	0.64	0.59	0.66	0.85	1.07	11.49	13.56
黑色金属矿采选业	0.40	0.45	0.46	0.70	2.01	1.12	37.35	14.67
有色金属矿采选业	0.42	0.41	0.44	0.52	0.99	1.18	23.45	14.73
非金属矿采选业	0.27	0.26	0.31	0.38	1.01	0.87	29.13	12.56
食品制造业	0.56	0.63	0.70	0.84	1.21	1.15	16.04	10.57
饮料制造业	0.51	0.52	0.56	0.61	0.73	0.83	9.35	10.61
烟草加工业	1.47	1.67	2.14	2.52	2.73	3.12	13.41	20.78
纺织业	0.42	0.45	0.48	0.53	0.77	0.71	13.72	10.78
服装及其他纤维制品制造	0.86	0.93	0.87	0.98	1.19	1.16	7.65	9.85
皮革、毛皮、羽绒及其制品业	0.85	1.02	1.07	1.19	1.46	1.35	10.04	8.99
木材加工及竹、藤、棕、草制品业	0.42	0.48	0.50	0.57	1.08	0.82	17.81	10.70
家具制造业	0.64	0.75	0.74	0.76	1.44	0.99	14.29	11.96
造纸及纸制品业	0.31	0.33	0.37	0.40	0.59	0.48	8.28	11.71
文教体育用品制造业	0.64	0.68	0.67	0.74	1.09	0.83	6.96	8.32
石油加工及炼焦业	0.35	0.38	0.43	0.55	0.70	0.65	15.02	18.57
化学原料及制品制造业	0.30	0.34	0.37	0.47	0.68	0.68	17.18	12.90
医药制造业	0.71	0.77	0.71	0.74	0.74	0.80	4.23	15.00
化学纤维制造业	0.28	0.22	0.27	0.33	0.42	0.39	10.99	8.98
橡胶制品业	0.43	0.39	0.51	0.64	0.90	0.71	12.51	11.99
塑料制品业	0.49	0.52	0.57	0.59	0.97	0.70	11.46	10.29
非金属矿物制品业	0.31	0.31	0.37	0.45	0.72	0.54	15.30	11.33
黑色金属冶炼及压延加工业	0.25	0.32	0.34	0.49	0.77	0.76	25.05	18.55
有色金属冶炼及压延加工业	0.33	0.36	0.37	0.50	0.74	0.73	19.94	11.49
金属制品业	0.58	0.59	0.71	0.83	1.25	1.04	13.63	13.62
普通机械制造业	0.43	0.36	0.57	0.73	1.26	1.04	23.17	20.20
专用设备制造业	0.45	0.46	0.62	0.61	0.93	0.85	16.14	15.50
交通运输设备制造业	0.42	0.56	0.65	0.81	0.92	0.81	13.56	18.36

续表

年份 行业	2000	2001	2002	2003	2004	2005	年均增长率（%）	
							资本	工资
电气机械及器材制造业	0.72	0.77	0.80	0.99	1.37	1.29	14.62	10.96
电子及通信设备制造业	0.99	0.87	0.92	1.10	1.26	1.13	6.99	8.90

表4-7还给出了自2000年到2005年我国行业资本收益率的年均增长率和工资的年均增长率，如表4-7最后两列。就工资的年均增长率来看，烟草加工业的工资上升最快，年均增长率是20.7%，其次是普通机械制造业、煤炭采选业等，年均增长率在20%左右；而行业资本收益率增长率最高能达到近40%。从要素报酬的年均增长率来看，我国行业平均资本收益率的增长率大于工资的增长率，我国30个行业资本收益率的平均增长率是16%，而行业工资的平均增长率只有13.2%，这说明行业资本所有者与劳动所有者之间的收入差距在扩大。工资年均增长率比资本收益率增长快的行业只有医药制造业、烟草加工业、交通运输设备制造业、石油加工及炼焦业、造纸及纸制品业等十个行业；其他20个行业的资本收益率的增长率都大于工资的增长率，采掘业细分行业资本收益率的增长率与工资增长率之间的差距要比制造业细分行业的大，如黑色金属矿采选业的资本收益的增长率比工资增长率高出23个点、非金属矿采选业高17个点等。这20个行业大部分都是我国对外贸易发展比较快的行业，如橡胶制品业、专用设备制造业、普通机械制造业、电气机械及器材制造业、食品制造业、纺织业、家具制造业等。

第四节 本章总结

本章对我国收入差距的现状进行了系统描述。自改革开放以来，我国居民之间的收入差距在不断上升，城镇居民基尼系数从1978年的0.16上升到2004年的0.334；农村居民基尼系数从1978年的0.2124上升到0.3692；全国居民基尼系数已经从1980年的0.268上升到2005年的0.47，超过了世界公认的警戒线0.4；城镇家庭平均每人全年实际收入与农村居民家庭人均年纯收入的比值从1985年的1.88倍上升到2005年的

3.48倍,超过世界公认的警戒线3∶1。从地区来看,根据陈昌兵(2007)的计算结果,1995年以来,我国各省市自治区的城镇基尼系数都在波动中不断上升;农村基尼系数普遍高于城镇基尼系数,西部地区的平均农村基尼系数值最大,不过增速较慢,其次是东部地区,中部地区的平均值最小,但是到2004年也上升到0.305,增长速度最快;就城乡结合的基尼系数来看,到2004年在21个省市自治区中我国有10个省市自治区的数据超过0.4,增长非常快。

居民收入差距的上升主要还是由所持有要素报酬差距上升引起的,因此本书还分析了我国30个行业的要素报酬差距。从1998年以来,我国行业工资和资本收益率都在上升,但是各行业上升的幅度不同。一般垄断行业工资上升比较快,而劳动力密集型行业的工资上升较慢;采掘业的资本收益率上升较快,而制造业行业的资本收益率上升比较慢。就平均增长率来看,从2000年到2005年我国行业资本收益率年均增长率为16%,而工资的年均增长率为13%左右,这说明我国资本收入者与劳动收入者之间的收入差距是在上升的,而且一般外贸依存度比较高的行业如纺织业、橡胶制品业、专用设备制造业、普通机械制造业、食品制造业、家具制造业等资本收益率的年均增长率与工资年均增长率之间的差距较大。

总之,自改革开放以来,随着我国对外贸易的发展,不论是行业资本与工资所有者之间的收入差距还是我国居民之间的收入差距都在不断上升。从本章的分析来看,像对其他一些发展中国家的实证分析一样,我国贸易发展与要素报酬变动以及居民收入差距变动之间的关系与传统的SS定理存在很大差异,是传统贸易理论不能解释的。

第五章　我国要素市场特点及要素市场扭曲下贸易与要素报酬的关系

第一节　我国要素禀赋以及要素市场扭曲现状

一、我国要素禀赋

中国是一个劳动力较多，资本、土地和人力资本也就是熟练劳动力较少的国家。在劳动力、耕地、物质资本和人力资本四大要素中，中国除了在劳动力数量方面占绝对优势外，其他三种都比较匮乏。1995年，中国劳动力人均占有耕地仅为美国的11%，巴西的20%，泰国的21%，马来西亚的29%，比中国耕地资源更少的国家只有韩国、日本和新加坡。1995年我国的劳动力人均物质资本在所列国家中是最低的，只有1.6美元，不仅低于发达国家和新兴工业化国家水平如日本（物质资本是最高的，劳动力人均达到131.4美元）、美国和新加坡，同时也低于印度、巴西、印尼等发展中国家的水平。我国1995年的劳动力人均物质资本只有日本的1.2%，美国的2.1%，新加坡的2.5%，韩国的7.4%；比我国发展慢的国家如印尼，其物质资本都比我国高将近一倍。而且按照世界银行的测算，到2020年我国物质资本的相对丰裕度将进一步恶化，因为目前与我国发展程度相近的东盟国家人均物质资本的增长幅度都超过我国，如马来西亚增长8.8倍、菲律宾增长9.1倍、泰国增长9.3倍，相比之下，中国只有8.3倍。人力资本方面，我国人均接受大专以上教育的时间在所列国家中也是最低的，1995年只有0.2年，仅为日本的1/4、韩国的1/5、不足美国的1/10。

按照世界银行的测算，我国的相对人力资本丰裕度与东亚国家之间的差距将进一步拉大，参见表5-1。

表5-1 1995年和2020年中国要素禀赋的国际比较

国家/要素	耕地（劳动力人均公顷）	劳动力（百万人）		物质资本（劳动力人均1995年美元）		大学教育（人均年）	
	1995	1995	2020	1995	2020	1995	2020
中国	0.12	808.3	988.6	1.6	13.2	0.2	0.4
印尼	0.19	119.7	174.9	2.7	21.9	0.5	0.6
韩国	0.07	31.8	35.9	21.5	115.2	3.0	6.8
马来西亚	0.42	11.6	19.7	15.8	139.6	0.5	2.2
菲律宾	0.20	40.1	72.1	3	27.2	2.7	5.0
新加坡	0.00	2.1	2.6	62.7	384.9	0.5	2.7
泰国	0.58	39.9	53.9	7.9	73.2	1.3	3.1
巴西	0.61	101.4	145.9	9.6	31.2	1.1	2.1
印度	0.3	561.3	886.2	1.7	8.2	0.5	1.3
日本	0.05	87.0	75.1	131.4	397.8	0.8	1.8
美国	1.09	172.3	200.2	73	—	2.1	3.5

数据来源：Worldbank，1997。资料来源：徐永安、翟桔红："论加入世界贸易组织对中国居民收入分配的影响"，《经济评论》2003年第6期，第65页表1。

按照H-O定理，我国在市场经济和自由贸易环境下将出口劳动密集型产品，进口人力资本、资本和土地密集型产品。改革开放以来我国的对外贸易结构大体上符合这一格局。根据世界银行的数据，中国出口中劳动密集型制成品所占的比重从1980年的39%提高到了1990年的74%，其中非技能劳动密集型制成品的比重从29%提高到了51%；而资本密集型制成品和自然资源为基础的产品则分别从35%和50%下降到19%和20%。另外，根据中国学者张晓光的估计，到1996年中国非技能劳动密集型产品出口占46%左右，而资本密集型产品出口只有16%，农产品和自然资源产品的出口也在下降，只占8%。但另一方面，中国进口产品中人力资本和资本密集型产品仍是最多的，到1996年，前者占了44%，后者约占26%；而劳动密集型产品和自然资源产品分别占近20%和10%。①

根据我国的要素禀赋情况以及我国进出口中要素密集情况,结合传统贸易理论,如果在要素自由流动和自由竞争的环境下,我国的劳动力工资将会上升,资本、土地和人力资本的收益将会下降,也就是说随着我国贸易的发展,我国的收入差距将会随着贸易的发展而有所缩减。但是根据本书第三章和第四章对我国贸易和收入差距现状的分析,改革开放以来,随着我国贸易的发展和贸易自由化的不断加强,我国的收入差距是在逐年上升的。而且劳动力密集型行业也即我国出口比较多的行业,比如纺织业、木材加工及木、竹、藤、棕、草制品业,文教体育用品制造业等的平均劳动报酬上升的幅度低于其他行业的平均劳动报酬的增长幅度,这与SS定理的内容是相反的。我们认为,中国以及其他发展中国家之所以会出现与SS定理内容相反的现象,主要是因为发展中国家存在与SS定理假定不符的现实情况。SS定理要求要素市场要完全竞争、要素在各部门之间自由瞬时流动,而作为发展中国家我国存在典型的二元经济结构,要素市场扭曲比较严重。这种市场的扭曲主要表现在:一是农村存在大量剩余劳动力,持续地从农业部门转到城市部门,导致城市工业部门的劳动力供给大量增加同时城市内部还存在大量下岗人员;另一方面要素在城市工业部门和农业部门之间的流动存在很大限制,阻碍了要素的自由流动。

二、我国要素市场扭曲

(一) 我国农村剩余劳动力的存在

我国是一个比较典型的二元经济国家,农村和城市存在分割。二元经济的一个最根本的判断标准就是农村剩余劳动力的大量存在导致劳动力供给具有无限供给。经济学的早期文献就开始对二元经济结构和劳动力转移的理论进行阐释,但最早提出二元(dualism)概念的是荷兰社会学家波克(J. Bocke),他在1953年的一篇研究中指出,欠发达经济表现为一种二元性,波克的这一思想在刘易斯(A. Lewis,1954)的经典分析中得到了充

---

① 参见尹翔硕:"比较优势、技术进步与收入分配——基于两个经典定理的分析",《复旦学报(社会科学版)》2002年第6期,第50~55页。

分的发挥。1954年，刘易斯在"无限劳动供给下的经济发展"一文中，系统提出了发展经济学关于劳动力流动的第一个理论模式。他指出，发展中国家一般都存在城市工业部门和乡村农业部门的二元经济结构，主要表现为传统农业部门的劳动生产率远远低于以现代工业为代表的非农产业的劳动生产率，因此，传统农业部门的剩余劳动力向现代工业部门的转移，不仅可以解决农业剩余劳动力的就业和增加这部分劳动力的收入，而且可以增加现代工业部门的产出和积累，从而可以吸收更多农业劳动力，如此循环往复，伴随着农业劳动力的不断流出，农业劳动边际生产率将逐渐与工业工资水平接近，农业部门逐渐进步，从而传统农业部门得到了改造，二元经济结构的痕迹慢慢消失。拉尼斯（G. Ranis）、费景汉（J. Feil）等继承并发展了刘易斯对二元经济的分析，他们认为二元经济是介于传统农业经济和现代经济增长这两个经济发展阶段之间的一个历史时期，从历史顺序看，传统农业经济不可能一下子走向现代经济增长，需要经历从农业到二元、再从二元到现代的两个过渡。判断一个国家是否处于二元经济的过渡阶段，除了其他标准之外，主要看该国剩余劳动力从农业向工业转移状况。因此，二元经济即为劳动力剩余经济。[1] 虽然之后不少经济学家对二元经济进行了发展，提出种种质疑，但是以刘易斯、拉尼斯和费景汉为代表的传统二元经济模型并非纯粹的理论建构，而是具有一定的历史经验基础，它较好地解释了发达国家经济发展所走过的道路，对大多数发展中国家来说，这种理论在今天仍不失指导意义。而我国目前正处于刘易斯所说的传统农业向现代工业转移的阶段，具有典型的二元结构特征。

新中国建立后，我国走优先发展重工业的道路，提出"以农业为基础，工业为主导"的正确发展战略，之后慢慢演变成了完全向工业倾斜的发展战略。长期过度倾斜的政策，造成国民经济各部门，尤其是工农业部门之间的发展比例极不协调，工业超常发展，农业发展滞后。在几十年的经济发展中，工业产值在 GNP 中的比例提高了，农业产值在 GNP 中的比

---

[1] 参见 Gustav Ranis; John C. H. FeiA: "Theory of Economic Development", *The American Economic Review*, Vol. 51, No. 4, 1961, pp. 533 – 565. 以及 John C. H. Fei; Gustav Ranis (1963): " Innovation, Capital Accumulation, and Economic Development", *The American Economic Review*, Vol. 53, No. 3, pp. 283 – 313. 等文章的分析。

例下降了。但同时，农业劳动力在国民经济总劳动力中的比例却没有同步下降。这些都导致农民难以随着城市工业化的进程而进入城市，使大量劳动力滞留在农村，我国形成了典型的"二元经济"结构。随着我国经济的发展特别是城市经济的发展，城市用地不断扩大，导致我国农业耕地萎缩；农村人口的膨胀和农业生产力水平的不断提高，我国农村产生了大量剩余劳动力。对于农村剩余劳动力的总量，早在20世纪80年代中期，广为流行的说法是农村有大约1/3的劳动力是剩余的，绝对数大约为1.5亿到2亿人。到20世纪90年代，这个农村剩余劳动力的比例和绝对数得到一些推算的证实，并继续为人们广泛引证［卡特（Carter）等，1996］。近年来，人们仍然认为，农村存在着大约1/3甚至更多的剩余劳动力，绝对数量为1.5亿～2亿。[1] 王凤云根据有关数据估算，目前我国农村约有1.2亿绝对剩余劳动力；另外，还有约2.3亿人处于"两栖"状态的"准城镇化"人口。这2.3亿人，包括已进入乡镇企业就业的1.28亿人，有2200万人在其他非农产业就业，有8000万人进城打工。[2]

（二）农村劳动力的流动现状

本书从总量、区域和产业以及受教育程度等方面对我国农村剩余劳动力的转移特征进行分析。

1. 我国农村劳动力流动的总量特征。建国初期，我国施行严格的户籍管理制度，农业人口的转移受到限制。从1952～1970年，农业劳动力的转移相当缓慢，18年间非农产业劳动力增加0.3亿，农业就业比重仅比1952年下降2.8个百分点。从1970年到改革前的1978年，农业剩余劳动力转移开始有所推进，8年间农业就业比重下降了10.2个百分点，非农产业就业人员增加0.5亿，是前18年增加人数的1.6倍。

中国农业剩余劳动力较大规模的转移是从1978年改革开放后才真正开始的。1978年之后，农村的改革首先将大批隐性农业剩余劳动力变为显性，从而增大了劳动力转移的压力。在此基础上，农村非农产业迅速发展

---

[1] 蔡昉："破解农村剩余劳动力之谜"，《中国人口科学》2007年2期，第3～7页。对于农村剩余劳动力的总量，刘建进（2002）的估算结果是农村剩余劳动力比例高达46.6%，绝对数量超过1.7亿人。

[2] 王凤云："对目前我国农村剩余劳动力数量的估计"，《宏观经济研究》2001年第11期。

起来,从而带动了较大规模的农业剩余劳动力的转移。1979~1985年是中国农业剩余劳动力转移速度最快的时期,短短7年中,农业就业份额由70.5%迅速下降到62.4%,非农就业比重由29.5%上升至37.4%,农村剩余劳动力向非农产业转移了共4384万人,年均转移速度为16.3%。1986~1990年,由于中国宏观经济受到通货膨胀与市场"疲软"的双重影响,农业剩余劳动力转移速度有所放慢。5年中农业就业人员比重仅下降2.3个百分点,非农产业劳动力比重升至39.9%,这一阶段,我国农村剩余劳动力共转移1960万人,年均转移速度下降到5.3%。1991~1995年,中国经济进入到了一个较快的发展时期,农业剩余劳动力的转移也有所加快。统计数据表明,仅1991~1995年的5年中,非农就业量净增加0.7亿人,是1985~1990年增加人数的1.04倍,这期间农村剩余劳动力向农村非农产业转移的人数共计4034万人,年均转移807万人,年均速度上升到7.9%,参见表5-2。

表5-2　农业剩余劳动力向非农村非农产业转移的规模和速度

时期	绝对数(万人)	年均转移人数(万人)	年均增长率(%)
1979~1985年	4384	626	16.3
1986~1990年	1960	392	5.3
1991~1995年	4034	807	7.9

资料来源:潘文卿:"中国农业剩余劳动力转移现状及转移效益分析",《农业技术经济》2001年第3期。

1996年之后,中国经济开始由供给约束转向需求约束,由于种种原因,国内消费、投资需求增长有所放慢,而始于1997年夏的亚洲金融危机又较大程度地抑制了中国商品出口的增长。一系列不利因素使得中国经济增长趋缓,自1997年之后,国内农村剩余劳动力转移的速度有所下降,如表5-3所示。自1997年到2004年,我国农村剩余劳动力转移的规模虽然总数有所上升,但年平均增长率下降到5.88%。1997年到2000年间总体转移数量一直在上升,年均转移规模9794.75万人。但是2001年劳动力的转移规模比2000年下降很多,降幅高达30%多,不过2001年之后,农村转移劳动力的总规模又开始上升,2003年转移规模达到11390万人，2004年上升到11823万人，不过自2001年之后，劳动力转移的速度逐年下降，2003年比2002年下降8个百分点，2004年又比2003年下降5个百分点。

表5-3 1997~2004年农村剩余劳动力转移规模①

年份	规模（万人）	年增长率（%）	年份	规模（万人）	年增长率（%）
1997	8315		2001	8961	—20.70
1998	9457	13.73	2002	10470	16.84
1999	10107	6.87	2003	11390	8.79
2000	11300	11.80	2004	11823	3.80

资料来源：胡枫："关于中国农村劳动力转移规模的估计"，《山西财经大学学报》2006年第2期第15页表1关于农村剩余劳动力转移规模的估计中全国性的专项抽样调查数据。

2. 区域特征。总体看，农村剩余劳动力的转移在20世纪80年代初期以就地转移为主，到80年代中期尤其是进入90年代以后逐步由就地走向异地，从农村转向城市，由经济不发达的中西部地区向经济发达的沿海地区流动。对于80年代农村劳动力的流向，中国社会科学院农村发展研究所做过研究表明，在调查的总数中，就地从事农村非农产业的劳动力占61.6%，异地转移的劳动力占38.4%，其中异地转入农村地区的占48.8%，异地转入农村集镇的占5.3%，异地转入县城及建制镇的占12.1%，转入中小城市的占29.4%，转入大城市的仅占3.8%。这说明农村内部的转移总量占到了87%，转入城市的仅占13%，这项调查反映了80年代中期以前的农村劳动力转移的基本特点。80年代中期至90年代以来随着改革开放的推进，大量的农村剩余劳动力涌入城市。中国社会科学院农村发展研究所和中国农业银行的调查发现，进入城镇的农村剩余劳动力占78%，其中35%在大中城市里。在全国政协等单位的调查中，80%以上迁移者进入城镇，其中迁移到大城市的占33.5%，到中等城市

---

① 注：这里的转移是指转移出乡外就业6个月以上的劳动力包括到乡外仍然从事第一产业的劳动力；或劳动力未发生地域性转移，但在本乡内到非农产业就业6个月以上的劳动力。

的占 9.3%，到小城镇的占 37.8%，到农村的占 19.1%。进入 21 世纪之后，在县级市和建制镇务工的农村劳动力的比例逐年下降，进入地级以上城市的农民工比例不断上升，但进入省会城市的比例呈下降趋势，见表 5-4。

表 5-4 2001~2004 年农村转移劳动力在不同类型地区就业的分布 （单位：%）

	2004 年	2003 年	2002 年	2001 年
直辖市	9.6	9.5	8.4	8.2
省会城市	18.5	19.6	21.2	21.8
地级市	34.3	31.8	27.2	27.2
县级市	20.5	20.4	21.1	21.0
建制镇	11.4	11.6	12.9	13.0
其他	5.7	7.1	9.2	8.7

资料来源：盛来运、彭丽荃："农村外出务工劳动力的数量、结构及特点"，《中国农村劳动力调研报告》北京，中国统计出版社 2005 年版，表 5-5 同此。

从地区来看，中西部农村劳动力输出的比重要高于东部地区，其中中部地区的数量最多。从 2003 年和 2004 年的数据来看，中部地区的转移劳动力占全国总转移劳动力的比重接近 40%，而东部地区的转移比重为 33% 左右，西部地区的比重不足 27%。另外，从转移劳动力占当地农村总劳动力的比重来讲，中部地区的转移比重也最高，在 26%~28% 之间；西部地区的其次，在 25% 左右；东部地区的转移比重不超过 20%，参见表 5-5。从分省转移人数看，河南和四川省外出务工的劳动力最多，2004 年超过 1000 万人，江苏、安徽、山东、湖南、湖北等省区外出劳动力的数量均在 500 万以上。从外出农村劳动力就业的地区来讲，2004 年，在东部就业的农民工有 6511 万，占全国总外出务工农民工的比重为 70%，中部地区的比重为 14.2%，西部地区的比重为 15.6%。

表 5-5 不同地区农村转移劳动力占当地农村
劳动力和全国转移农村劳动力的比重

	2004 年			2003 年		
	占当地农村总劳动力比重（%）	数量（万人）	占全国比重（%）	占当地农村总劳动力比重（%）	数量（万人）	占全国比重（%）
全国	23.8	11823	100	23.2	11390	100
东部	19.8	3934	33.27	19.5	3811	33.46
中部	27.2	4728	39.99	26.4	4523	39.71
西部	25.4	3161	26.74	24.8	3056	26.83

从农村剩余劳动力流动的方向看，我国农村劳动力转移以省内转移为主，在省内流动的农村劳动力占了农村劳动力转移总量的大多数，1998、1999、2000 年分别为 66.16%、64.94%、58.95%，但是其比例在不断下降而向省外流动的比例在不断上升，参见图 5-1。从图 5-1 中可以看出，自 1993 年到 1996 年，我国农村劳动力跨省流动的规模是缓慢增加的，1997~1998 年受金融危机的影响，其规模有所下降，但之后不管是在总量规模上还是在占总流动比例上来看，跨省转移量都加速增长，到 2003 年达到 5620 万人，占总流动的比例是 49.3%，2004 年虽然跨省流动的总数只有 4770 万人，但其比重上升到 51%。从东中西部地区来看，东部地区跨省流动的农村劳动力占总劳动力转移的比例只有 27.5%，中部地区跨省转移的比例最高达到 70.5%，西部地区跨省流动比例为 53.5%。从省份来看，跨省流动占总外出农民工的比重在 60% 以上的省有：安徽（85%）、江西（86%）、河南（64%）、湖北（71%）、湖南（73%）、广西（76%）、四川（63%）、贵州（80%）等。从区域特征来看，我国农村剩余劳动力的转移主要从农村劳动力比重比较高的地区和经济不发达的地区转向经济发达地区，从中西部转向东部沿海地区，从农村转向大中城市。

3. 产业特征。从农村剩余劳动力转移的行业看，20 世纪 70 年代之前，农业劳动力主要转入农村工业部门，改革初期的 1978 年，转移到乡镇工业农村劳动力人数占乡镇企业职工人员的 78.2%。80 年代，农村劳动力的转移主要以转向第一、二产业为主，进入 90 年代以来这种格局被逐步打破，农村劳动力的转移以第二、三产业为主。据农业部"民工潮的调查与研究"课

（单位：万人）

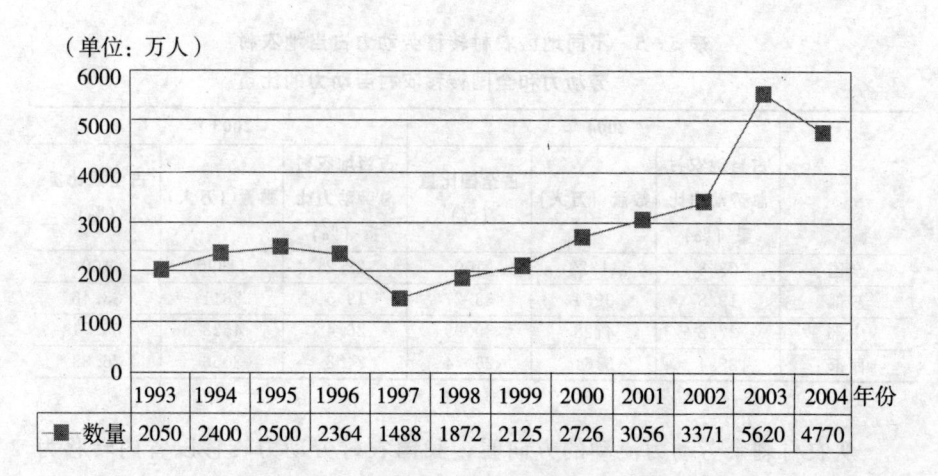

年份	1993	1994	1995	1996	1997	1998	1999	2000	2001	2002	2003	2004
数量	2050	2400	2500	2364	1488	1872	2125	2726	3056	3371	5620	4770

图5-1 农村剩余劳动力的跨省转移数量

资料来源：胡枫："关于中国农村劳动力转移规模的估计"，《山西财经大学学报》2006年第2期表2农村劳动力跨省转移的规模。

题组统计，1980~1989年，农村劳动力在第一、二、三产业中就业的比率分别是45.1%、27.8%、27.1%，而1990~1995年三者比重分别是33.0%、46.9%和20.1%。从国家统计局农调总队近几年的统计数字看，第二产业仍是农村剩余劳动力转移的主要渠道：1997年第二产业吸纳的农村劳动力占总转移人口的54.9%，1998年为53.5%，1999年为54.2%，2001年为49.9%。此外，第三产业对农村劳动力的吸纳能力逐步加强，1997年第三产业吸纳农村剩余劳动力占转移的剩余劳动力总人口的43.4%，1998年为44.4%，1999年为41.7%，2001年为44.6%，其中，服务业就业占第三产业的比重为1/3，其次是商业和餐饮业、交通运输业。进入新世纪之后，从事制造业的农民工比例要高于其他行业的比例而且该比例还在不断增加，2002年占22%，2003年占25.2%，2004年上升到30.3%。从地区来看，到东部地区务工的农民工以从事制造业为主，占东部农民工的37.9%；中西部地区农民工主要以从事建筑业为主，分别占总农民工的30.1%和37%。

4. 外出农村劳动力的受教育程度。我国农村劳动力的文化程度普遍很低，在农村剩余劳动力中，初中及其以下文化程度的比重高达87.8%。此外，在农村劳动力中，受过专业技能培训的仅占13.6%。因此向外转移的劳动力的文化层次并不高，转移的 100 个农村劳动力中，具有大学文化程度的还不到 1 个。

(三) 我国劳动力流动的限制

许多学者对我国劳动力市场的分割问题进行了研究，如徐林清 (2006) 认为在我国劳动力市场上存在制度性的分割，即由于户籍制度引起的劳动力市场的地区分割和城乡分割；行业劳动力市场的分割以及性别隔离和劳动力市场的分割。[①]

我国的户籍制度有几千年的历史，这种制度对维护社会稳定起到过一定的作用。1949 年新中国建立后，为了维护社会安定，从 1951 年开始我国施行户籍制度，改革开放之前，我国一直实行严格的户籍制度，并通过粮食供应制度、劳动就业制度、教育制度等限制农村人口向城市转移。改革开放之后，随着我国改革开放以及城市发展的需要，我国的户籍管理以及劳动管理部门制定了一系列的改革措施，允许农民到城市就业，允许流动人口的子女在城镇就学，允许农民在城镇购房等，使得 20 世纪 70 年代末和 80 年代初，农业人口转为非农业人口的数量大增，因此 1981 年国务院发出《关于严格控制农村劳动力进城做工和农业人口转为非农业人口的通知》，要求各地区各部门要落实各项农村政策，大力发展农村经济，采取有效措施严格控制农村劳动力进城工作和农业人口转为非农业人口。90 年代以来，由于我国区域经济发展不平衡，城镇的发展和东南沿海地区的发展需要大量的劳动力来补充，原来的户籍制度对经济的进一步发展起到制约作用。90 年代初，我国废除了粮票的流通，全面开放粮油价格和粮油供应，为劳动力的流动提供事实上的保障。90 年代末，开始在小城镇施行户籍改革试点，农民到小城镇落户不再有计划性的指标限制，只要有合法固定的住所、稳定的职业和生活来源都可；与此同时，大城市的户籍制度改革也在大踏步进行，上海市自 1994 年起开始推行俗称蓝印户口的城市准入政策，广东沿海发达城市在 90 年代初期已经摒弃了户籍标签，不拘一格使用人才。1998 年国务院批准《关于解决当前户口管理工作中几个突出问题的意见》后，不少城市开展了投资入户、购买商品房入户等户籍改革试

[①] 徐林清：《中国劳动力市场分割问题研究》，经济科学出版社 2006 年版，前言中的分析。

点，各地均根据各自的特点逐步放松了户口限制，但是进入 21 世纪之后，由于大中城市如北京、上海等地入户人员大量增加，因此很多地区的入户限制又有所加强。

尽管各地都对原来的户籍制度进行了一系列的改革，但到目前为止，户籍管理制度仍然是限制人口自由迁徙和劳动力合理流动的阻碍，我国户籍制度的改革仍显得十分被动，与我国市场化进程以及社会经济发展的内在要求相距甚远。我国的这种户口限制政策人为地把我国劳动力市场分为农村劳动力市场和城市劳动力市场，限制了劳动力的城乡自由流动；另外也由于户口的限制，我国地区之间的劳动力市场也被分割，一些大城市和东部沿海各地只对具有较高学历、掌握专门技术和专有知识的技能型劳动力才允许入户，而对那些一般劳动力即使允许在此工作但因无法享有户籍人员所享有的医疗、社保等制度，因此流动的成本很大。

第二节　要素市场扭曲下贸易发展与要素报酬模型

到底贸易的发展和贸易自由化的进程是扩大了我国的要素之间的收入差距还是缩小了我国要素之间的收入差距？由于我国要素市场的扭曲，传统的贸易理论并不能很好地解释我国贸易发展和贸易自由化进程对我国各要素报酬之间的关系。如果放宽传统贸易理论的一些假设，加入二元经济中要素市场存在扭曲时的市场均衡条件，对传统理论的短期均衡重新进行分析，这样得到的结果更能够对我国的现实情况做出解释。

国际贸易学者对要素扭曲下的贸易模型研究比较少，而且主要考虑的是要素的非自由流动方面，琼斯（1971）和萨缪尔森（1971）首先提出了一个两部门三种要素的特定要素模型，假定资本和土地分别是两个部门的特定要素，而劳动力在各部门之间可以自由流动的贸易模型，分析特定要素模型下贸易发展的模式；尼瑞（1978）则详细分析了贸易自由化后，要素的流动与否对要素价格的影响，指出如果劳动和资本两种要素均不可流动，那么贸易后考虑价格上升因素以后，劳动密集行业的资本和劳动的实际报酬均上升，资本密集行业的要素实际报酬都下降；如果短期内劳动可流动，资本不可流动，但中长期二者均可流动，那么在贸易自由化的短期内，劳动密集商品价格的上升使劳动密集行业的要素实际报酬上升，但劳动的可流动性使其报酬在两个行业间实现均等化，在长期内，由于劳动力密集行业的资本报酬较高，资本密集行业的资本要素就向劳动密集型行业转移，从而引起劳动力市场上的过度需求，使劳动要素的价格进一步上升，资本报酬在两个行业中实现均等化。①伊顿（1987）对动态特定两要素模型下贸易发生的条件、贸易的类型和贸易后各要素报酬变化进行了系统分析。达斯格伯塔（Indro Dasgupta）、奥桑（Thomas Osang）（2002）对特定要素模型中贸易与技术对熟练劳动力和非熟练劳动力工资差距的关系进行分析，他们不仅考虑贸易后产品价格变化对熟练劳动力和非熟练劳动力工资差距的影响；还考虑到近年来技术与贸易之争，分析了各类技术变化对要素报酬的影响。②

对要素扭曲研究比较多的还是二元经济学者的分析。早期对二元经济的研究主要是对二元经济进行描述，分析二元经济下经济增长的方式和解决农村剩余劳动力的途径，没有形成对二元经济中农业部门和城市部门之间劳动力的转移、城市部门中失业的存在以及二元经济下的收入分配等问题用合理的理论模型进行系统说明。美国发展经济学家托达罗在1969年发表的一篇论文《欠发达国家中劳动力流动和城市失业的模型》中提出的模型是在传统人口流动模式不能解释人口流动和城市失业并存现象的条件下产生的，对这两个相对矛盾的现象做出合理的解释，托达罗认为，人口迁移是人们对预期城乡收入差距的反应，这种预期的城乡收入差距等于现代工业部门某年的实际收入与就业概率的乘积再减去农业部门的实际收入。1970年，哈里斯和托达罗（Harris, J. R., and M. Todaro）发表的文章"Migration, Unemployment and Development: A Two Sector Analysis"中提出后来学者所称的哈里斯—托达罗模型，是对托达罗模型的一种发展。哈里斯—托达罗模型把农村剩余劳动力向城市转移看做是一种出于纯经济

---

① Neary, J. Peter: "Dynamic Stability and the Theory of Factor-Market Distortions", *The American Economic Review*, Vol. 68, No. 4., 1978, pp. 671–682.

② Indro Dasgupta, Thomas Osang: "Trade, Wages, and Specific Factors", http://fmwww.bc.edu/RePEc/es2000/1134.pdf, 2002.

因素考虑而发生的现象，是通过对比城市和农村的预期收入差距来决定是否迁移。其基本的思想是：如果农村劳动力对城市的预期收入大于农村的，则劳动力会从农村向城市迁移，只要存在城市和农村预期收益的差距，这种劳动力的流动就会一直持续，当农村收入和城市的预期收益相等时劳动力流动才会停止，也就是说当农村收入和城市中的预期收益相等时，劳动力市场就处于均衡状态。如果农村的收入大于城市中的预期收益，则会出现劳动力的回流。如果城市中不存在失业，城市的工资收入与农村中的收入相等，就实现了二元经济向一元经济的转移。

哈里斯—托达罗模型提出之后，许多学者利用它分析和解释发展中国家的失业、劳动力流动和收入差距以及城市最低工资限制对劳动力流动的影响等。但很少有学者把它与国际贸易模型相结合，分析贸易对收入分配的影响。卡汉（Khan）（1980a）指出，如果把哈里斯—托达罗模型的所有假设条件引入到两部门一般均衡的赫克谢尔—俄林—萨缪尔森（H-O-S）模型中，则哈里斯—托达罗模型中所要解决的问题都可以进行研究，并给出引入到 H-O-S 模型后，城市工资的决定函数；卡汉（2007）不但对近年来哈里斯—托达罗模型的应用进行了总结而且在其 1980 年的城市工资决定函数的基础上结合哈里斯—托达罗模型的思想，提出了一个更为广泛的劳动力市场均衡条件。本书就把卡汉（2007）发展的哈里斯—托达罗模型中关于劳动力均衡的条件引入到国际贸易的特定要素模型中，分析存在要素市场扭曲条件下，贸易自由化对我国要素报酬变动的影响。

一、基本模型

假设经济存在两个部门：一是农业部门生产农产品，使用劳动力和土地，是土地密集型的，农业部门处于充分就业状态，其劳动力的工资为 w_a；二是城市制造业部门，使用资本和劳动力两种资源，城市中存在失业现象，失业人数是 L_u，其工资收入为零，就业人数是 L_m，其劳动力的工资是 w_m。农业部门的工资低于城市的工资，农业劳动力对城市收入的预期是：

$$w_m^e = \left[w_m \left(\frac{L_m}{L_m + L_u} \right) + 0 \left(\frac{L_u}{L_m + L_u} \right) \right] = w_m \lambda$$

其中 $\lambda = (\frac{L_m}{L_m + L_u})$ 是城市中的就业率，$0 \leqslant \lambda \leqslant 1$，如果等于1就说明城市是处于充分就业的。根据哈里斯—托达罗模型的思想，劳动力市场的均衡条件是：[①]

$$w_a = w_m^e，也就是 w_a = w_m\lambda。$$

借鉴 Khan（2007）分析方法，在哈里斯—托达罗模型均衡的基础上加入一个劳动力转移参数，这样劳动力市场中的均衡条件变为：[②]

$$w_a = \frac{1}{\rho}w_m^e = \frac{1}{\rho}\left[w_m(\frac{L_u}{L_u+U}) + 0(\frac{U}{L_u+U})\right] = \frac{1}{\rho}w_m\lambda \quad (5-1)$$

ρ 代表农村剩余劳动力的转移参数，具体来讲就是农村劳动力转移的流动成本限制，$\rho \geqslant 1$，如果 ρ 等于1说明劳动力在城市和乡村之间可以自由流动，不存在流动的限制，再加上如果 $\lambda = 1$，就说明城市和农村不存在分离现象，处于一元经济下。如果 ρ 大于1说明劳动力在城市和乡村之间的流动受到外部限制。加入 ρ 之后，劳动力市场的均衡条件更适合我国的现实情况，我国一直存在较强大的劳动力流动限制，虽然这些年国家不断降低劳动力在城乡之间的流动限制，但是我国最根本的限制——户籍制度对劳动力流动的限制一直没有取消，虽然现在户口在我国许多地方已经不是很重要，但是由户口引起的社会保障、失业保障、医疗保障等方面的不平衡对我国农村劳动力向城市转移和迁徙还是有很大限制。

城市经济中，产品的生产函数是：

$$q_m = F_m(L_m, K_m)$$

农村经济中的产品生产函数是：

$$q_a = F(T, L_a)$$

所有的生产函数都是规模报酬不变的二次连续可微的函数。

资本和土地是充分就业的，劳动力市场中存在城市劳动力的失业，这样要素市场均衡是：

[①] Harris, J. R. and M. Todaro Migration: "Unemployment and Development: A Two Sector Analysis", *American Economic Review*, Vol. 60, No. 1, 1970, pp. 126-42.

[②] Khan, M. Ali: "The Harris-Todaro Hypothesis", *MPRA Paper* No. 2201.

$$a_{km}q_m = K_m = K \quad (5-2)$$

$$a_{ta}q_a = T \quad (5-3)$$

$$a_{lm}q_m + a_{la}q_a + L_u = L \quad (5-4)$$

$a_{lm}q_m$ 是城市制造业中使用的劳动力总量，$a_{la}q_a$ 是农业部门劳动力，L_u 是城市失业人员。这里的 a_{ij} 是 j 部门 i 要素的单位投入量，$i = L, K, T$，$j = a, m$。a_{ij} 也可以说是 j 部门生产的技术系数，它随着要素价格和技术的变化而变化，根据琼斯（1971，1965）有：[①]

$$\hat{a}_{ij} = \hat{c}_{ij} - \hat{b}_{ij} \quad (5-5)$$

$\hat{X} = dX/X$ 代表变化率。这里的 $\hat{c}_{ij}$ 是由要素价格变化引起的要素投入系数的变化，$\hat{b}_{ij}$ 是外部的技术进步，表示生产单位产出 j 所需 i 要素投入量的缩减。在技术不变的条件下，各部门的要素投入量取决于所用要素的价格。

$$c_{km} = c_{km}(r_m, w_m) \quad (5-6)$$

$$c_{lm} = c_{lm}(r_m, w_m) \quad (5-7)$$

$$c_{ta} = c_{ta}(r_a, w_a) \quad (5-8)$$

$$c_{la} = c_{la}(r_a, w_a) \quad (5-9)$$

这里的 r_m 是资本的收益率，r_a 是土地的收益率，w_m 是城市工资，w_a 是农村工资。

两部门的零利润条件为：

$$p_m = a_{km}r_m + a_{lm}w_m \quad (5-10)$$

$$p_a = a_{ta}r_a + a_{la}w_a \quad (5-11)$$

根据琼斯（1971），由（5-2）和（5-3）可知要素使用量、产出的变化关系如下：

$$\hat{q}_m = -\hat{c}_{km} + \pi_{km} + \hat{K} \quad (5-12)$$

[①] 本书对要素变化率的分析都依照 Jones, R. W.: "The Structure of Simple General Equilibrium Models", *The Journal of Political Economy*, Vol. 73, No. 6, 1965, pp. 557-572. 对 SS 定理分析时采用的方法，Jones, R. W., 1971 在其文章 "Distortions in Factor Markets and the General Equilibrium Model of Production", *The Journal of Political Economy*, Vol. 79, No. 3, pp. 437-459. 中更多地采用这种等式中变化率分析。达斯格伯塔、奥桑（2002）在分析熟练劳动力和非熟练劳动力工资时也应用了这种变化率分析方法。

$$\hat{q}_a = -\hat{c}_{ta} + \pi_{ta} + \hat{T} \qquad (5-13)$$

$$\lambda_{lm}\hat{q}_m + \lambda_{la}\hat{q}_a + \lambda_{lm}\hat{c}_{lm} + \lambda_{la}\hat{c}_{la} + \lambda_{lu}\hat{L}_u = \hat{L} + \pi_l \qquad (5-14)$$

这里的 λ_{lm}、λ_{lu} 和 λ_{la} 表示城市制造业中劳动力和失业人员以及农业部门劳动力占全国总劳动力的比重。依据琼斯（1971），π_{ta}、π_{km} 和 π_l 分别表示土地特定的、资本特定的和劳动力特定的技术进步，也就是要素特定的技术进步（factor—specifc technological change）。

由（5-6）到（5-9）可计算要素价格变化率与要素投入系数变化率之间的关系：

$$\hat{c}_{km} = \beta_{km}^k \hat{r}_m + \beta_{km}^l \hat{w}_m$$
$$\hat{c}_{lm} = \beta_{lm}^k \hat{r}_m + \beta_{lm}^l \hat{w}_m$$
$$\hat{c}_{ta} = \beta_{ta}^t \hat{r}_a + \beta_{ta}^l \hat{w}_a$$
$$\hat{c}_{la} = \beta_{la}^t \hat{r}_a + \beta_{la}^l \hat{w}_a \qquad (5-15)$$

这里的 $\beta_{ij}^k = \dfrac{\partial c_{ij}}{\partial w_k}\dfrac{w_k}{c_{ij}}, k, i = K, L, T, j = m, a$，表示其他要素价格不变条件下，$c_{ij}$ 对要素 k 价格 w_k 变化的弹性。由 c_{ij} 的零阶齐次性（zero-homogeneity）有 $\sum_k \beta_{ij}^k = 0$，$\sum_i \theta_{ij}\beta_{ij}^k = 0$，有对称性可知 $\beta_{ij}^k = \dfrac{\theta_{kj}}{\theta_{ij}}\beta_{kj}^i$。

依据（5-10）和（5-11）有产品价格和要素价格变化率之间的关系：

$$\hat{p}_a = \theta_{ta}\hat{r}_a + \theta_{la}\hat{w}_a - \pi_a \qquad (5-16)$$

$$\hat{p}_m = \theta_{km}\hat{r}_m + \theta_{lm}\hat{w}_m - \pi_m \qquad (5-17)$$

π_m 和 π_a 是城市制造业和农业部门的技术进步，这里的 $\pi_j = \sum_i \theta_{ij}\hat{b}_{ij}$，$i = L, K, T$，$j = a, m$。$\theta_{ij}$ 表示 j 部门生产成本中 i 要素所占的比重，$\theta_{km} + \theta_{lm} = 1$，$\theta_{la} + \theta_{ta} = 1$。这里 π_j 实际上就是部门偏向的技术进步。对上面的式（5-16）和（5-17）应用 Wong-Viner 的包络定理可知：[①]

$$\theta_{km}\hat{c}_{km} + \theta_{lm}\hat{c}_{lm} = 0, \theta_{ta}\hat{c}_{ta} + \theta_{la}\hat{c}_{la} = 0 \qquad (5-18)$$

为解出模型中要素价格的变化率，把（5-15）结合（5-12）和（5-13）带入到（5-14）中得到：

---

① 公式（5-18）的结果本书参照达斯格伯塔、奥桑（2002）文章的分析结果。

$$\lambda_{lm}[\alpha_{km}\hat{r}_m + \alpha_{lm}\hat{w}_m] + \lambda_{la}[\alpha_{ta}\hat{r}_a + \alpha_{la}\hat{w}_a] + \lambda_{lm}(\pi_{km} + \hat{K}) + \lambda_{la}(\pi_{ta} + \hat{T})$$
$$+ \lambda_{lu}\hat{L}_u = \hat{L} + \pi_l \qquad (5-19)$$

$\alpha_{km} = \beta_{lm}^k - \beta_{km}^k = \dfrac{\partial c_{lm}}{\partial r_k}\dfrac{r_k}{c_{lm}} - \dfrac{\partial c_{km}}{\partial r_k}\dfrac{r_k}{c_{km}}$ 衡量的是城市劳动力投入系数与资本投入系数对资本回报率弹性的变化。同理有 $\alpha_{lm} = \beta_{lm}^l - \beta_{km}^l$，$\alpha_{ta} = \beta_{la}^t - \beta_{ta}^t$，$\alpha_{la} = \beta_{la}^l - \beta_{ta}^l$。根据交叉价格弹性和自价格弹性的一般假设，有 α_{km}，$\alpha_{ta} \geqslant 0$，α_{lm}，$\alpha_{la} \leqslant 0$。

另外由（5-1）可知农业部门和城市劳动力工资变化之间的关系如下：

$$\hat{\rho} + \hat{w}_a = \hat{w}_m + \hat{\lambda} \qquad (5-20)$$

由（5-16）、（5-17）、（5-19）和（5-20）四个方程式可以解出四个未知的要素价格变化率。经过整理并利用有 $\sum_k \beta_{ij}^k = 0$，$\sum_i \theta_{ij}\beta_{ij}^k = 0$ 的关系以及 $\theta_{km} + \theta_{lm} = 1$，$\theta_{la} + \theta_{ta} = 1$ 和式（5-18），可得：

$$\hat{w}_m = \dfrac{-\lambda_{lm}\alpha_{km}\theta_{ta}(\hat{p}_m + \pi_m) - \lambda_{la}\alpha_{ta}\theta_{km}(\hat{p}_a + \pi_a) + \alpha_{ta}(\theta_{la} + \theta_{km}\theta_{ta})(\hat{\lambda} - \hat{\rho})}{\lambda_{lm}\alpha_{lm}\theta_{ta} + \lambda_{la}\alpha_{la}\theta_{km}}$$
$$+ \dfrac{\theta_{km}\theta_{ta}[\hat{L} + \pi_l - \lambda_{lm}(\pi_{km} + \hat{K}) - \lambda_{la}(\pi_{ta} + \hat{T}) - \lambda_{lu}\hat{L}_u]}{\lambda_{lm}\alpha_{lm}\theta_{ta} + \lambda_{la}\alpha_{la}\theta_{km}} \qquad (5-21)$$

考虑短期内要素禀赋情况不发生变化，则有 $\hat{L} = 0$，$\hat{T} = 0$，$\hat{K} = 0$，并且设 $B = -\lambda_{lm}\alpha_{km}\theta_{ta} \leqslant 0$，$C = -\lambda_{la}\alpha_{ta}\theta_{km} \leqslant 0$，$A = \lambda_{lm}\alpha_{lm}\theta_{ta} + \lambda_{la}\alpha_{la}\theta_{km} \leqslant 0$，$D = \alpha_{ta}(\theta_{la} + \theta_{km}\theta_{ta}) \geqslant 0$ 则：

$$\hat{w}_m = \dfrac{B(\hat{p}_m + \pi_m) + C(\hat{p}_a + \pi_a) + D(\hat{\lambda} - \hat{\rho})}{A}$$
$$+ \dfrac{\theta_{km}\theta_{ta}[\pi_l - \lambda_{lm}\pi_{km} - \lambda_{la}\pi_{ta} - \lambda_{lu}\hat{L}_u]}{A} \qquad (5-22)$$

$$\hat{r}_m = \dfrac{(A - \theta_{lm}B)(\hat{p}_m + \pi_m) - \theta_{lm}[C(\hat{p}_a + \pi_a) + D(\hat{\lambda} - \hat{\rho})]}{A\theta_{km}}$$
$$+ \dfrac{\theta_{km}\theta_{ta}(\pi_l - \lambda_{lm}\pi_{km} - \lambda_{la}\pi_{ta} - \lambda_{lu}\hat{L}_u)]}{A\theta_{km}} \qquad (5-23)$$

这里 $A - B\theta_{lm} = \lambda_{lm}a_{lm}\theta_{ta}\theta_{km} + \lambda_{la}a_{la}\theta_{km} \leqslant 0$。

$$\hat{w}_m - \hat{r}_m = \frac{(B-A)(\hat{p}_m + \pi_m) + C(\hat{p}_a + \pi_a) + D(\hat{\lambda} - \hat{\rho})}{A\theta_{km}}$$

$$+ \frac{\theta_{km}\theta_{ta}[\pi_l - \lambda_{lm}\pi_{km} + \lambda_{la}\pi_{ta} - \lambda_{lu}\hat{L}_u]}{A\theta_{km}} \quad (5-24)$$

在此，$B - A = -\lambda_{lm}\alpha_{km}\theta_{ta} - (\lambda_{lm}\alpha_{lm}\theta_{ta} + \lambda_{la}\alpha_{la}\theta_{km}) = -\lambda_{la}\alpha_{la}\theta_{km} \geqslant 0$
$$(5-25)$$

同理根据式（5-20）和（5-16）可以测算农业部门的劳动力工资和土地的回报率：

$$\hat{w}_a = \frac{B(\hat{p}_m + \pi_m) + C(\hat{p}_a + \pi_a) + (D+A)(\hat{\lambda} - \hat{\rho})}{A}$$

$$+ \frac{\theta_{km}\theta_{ta}[\pi_l - \lambda_{lm}\pi_{km} - \lambda_{la}\pi_{ta} - \lambda_{lu}\hat{L}_u]}{A} \quad (5-26)$$

$$\hat{r}_a = \frac{\hat{p}_a + \pi_a - \theta_{la}\hat{w}_a}{\theta_{ta}} \quad (5-27)$$

二、贸易自由化后各要素价格变化

考虑我国的现实情况，这里假定城市中所生产的产品是劳动力密集型的，农村中生产的产品是土地密集型的。另外，本书采用费舍尔（2001）分析贸易自由化时所下的定义：只要发生国内价格与国际市场价格的缩减，就称该国实行了贸易自由化。所以本书的模型只要分析贸易后价格变化对各要素报酬变动的影响。[①]

在分析对要素报酬变动之前，首先来看贸易对城市失业的影响。哈里斯和托达罗的文章就城市中就业机会的增加与城市失业问题进行了论述，他们的分析指出在城市创造一个额外就业机会，会引起数倍的农村劳动力转移，因此城市中就业机会的上升并不利于城市失业的减少。这一思想通过公式（5-1）可以看出，如果城市中就业上升，则农村劳动力对城市的预期收益就会上升，会促使劳动力由农村向城市转移，这种转移一直持续

---

① 参见 Fischer, R.: "The Evolution of Inequality after Trade Liberalization", *Journal of Development Economics*, Vol. 66, issue 2, 2001, pp. 555-579 中 Definition 1 对贸易自由化的定义。

到农村收入与对城市预期收入再度相等也即（5-1）再度成立,这时农村劳动力的流动量正好是城市额外就业的增加量,城市中的失业仍然无法得到缓解,城市中的就业率没有变化。假定该国从封闭经济走向开放经济后,城市部门先开放并出口制造业产品,这样会增加对劳动力的需求,最开始的效应是增加就业机会,依据哈里斯和托达罗的思想可以得到结论5-1。

结论5-1：在其他条件不变的前提下,贸易的发展不利于解决城市中的失业问题,但是有利于城市化进程的发展。

从结论5-1可知,式（5-22）和（5-23）中的 $\hat{\lambda}=0, \lambda_{lu}\hat{L}_u=0$。

如果该地区是劳动力丰裕的,则贸易自由化会提高城市制造产品的价格 p_m,在其他条件不变的情况下,由式（5-22）可知 p_m 上升会导致城市工资的上升,由公式（5-1）, p_m 的上升会引起农村劳动力向城市的转移,而农村劳动力的转移会提高农业部门的工资水平,缩减劳动力流动的动力,农村劳动力的流动就在城市工资上升——农村劳动力的流动——城市工资下降——农业工资上升的过程中一直持续到公式（5-1）再度成立为止。所以如果贸易使城市中制造业的商品价格上涨,城市工资和农业部门的工资都会上升。从公式（5-17）可以看出,在无劳动力流动、失业和技术进步条件下, p_m 每上升1个单位,城市中的工资就会上升 θ_{lm} 单位,在存在劳动力流动下, p_m 每上升1单位,工资只上升 B/A 单位,而:

$$\theta_{lm} - (B/A) = \frac{(1-\theta_{lm})\lambda_{lm}\alpha_{lm}\theta_{ta} + \lambda_{la}\alpha_{la}\theta_{ta}}{A} \geq 0$$

因此有农村劳动力流动时,贸易所导致的城市部门的价格上升对城市工资的提升作用要小于无劳动力流动下对工资提升作用。这也可以从图5-2看出。在无劳动力流动下,贸易使城市部门对劳动力的需求从 D_0 移到 D_1,如果不存在劳动力的流动,则城市部门的工资会上升到 w_u^1;如果存在劳动力的流动,贸易对劳动力需求的上升和城市工资的提高会导致农村劳动力转移的上升,从而增加城市中劳动力的供给,在其他条件不变的情况下,城市劳动力的供给曲线从 S_0 移动到 S_1,均衡的工资水平只有 w_u^2,小于 w_u^1。

从公式（5-23）可以看出,贸易发展后,城市中 p_m 上升,在其他条件不变的情况下也会导致城市中资本回报率的上升,这主要是贸易后,城

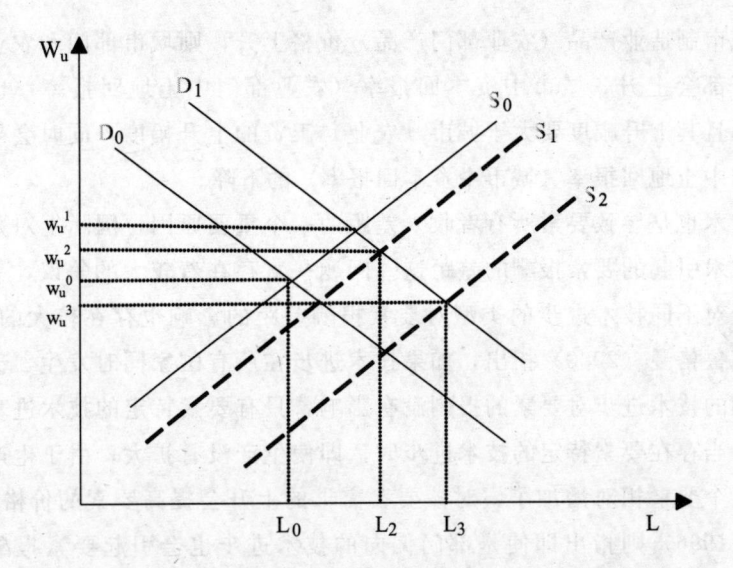

图 5-2 存在劳动力转移条件下贸易后城市劳动力市场的供求曲线图

市中的生产产量会上升，对城市劳动力和资本的需求都会上升，在短期总资本禀赋不变条件下，贸易也会导致资本回报率的上升。

从公式（5-24）和（5-25）可知，$\dfrac{\partial(\hat{w}_m - \hat{r}_m)}{\partial \hat{p}_m} = \dfrac{(B-A)}{A\theta_{km}} \leqslant 0$，贸易自由化所导致的城市制造业产品价格的上升对资本和劳动力报酬的提高幅度是不同的，资本报酬的上升要大于劳动力工资的上升幅度。

同理，按照公式（5-22）和公式（5-24）可知，如果该地区是土地密集型的，贸易自由化会提高农业部门产品的价格 p_a，城市和农业部门的劳动力工资也都会上升，但上升的幅度要小于无劳动力流动下的上升幅度，而且会使土地的回报率相应地上升。

另外，从公式（5-24）可知农业部门 p_a 的上升，会降低城市中的资本回报率，这主要是因为贸易的发展使农业部门劳动力工资上升，根据公式（5-1）也会带动城市中工资的上升，在其他条件不变的情况下主要是城市部门产品价格不变条件下，城市工资的上升就会缩减城市中资本的收益率。这样可以得到结论 5-2：

结论 5-2：在技术不变并且劳动力流动限制不变的情况下，贸易自由化使城市制造业产品（农业部门产品）价格上升，则城市部门和农业部门的工资都会上升，城市中资本回报率（农业部门中土地回报率）也会上升，而且其上升幅度要大于城市（农业）工资的上升幅度，同时会导致农业部门中土地回报率（城市中资本回报率）的下降。

技术也是导致要素所有者收入差距的一个重要原因，国际上对是贸易还是技术引起的要素报酬的差距这一问题一直存在着较大的争议，另外国际学者对不同技术进步的类型对要素报酬差距的影响也存在较大的争议，比如克鲁格曼（2000）指出，如果技术进步在所有国家同时发生，部门内部中性的技术进步对要素的报酬没有影响，只有要素特定的技术进步才有影响，当存在要素特定的技术进步时，即使生产没有扩大，由于生产中使用的某个要素相对增加了，对该要素需求的上升会提高要素的价格。[1] 而利默（1996）则指出即使是部门偏向的技术进步也会引起要素报酬的差距。在本书的模型中，从公式（5-24）可以看出不论是部门偏向的还是要素特定的技术进步都会对要素报酬的差距产生影响。

从公式（5-24）有：

$$\frac{\partial (\hat{w}_m - \hat{r}_m)}{\partial \pi_m} = \frac{(B-A)}{A\theta_{km}} \leqslant 0, \quad \frac{\partial (\hat{w}_m - \hat{r}_m)}{\partial \pi_a} = \frac{C}{A\theta_{km}} \geqslant 0$$

$$(5-28)$$

也就是说制造业部门的技术进步会导致资本回报率的上升大于城市工资的上升；而农业部门的技术进步使城市中工资的变化率大于资本的变化率。

$$\frac{\partial (\hat{w}_m - \hat{r}_m)}{\partial \pi_l} = \frac{\theta_{km}\theta_{ta}}{A\theta_{km}} \leqslant 0, \quad \frac{\partial (\hat{w}_m - \hat{r}_m)}{\partial \pi_{km}} = -\frac{\lambda_{lm}\theta_{km}\theta_{ta}}{A\theta_{km}} \geqslant 0,$$

$$\frac{\partial (\hat{w}_m - \hat{r}_m)}{\partial \pi_{ta}} = -\frac{\lambda_{la}\theta_{km}\theta_{ta}}{A\theta_{km}} \geqslant 0 \quad (5-29)$$

劳动力特定的技术进步会提高资本的收益率而降低劳动的工资，从而拉大资本与劳动报酬之间的差距；资本特定的技术进步则会提高工资而降

---

[1] 见 Krugman, Paul R.: "Technology, Trade and Factor Prices", *Journal of International Economics*, Vol. 50, Issue 1, 2000, pp. 51-71. 和 Leamer, Edward E.: "Wage Inequality from International Competition and Technological Change: Theory and Country Experience", *American Economic Review Papers and Proceedings*, Vol. 86, No. 2, 1996, pp. 309-314.

低资本收益率,从而缩减要素报酬之间的差距;土地特定的技术进步会提高农业部门的工资,由公式(5-1)就会引起城市部门工资的上升,降低资本的收益率。这样就可以得到结论5-3:

结论5-3:在商品价格和劳动力流动限制不变的条件下,劳动特定的技术进步会提高资本和劳动报酬的差距;资本和土地特定的技术进步会缩减资本和劳动报酬之间的差距;城市部门偏向的技术进步会扩大资本和劳动报酬之间的收入差距;农业部门偏向的技术进步会缩减资本和劳动报酬的差距。

在价格不变并且不存在技术进步的条件下,从公式(5-22)中可以看出,如果式中的ρ下降,也就是说劳动力在城乡之间的流动限制下降,则城市中的工资收入就会下降,从公式(5-1)来看,如果ρ下降,农业劳动力对城市中的预期收入会上升,这样会促进农业中劳动力向城市流动,增加城市劳动力的总供给,降低城市中的工资,并且提高城市中的资本收益率。

如果在贸易自由化的同时,限制劳动力流动的成本也降低,只要$B\hat{p}_m - D\hat{\rho} \geq 0$则城市中的工资就会下降,资本的回报率就会上升,这种情况就如同图5-1中所示的均衡城市工资$w_u{}^3$,如果城乡之间劳动力流动的限制降低很多,导致大量农村劳动力向城市转移,使城市劳动力的总供给曲线下降到S_3,则贸易引起的工资上升会因劳动供给的扩大而抵消,此时资本的回报率会进一步上升;这也可以从公式(5-24)和公式(5-25)看出,如果仅考虑城市制造业产品价格的变化和劳动力转移参数的下降,则:

$\hat{w}_m - \hat{r}_m = \dfrac{(B-A)\hat{p}_m - D\hat{\rho}_1}{A\theta_{km}} \leq 0$,也就是说如果劳动力流动限制下降,则贸易自由化后城市内部劳动力工资和资本回报之间的差距会扩大。

结论5-4:劳动力流动限制的降低会降低城市中的工资、提高资本的回报率。如果在贸易自由化后,该国降低对劳动力流动的限制,资本和劳动力之间的收入差距会扩大。

在这里本书关注的主要是城乡分离的要素市场扭曲条件下,贸易对要素报酬变动的影响,并非技术对要素报酬变动的影响,分析技术主要是分析由贸易引起的技术进步对各要素报酬之间的关系。对于像中国这样相对落后的国家来讲,本国与外国主要是发达国家之间的技术差距相当明显,贸易存在技术溢出效应,会带动本国的技术进步。由结论5-3可知如果贸易引起劳动特定的技术进步和城市部门的技术进步(也就是城市部门全要素生产率TFP的上升),则贸易会扩大资本和劳动报酬之间的收入差距;如果贸易引起资本和土地特定的技术进步以及农业部门TFP的上升则贸易会缩减资本和劳动报酬之间的收入差距。

第三节 本章总结

我国是一个劳动力相对丰裕、其他要素相对稀缺的国家,在劳动力密集型产品的贸易中存在比较优势,我国自改革开放以来的贸易结构基本反映了我国的要素禀赋情况。与此同时,我国也是一个要素市场存在扭曲的国家。这种要素市场的扭曲集中反映在我国劳动力市场的扭曲上,主要表现在:一是我国存在大量的剩余农村劳动力,而且农村劳动力不断向城市转移,导致城市劳动力市场中劳动力供给不断变化,这与贸易理论所假设的要素禀赋不变不符;二是由于我国历史上政策制度的影响以及经济所处发展阶段的限制,我国城乡之间分离的情况比较严重,导致我国城乡之间劳动力市场的分割,劳动力在城乡之间流动存在限制,不满足贸易理论所假设的要素瞬时、完全自由流动。在这种带有明显二元经济特点的要素市场扭曲条件下,传统的贸易理论无法很好地解释我国贸易自由化和贸易发展与国内各要素报酬变动之间的关系。

本章第二节结合我国的现实情况,把哈里斯一托达罗模型关于二元经济中劳动力城乡流动的均衡条件引入到国际贸易中的特定要素模型中,分析我国贸易自由化后,国内各要素报酬的变动情况。结果发现贸易的发展有利于提高我国的城市化水平,但是无法解决我国城市中的失业问题;在我国要素市场的扭曲条件下,贸易自由化对要素报酬之间收入差距的影响是不确定的,需综合考虑贸易引起商品价格变化的幅度、城乡流动限制的缩减程度以及贸易所引起的技术进步的类型来决定。如果仅考虑贸易自由化所引起的价格变化,发现城市制造业产品价格的上升会同时提高资本和劳动力的报酬,但是更有利于资本收益率的上升。这在通常条件下也可以理解，我国城市制造业部门产品出口扩大，对资本和劳动力的需求都会上升，但是由于我国是劳动力丰裕而资本极度稀缺的国家，根据供求关系，对资本需求的上升会因资本供给的限制而提高其价格。

第六章 我国贸易与要素报酬关系
——基于我国行业数据实证分析

第一节 贸易与要素价格之间关系实证检验综述

虽然学者对贸易与要素报酬之间的理论很早就有所关注,但是在很长一段时间里学者并未对贸易与要素报酬差距以及居民收入差距的关系进行系统的检验。这种情况一直持续到20世纪70年代。20世纪70年代后,随着发达国家与发展中国家主要是新兴市场国家贸易量的不断增加,不但发达国家非熟练劳动力的收入不断恶化,熟练劳动者与非熟练劳动者相对工资上升的趋势日益明显而且不少发展中国家国内的收入差距也在不断加大。为此,从20世纪80年代后期开始,大量的经济学家开始检验贸易与不同劳动所有者之间工资收入差距的关系。对于贸易与要素所有者收入之间关系的实证检验主要从SS定理的基础出发,要么是对SS定理的直接检验,这主要是从两个方面进行:一个是从零利润条件进行回归,另一个是从对要素的相对需求进行间接检验;要么是分析关税降低对要素收入的影响。

一、国际价格变化与国内要素所有者收入变化

阐述国际贸易与国内收入分配关系的经典理论SS定理,主要研究出发点是贸易导致国内价格发生变化从而使要素价格发生变化。因此,较早的实证研究最先开始的是对SS定理内容的检验,从商品价格变化角度展开。最早从商品价格角度检验贸易与要素价格关系的实证分析可归为格罗斯曼(Grossman)(1986)对美国钢铁行业的分析,1987年格罗斯曼又把

1986年的分析拓展到多个行业，对各行业的工资和就业与进口商品价格进行回归分析，结果发现在八个行业中，只有一个行业的进口价格对就业产生影响，八个行业中只有两个行业的进口价格对行业工资有影响。瑞雯治(Revenga)(1992)也进行了同样的分析，发现就机械仪器行业来讲，进口价格对就业和工资确实有很大的影响，但如果把所有行业一起进行回归，则进口价格对工资的影响作用要比对就业的影响作用小。会出现这样的结果主要可能是因为劳动力在各个行业之间的流动性要比他们模型中所假定的高，在格罗斯曼和瑞温治的模型中都假定每个行业的劳动供给曲线是分离的，是一种特定要素模型，这与SS定理的假定有很大出入，因此对它的检验也就不是特别明显。只有几个学者是严格按照H-O理论模型的假定进行实证分析的，巴格瓦蒂(Bhagwati)(1991)就是其中之一，他指出影响要素价格的是商品的生产价格，并非消费价格，因此在实证中才会出现贸易条件的改变与要素价格的改变与SS定理不符。劳伦斯(Lawrence)和斯劳特(Slaughter)(1993)也论述了这一问题，他们指出商品价格变化不能很好地解释要素价格变化的原因在于非熟练劳动者实际工资的下降是按照消费价格指数计算的，如果按照SS定理中要求的生产者价格计算并没有下降，而消费价格指数的变化并不是由贸易引起的。他们在分析中还发现在20世纪80年代，美国制造业中熟练劳动力与非熟练劳动力的比重在上升，而并没有像SS定理所期望的那样下降；另外，熟练劳动力密集型产品的相对价格在那一阶段也没有增加反而下降很多。因此，他们的分析结论是美国熟练劳动力和非熟练劳动力工资差距的上升主要是由技术进步引起的，技术进步有利于熟练劳动密集型部门的发展并偏向于提高熟练劳动力的就业。克鲁格曼和劳伦斯(1993)对比了1979年到1989年美国制造业部门白领与蓝领工资率变化与就业率变化情况，发现几乎所有的行业都雇佣了更多的白领，熟练劳动密集行业白领和蓝领雇佣比率的改变并不明显，所以贸易对收入差距的影响很小，但技术的影响则非常明显。克鲁格曼、劳伦斯和斯劳特等人的分析引起了广泛的关注，学者在熟练劳动力与非熟练劳动力工资差距主要由贸易引起还是主要由技术引起上面产生了分歧并引发了贸易与技术之争。

以克鲁格曼、劳伦斯等为代表的坚持技术进步是引起发达国家熟练劳动力和非熟练劳动力工资差距上升的主要原因，而以伍德（1994等）和利默为首的学者则坚持贸易是引起工资差距上升的主要原因。利默（1996）利用20世纪80年代美国450个4位数商品分类的行业（4-digit SIC industries）产品价格、TFP增长和最初的要素比例，计算了由贸易模式变化引起的要素价格变化，发现非熟练劳动者相对工资的下降，贸易的影响作用占到40%。利默的研究基于SS定理成立的零利润条件，第一次把贸易引起的产品价格、技术和要素价格变化之间的关系列入同一个等式中进行分析，分别识别要素价格变化中技术和贸易的作用。鲍德温（Robert E. Baldwin）和格雷·该隐（Glen G. Cain）（1997）利用美国1967~1992年的数据通过商品价格变化与要素价格变化关系式计算了美国相对工资上升和进口竞争加剧、不同教育程度劳动力的供给和技术变化之间的关系，结果发现美国相对工资的上升，贸易并不是主要因素。萨克斯（Sachs）和沙茨（Shatz）（1994）也利用美国剔除了计算机行业外1978~1989年的其他行业数据分析认为贸易通过熟练劳动密集产品相对价格的上升增加了美国的工资差距。

20世纪90年代末之前，学者利用零利润条件对贸易引起的价格变化导致要素价格变化的检验，无法直接反映贸易对各要素收入的影响，因为贸易对技术进步和产品价格都有影响但又不是唯一的影响因素，单纯地把贸易看成引起商品价格变化的唯一因素，而不考虑贸易对技术进步的影响，这样得出的结论并不全面。为了更为准确地分析贸易和技术对熟练劳动力和非熟练劳动力工资差距的影响，芬斯特拉和汉森（1999）在利默（1996）等人的分析基础上，提出了基于零利润条件的两步回归分析方法对美国技能劳动力和非技能劳动力工资差距进行了实证检验，在他们的分析中，第一步是确定美国行业价格和技术进步（主要是全要素生产率TFP）的变化有多少是由外包贸易和电脑使用（技术）引起的，然后基于第一步的分析把由外包贸易和电脑使用引起的价格和TFP对各要素在成本中的比重进行再次回归得到贸易和电脑使用对要素价格变化的具体影响。芬斯特拉和汉森（1999）的分析发现在美国熟练劳动力和非熟练劳动力工资差距中，外包贸易的贡献度是15%，而电脑使用的贡献度为35%，也就是说技术是引起工资升高的主要原因。芬斯特拉和汉森所提出的方法分析贸易对要素报酬差距的贡献度是比较准确的。哈斯克尔（Haskel）和斯劳特（Slaughter）（2001）也利用两步回归法分析了英国20世纪80年代的数据，发现英国80年代熟练劳动力和非熟练劳动力工资差距的上升受进口价格变化的影响比较小。

还有一些学者是从关税水平和非关税水平降低的角度分析保护程度降低对各要素报酬变动的影响。加司东（Noel Gastor）和特勒副勒尔（1992）利用行业工资和保护程度包括关税水平和非关税壁垒进行了回归，发现工资与关税之间存在负相关，与非关税壁垒之间存在正相关，也就是说关税水平越低，工资水平越高；非关税壁垒越高，工资水平越高。不过由于他们利用的是行业数据，因此对贸易保护如何影响工资水平无法得知。利默（1992）考虑了北美自由贸易区建立后，美国和墨西哥关税的取消对两国工资的影响，他首先对商品价格与要素的比例进行回归得到资本和劳动之比，以此计算劳动密集型产品的竞争影响，再计算引进这种竞争后商品价格的变化，最后联系商品价格变化与要素价格变化得出北美自由贸易区的建立使非熟练劳动力的工资水平锐减。近年来，发展中国家的贸易保护程度下降很快，因此对发展中国家保护程度的降低与国内要素报酬差距之间的检验发展很快。寇若瑞佟（Caesar B. Cororaton）（2003）分析了菲律宾贸易改革与收入差距之间的关系，关税的降低有利于制造业部门工资的上升，而导致农业部门工资的下降，拉大了城乡差距。汉森（Gordon H. Hanson），哈里森（Ann Harrison）（1999）和菲利斯安奴（Zadia M. Feliciano）（2001）对墨西哥、戈德堡（Pinelopi K. Goldberg）和帕伟克尼克（Nina Pavcnik）（2001）对哥伦比亚等的分析都发现贸易改革拉大了熟练劳动力和非熟练劳动力的工资差距。

二、贸易通过对要素相对需求变化引起要素价格变化的分析

关于贸易与要素价格变化的另一个实证方法就是从贸易发展对要素相对需求的变化角度进行分析。这种分析又分为两种：第一种是首先计算贸易变化的劳动含量（the labor content of changes in trade），然后从中推测出贸易变化对劳动力需求的变化，再结合需求量与供给弹性得到要素价格的变化情况，与发展中国家相比较，美国等发达国家的稀缺要素是非熟练

劳动者，进口的是非熟练劳动密集型的产品，这也变相地进口了非熟练劳动。这些国家贸易的扩张，提高了非熟练劳动者的相对供给因而对其工资有抑制作用；第二种分析是直接通过成本转换法分析贸易发展对要素相对需求的影响进而得出贸易对要素价格相对变动的影响。

最先进行第一种分析的学者是波尔雅斯（George Borjas），弗里曼（Richard Freeman）和凯茨（Lawrence Katz）（1991），他们首先推断贸易主要是进口扩张会导致对非熟练劳动力需求的下降，随后指出20世纪80年代美国贸易的扩展确实导致对非熟练劳动力需求的减少，并伴随着非熟练劳动力相对工资的下降，1980～1988年大学毕业和高中毕业的劳动者工资之比上升了11％。在他们的假设基础之上，波尔雅斯、弗里曼和凯茨指出：贸易量的上升解释了15％～25％的美国工资差距的上升。另外，波尔雅斯、弗里曼和凯茨还指出：20世纪80年代的移民增加了美国的非熟练劳动力的供给，移民增加和贸易扩张能解释30％～50％高中毕业者相对周工资的下降。墨菲（Murphy）和韦尔奇（Welch）（1991）的研究也发现：1967年到1986年期间净进口的变化与非教育者就业的变化和高教育者就业变化之间存在紧密关系。此外，他们还发现由贸易引起的劳动力相对需求的变化与各行业间劳动力分布的变化和不同教育层工人间工资的相对变化相一致，并指出美国制造业非熟练劳动力就业的减少主要是由贸易的变化引起的。凯茨和墨菲（1992）、约翰·邦德（John Bound）和约翰逊（George Johnson）（1991，1992）、伯曼（Berman），邦德（Bound）和格里利克斯（Griliches）（1994）等也采用该种方法对美国的工薪差距进行了分析，不过他们的结论与前两者分析的结论不同，他们都认为贸易的扩张并不是美国熟练和非熟练劳动力相对工资上升的主要原因，技术进步的作用要更大。但伍德的分析却发现贸易是主要因素。伍德（1994）在其南北贸易模型分析中认为，南北贸易对北方国家非熟练工人造成了损害，造成他们的工资减少和工作流失，这是导致发达国家收入差距的主要原因。1995年他还计算了发达国家出口品和进口品中熟练劳动与非熟练劳动的使用量，发现贸易导致发达国家对非熟练劳动者的需求降低了22％。

关于第二种方法，在熟练劳动力和非熟练劳动力供给量固定不变的情况下，两者工资的相对变化主要取决于两类生产要素的需求。也就是说，只要估计出熟练劳动力对非熟练劳动力的相对需求就可推知两种要素工资差距的变化。伯曼、邦德和格里利克斯（1994）首先把成本转换分析方法引入到国际贸易的分析中，而芬斯特拉和汉森（1999）则把该方法用于分析贸易对要素价格相对变化（主要是分析熟练劳动和非熟练劳动力相对工资变化）的影响。此后许多学者也用该方法对其他国家的贸易与工资或者就业关系进行实证分析，如伊格、古格勒和普法费默诺（2000）对澳大利亚外包对其国内劳动力市场的影响进行了分析；黑基任（Hijzen）、高格和海恩（2003）对英国的贸易与熟练劳动和非熟练劳动工资差距进行了分析；翰德和里斯（2002）对日本的情况进行了分析等。

由于第一种分析方法对数据的要求比较高，而且要计算贸易中的劳动力含量，还要计算劳动力市场中的供给和需求弹性，在分析中比较麻烦，因此该种方法在20世纪90年代初用的比较多，但随着成本转换法的引用，目前对要素相对需求的检验主要是采用芬斯特拉和汉森（1999）的分析方法。

三、其他贸易与要素价格关系的实证检验

1. 直接利用估计一个包括贸易量在内的工资函数而得到贸易量与工资之间的关系。凯茨和安娜·瑞雯治（Ana Revenga）（1989）利用美国和日本的相对工资对其贸易平衡和其他变量进行回归，发现美国贸易赤字有利于美国熟练劳动者工资的上升和就业的增加，而日本的盈余有利于新进入工作者的增加。弗里曼和凯茨（1991）检验了美国的工资变化与销售量变化的关系，并把销售量分为国内销量、进口和出口三部分，发现美国的行业工资结构和销售量变化之间存在正相关关系，贸易影响工资的途径与国内销售量影响工资的途径是相同的。斯特恩·戴维斯（Steven Davis）（1992）利用多国数据计算熟练和非熟练劳动者相对工资是否存在收敛，结果发现越开放的国家，其相对工资有收敛趋势。塞巴斯蒂安·加利阿尼（Sebastian Galiani）和帕比奥·桑奎尼蒂（Pablo Sanguinetti）（2003）对阿根廷工资与贸易之间的关系进行了回归，发现贸易只能部分地解释阿根廷相对工资的上升。

2. 利用像布朗、大卫多夫和史顿（1993）的分解方法主要分解贸易和

技术对要素价格变动的影响。如凯文·泰菲尔德（Karen Thierfelder）和谢尔曼·鲁滨逊（Sherman Robinson）(2003) 建立了一个存在产品差异，国内非贸易品与进口品存在替代的 $1\times2\times3$ 的贸易一般均衡模型。在模型中他们把要素报酬的相对变化分解成为商品价格变化、贸易平衡变化和要素禀赋变化三部分，并用此模型分析美国 1982 年后的要素价格变化，结果发现美国的要素价格变化对要素禀赋变化的敏感性要高于对贸易平衡变化和国际商品价格变化的敏感度。里桑德罗·阿布瑞格（Lisandro Abrego）和约翰·惠利（John Whalley）(2002) 利用一般均衡模型把 1979 年到 1995 年英国的工资差距进行了分解，得出贸易和要素偏向的技术进步会导致工资差距的上升，而且要素偏向的技术进步比贸易的作用大很多，但是要素禀赋的上升会减少工资差距的上升。[①] 这种通过一般均衡对要素价格的变化进行分解的实证检验在应用中随着分解变量的不同，分解的结果也有很大不同，因此只有少部分学者在这方面有所探讨，并未形成主流的检验方法。

由于本书讨论的是贸易自由化对要素价格变动的影响，而目前主流的分析主要是芬斯特拉和汉森（1999）提出的两种方法即零利润条件两步回归法和相对要素需求方法，因此本章在分析我国贸易发展与要素报酬关系时也采用这两种方法进行分析。[②]

第二节 我国行业贸易发展对要素价格变动的影响——基于对要素相对需求的实证分析

国际贸易学者通过贸易对要素相对需求的实证分析主要采用的是转换成本函数法（translog cost model）。该方法现在在文献中已经形成标准化

---

① 在其分析中，英国工资差距变化中，由贸易增长引起的是 17%，由要素偏向的技术进步引起的是 183%，由要素禀赋变化引起的是 -144%。

② 这两种方法在芬斯特拉（2003 年）的《高级国际贸易学》中进行了比较详细的介绍。Feenstra, R. C.: *Advanced International Trade——Theory and Evidence*, Princeton University Press, 2003.

的模式，被伯曼、邦德、格里利克斯（1994）和芬斯特拉、汉森（1999）引用于国际贸易中，测量贸易对一国就业和工资差距的影响。

一、方法介绍

假定生产中使用两种要素劳动力和资本，在短期中资本可以看做是固定的，这样其生产函数是：

$$C_n(w,r,\overline{K_n},Y_n,p/p_n) = \min_{L_n}(wL_n + r\overline{K_n})$$
$$s.t.\ Y_n = G_n(L_n,\overline{K_n},1,p/p_n)$$
(6-1)

这里的 Y_n 代表 n 行业的生产增加值，G_n 是生产函数，对劳动力和资本单调递增的凹函数。C_n 短期总成本，w、r 分别是劳动力和资本的回报率，L_n 是行业中使用的劳动力的总量，$\overline{K_n}$ 是短期总资本量，p 是总价格指数，p_n 是商品 n 的价格。对上式进行对数型的泰尔二次展开，则得到一般的转换成本函数的通常记法：

$$\ln C = \alpha_0 + \sum_{i=1}^{M}\alpha_i \ln w_i + \sum_{k=1}^{N}\beta_k \ln x_k + \frac{1}{2}\sum_{j=1}^{M}\sum_{i=1}^{M}\gamma_{ij}\ln w_j \ln w_i +$$
$$\frac{1}{2}\sum_{k=1}^{N}\sum_{l=1}^{N}\delta_{kl}\ln x_k \ln x_l + \sum_{i=1}^{M}\sum_{k=1}^{N}\varphi_{ik}\ln x_k \ln w_i$$
(6-2)

这里 w_i，w_j 代表第 i，j 种要素的报酬，$i,j = 1,\cdots M$；x_k，x_l 代表固定的投入量或者产出量，其中 $k,l = 1,\cdots N$。$\alpha_0, \alpha_i, \beta_k, \gamma_{ij}, \delta_{kl}, \varphi_{ki}$ 代表参数，为保证转换成本函数是工资的线性齐次函数，这里假定 $\sum_{i=1}^{M}\alpha_i = 1$，$\sum_{i=1}^{M}\gamma_{ij} = \sum_{i=1}^{M}\varphi_{ik} = 0$ 且 $\gamma_{ij} = \gamma_{ji}$。在短期来看，资本和产出都是固定的，因此唯一可变要素就是劳动力。对转换成本函数求工资的导数 $\partial \ln C/\partial \ln w_i = (\partial C/\partial w_i)(w_i/C)$，因 $\partial C/\partial w_i$ 代表对 i 要素的需求，因此 $\partial \ln C/\partial \ln w_i$ 就是 i 要素的报酬占总成本的比重，这里用成本比重 s_{ni} 来表示，其表达式为：

$$s_{ni} = \alpha_i + \sum_{j=1}^{M}\gamma_{ij}\ln w_j + \sum_{k=1}^{N}\varphi_{ik}\ln x_k, i = 1,l\cdots, M。$$
(6-3)

公式（6-3）中的第二项是各要素的报酬率，它们在各个行业之间是不同的，一般被认为反映了各行业所得要素在质量上的差异，在回归中可以包含在行业固定作用的常数项中。这样给定每年的要素成本比重和固定的投入与产出，这一表达式可以获得行业的 φ_{ik} 参数，从而获得投入或者产出对要素成本比重的影响作用，在要素总量既定的条件下，进而可以得到各变量对要素相对报酬之间的影响（见伯曼、邦德和格里利克斯，1994；海曾、高格和海恩等的分析，2003）。在公式（6-3）中 s_{ni} 代表行业 n 的 i 要素在总成本中的比重。如果各要素的总供给量是固定的，那么 s_{ni} 的上升就意味着 i 价格相对于其他要素的价格在上升。若假定生产中只有两种要素劳动力和资本，因此有 $s_{nL} = \dfrac{wL_n}{wL_n + rK_n}$，在国家总的劳动和资本供给量是固定的情况下，$s_{ni}$ 上升意味着对劳动力的相对需求就会上升，主要是 w/r 会上升；反之，如果 s_{ni} 下降，则就代表 w/r 会下降。

另外，也可以对上式取差分，利用两年之间的数据差计算各要素报酬和固定投入或者产出增长对要素成本比重增长的影响作用，如芬斯特拉和汉森（1996，2003）。其模型为：

$$\Delta s_{nH} = \varphi_0 + \varphi_K \Delta \ln K_n + \varphi_Y \Delta \ln Y_n + \varphi_z' \Delta z_n \qquad (6-4)$$

这里 K_n 代表资本存量，用资本存量占产业增加值比重表示，Y_n 代表产业增加值，z_n 代表其他影响要素成本比重的因素。芬斯特拉和汉森在分析中指出：z_n 的选择至少有两方面，一个是外包（outsourcing），一个是技术的作用，因此分析时这两者都需加入模型中。在本书中是针对总贸易的发展而非中间外包，因此本书回归模型为：

$$\Delta s_{nl} = \beta_0 + \beta_1 \Delta \ln k_n + \beta_2 \Delta \ln Y_n + \beta_3 \Delta Trade_n + \beta_4 \Delta T \qquad (6-5)$$

二、数据说明

考虑到数据的可获得性，本书最终选取了煤炭开采和洗选业，石油和天然气开采业，黑色金属矿采选业，有色金属矿采选业，非金属矿采选业，食品制造业（是农副产品加工和食品制造业的合并），饮料制造业，烟草制品业，纺织业，纺织服装、鞋、帽制造业，皮革、毛皮、羽毛（绒）及其制品业，木材加工及木、竹、藤、棕、草制品业，家具制造业，造纸及纸制品业，文教体育用品制造业，石油加工、炼焦及核燃料加工业，化学原料及化学制品制造业，医药制造业，化学纤维制造业，橡胶制品业，塑料制品业，非金属矿物制品业，黑色金属冶炼及压延加工业，有色金属冶炼及压延加工业，金属制品业，通用设备制造业，专用设备制造业，交通运输设备制造业、电气机械及器材制造业，通信设备、计算机及其他电子设备制造业等30个行业，由于本书理论的分析主要针对贸易自由化对产品国内价格的影响进行分析，而加入WTO后，我国贸易自由化程度发展最快，因此本书在实证检验时所选取的时间跨度是从2001年我国加入WTO到2005年。

由于无法找到我国各个行业中熟练劳动力和非熟练劳动力的使用量和工资水平，而且我国熟练劳动力的比重又比较小，因此本书假定生产中只使用两种要素：资本和劳动力，而非像芬斯特拉和汉森那样分析三种要素。这样

$$s_{nl} = \frac{wL_n}{C_n}$$

在这里，L_n是各行业全员平均劳动力总数，w是行业平均劳动力报酬。C_n是行业生产中除中间投入之外的要素成本总额。假定总收入等于总成本，则C_n实际上就是行业的增加值。工业增加值有两种计算方法：一是生产法，即工业总产出减去工业中间投入加上应交增值税；二是收入法，即从收入的角度出发，根据生产要素在生产过程中应得到的收入份额计算，具体构成项目有固定资产折旧、劳动者报酬、生产税净额、营业盈余，这种方法也称要素分配法，虽然我国统计年鉴中的工业增加值是以生产法计算的，生产法和收入法得到的结果是相同的。因此假定工业增加值中固定资产折旧、生产税净额和营业盈余都是资本所得，而劳动者报酬是劳动所得，则

$$s_{nl} = \frac{wL_n}{wL_n + rK_n}$$

如果s_{nl}上升，说明行业对劳动力的相对需求在上升。根据我国统计年鉴中的数据计算的s_{nl}如表6-1所示。从表6-1的结果来看，在所有的行业中煤炭开采与洗选业和文教体育用品制造业的劳动力成本比重比较高，能达到30%~40%以上。具体来讲，我国采掘业细分行业中除了石油和天然气开采业之外，其他行业中劳动在总成本中的比重都比较高，基本都在

15%以上，不过劳动在成本中的比重有比较明显的下降趋势。在制造业的细分行业中，烟草制品业、石油加工、炼焦及核燃料加工业和饮料制造业的劳动力成本比重比较低，而像其他轻工业劳动力比较密集型的行业劳动力成本都比较高，接近或者超过30%，比如纺织服装、鞋、帽制造业、皮革、毛皮、羽毛（绒）及其制品业、家具制造业、文教体育用品制造业、橡胶制品业等等。纺织服装、鞋、帽制造业、皮革、毛皮、羽毛（绒）及其制品业和家具制造业，除2004年外劳动力在总成本中的比重有缓慢上升的趋势。金属加工业以及与机械有关的行业其劳动力报酬比重也比较高，基本在15%~30%左右。总体来看，行业外贸依存度比较高的行业比如纺织服装、鞋、帽制造业、皮革、毛皮、羽毛（绒）及其制品业、家具制造业、文教体育用品制造业、电气制造业、黑色金属矿采选业等其劳动力在成本中的比重比较高，出口增加比较快的行业其劳动力在成本中的比重较高而进口增加比较快的行业其劳动力在成本中的比重都有下降趋势。

表6-1 各行业1999~2005年劳动在成本中的比重

行业	1999	2000	2001	2002	2003	2004	2005
煤炭开采和洗选业	49.46	50.19	46.71	40.36	38.88	26.49	29.31
石油和天然气开采业	11.02	4.34	5.55	6.04	7.02	6.03	5.45
黑色金属矿采选业	35.37	32.03	31.11	28.48	22.87	10.96	16.64
有色金属矿采选业	28.91	26.45	26.05	25.17	24.20	15.90	15.27
非金属矿采选业	31.12	29.47	30.48	27.49	25.15	12.11	19.00
食品制造业	16.86	15.35	14.99	14.72	13.18	9.68	10.79
饮料制造业	13.41	13.06	13.18	12.33	12.02	11.04	10.33
烟草制品业	4.36	4.59	4.59	4.05	3.66	3.98	4.08
纺织业	26.31	24.27	22.99	22.19	21.15	16.20	19.33
纺织服装、鞋、帽制造业	28.38	28.36	28.83	32.29	31.84	29.30	30.31
皮革、毛皮、羽毛（绒）及其制品业	28.40	27.89	26.65	28.10	27.64	24.93	29.71
木材加工及木、竹、藤、棕、草制品业	19.54	19.07	16.80	17.74	18.93	11.78	16.19
家具制造业	20.59	19.62	19.59	21.65	22.53	14.49	22.95
造纸及纸制品业	21.33	19.46	18.53	17.46	16.83	12.43	14.02
文教体育用品制造业	36.64	37.14	40.27	38.39	39.86	30.96	36.84

续表

行业	1999	2000	2001	2002	2003	2004	2005
石油加工、炼焦及核燃料加工业	15.67	12.39	6.09	9.66	9.61	8.32	9.68
化学原料及化学制品制造业	22.99	20.41	17.89	17.25	15.32	11.94	12.06
医药制造业	17.82	16.11	10.49	16.69	16.39	15.52	13.81
化学纤维制造业	17.44	15.17	24.05	17.29	14.56	12.54	13.49
橡胶制品业	26.96	24.53	29.65	21.34	18.55	14.34	18.63
塑料制品业	21.14	19.75	19.09	20.29	20.89	14.47	19.09
非金属矿物制品业	27.61	25.07	30.27	23.10	20.78	13.99	17.23
黑色金属冶炼及压延加工业	25.80	23.26	14.67	19.99	16.30	11.60	12.05
有色金属冶炼及压延加工业	24.61	23.02	22.44	20.42	16.14	11.58	11.88
金属制品业	21.90	21.13	24.87	20.84	19.53	14.94	19.52
通用设备制造业	30.31	27.90	45.77	24.47	22.78	15.80	19.72
专用设备制造业	30.09	27.48	32.32	23.71	24.52	18.56	21.02
交通运输设备制造业	25.16	24.68	13.46	19.64	17.56	16.50	18.22
电气机械及器材制造业	19.69	17.83	17.99	22.23	17.60	14.37	16.53
通信设备、计算机及其他电子设备制造业	16.92	15.21	16.00	16.05	14.86	13.42	15.60

公式 (6-5) 中，Y_n 表示各个行业的工业增加值。k_n 用各行业资本存量占行业产出的比重表示，$k_n = K_n/Y_n$。这里的资本存量计算方法公式参照李小平、朱钟棣（2005）的计算方法：[①]

$$K_{n,t} = K_{n,t_0} + \sum_{t_0+1}^{t} \Delta K_t / p_{it}$$

$K_{n,t}$ 表示 t 年 n 行业的资本存量，K_{n,t_0} 是1990年末 n 行业的固定资产净值，ΔK_t 为 n 行业 t 年固定资产净值的增加值，以相邻两年固定资产净值原值的差表示，p_{it} 为以1990年为100的固定资产价格指数。$TRADE_n$ 代表行业的进出口额占总产值的比重。ΔT 表示行业全员劳动生产率增长率的变化，用以表示劳动力偏向的技术进步。

各行业中产业增加值以及固定资产净值和全员劳动生产率的数据来自

[①] 李小平、朱钟棣："中国工业全要素生产率的测算——基于各行业面板数据的分析"，《管理世界》2005年第3期。

于《中国工业经济统计年鉴》相关各年；劳动者报酬的数据来自于《中国劳动统计年鉴》相关各年；进出口数据来自于联合国贸易统计数据库。

三、回归结果

依据公式（6-5），本书在去掉特殊值之后多次回归的结果如表6-2所示，其中变量 ΔEX_n 代表出口比重的变化，用行业出口额占行业总产值的比重表示；ΔIM_n 表示进口比重的变化，用行业进口额占行业总产值的比重表示。

表6-2 行业成本转换法回归结果

变量	模型6-1	模型6-2	模型6-3	模型6-4	模型6-5	模型6-6
Constant	0.007**	0.007*	0.007*	0.007*	0.006	0.006
	(1.979)	(1.970)	(1.980)	(1.910)	(1.652)	(1.620)
$\Delta \ln Y_n$	0.016	0.011	0.016	0.011	0.021	0.016
	(0.726)	(0.52)	(0.721)	(0.51)	(0.938)	(0.701)
$\Delta \ln k_n$	0.127***	0.116***	0.129***	0.116***	0.130***	0.118***
	(6.03)	(5.345)	(5.889)	(5.137)	(5.938)	(5.161)
$\Delta TRADE_n$	—	—	−0.006	−0.001	—	—
			(−0.297)	(−0.062)		
ΔEX_n	—	—	—	—	0.030	0.029
					(1.186)	(1.169)
ΔIM_n	—	—	—	—	−0.029	−0.020
					(−1.127)	(−0.760)
ΔT	—	−0.032**	—	−0.032*	—	−0.029
		(−2.002)		(−1.971)		(−1.786)
R^2	0.642	0.655	0.643	0.675	0.652	0.662
F	96.112	67.220	63.565	84.696	49.079	40.720
DW	1.908	1.941	1.916	1.640	1.925	1.992
No.	120	120	120	180	120	120

注：***表示1%水平显著，**表示5%水平显著，*表示10%水平显著。

从回归的结果来看，工业增加值的增加会增加对劳动力的相对需求，这说明我国行业产值的增长与劳动的投入是正相关的，我国行业增加值的上升对劳动投入的依赖要大于对资本投入的依赖。工业增加值的对数值每上升1个百分点，则劳动在总成本中的比重就会上升0.011~0.016个百分点，但是行业增加值的统计显著性不高，其 t 值只有0.7。从模型6-1到模型6-2可以看出，资本比重的增加有利于劳动者相对需求的上升，资本的变化通过99%的统计检验。资本的对数值每上升1个百分点则对劳动力的相对需求就会上升0.12个百分点左右，在所有变量中资本对劳动力相对需求的影响最大，这说明我国工业经济生产中劳动力和资本存在互补关系，投资的增加必然带动对劳动力需求的增加。全员劳动增长率的上升会导致对劳动力相对需求的下降，全员劳动增长率每上升1个百分点则劳动力在成本中的比重就会下降0.03个百分点，如模型6-2所示。ΔT的统计t值是-2.002,全员劳动生产率的上升代表同样的劳动数量带动更多的产业增长，也就是说存在劳动力特定的技术进步，劳动力特定的技术进步会缩减对劳动力的相对需求，而且其缩减作用比较大，这与结论5-4的结果是一致的。

贸易与劳动力相对需求的增长呈负相关，如模型6-3和模型6-4所示。贸易占工业产值的比重上升1个百分点劳动力在成本中的比重就会下降0.006个百分点，不过贸易的作用不是很明显，其统计t值只有0.297。这就是说，虽然贸易的发展会减少对劳动的相对需求，但是这种缩减作用的影响力比较小。进一步分别对进口和出口进行回归，回归结果如模型6-5和模型6-6所示。出口的增长提高了我国对劳动力的相对需求，出口每增加1个百分点，劳动力的相对需求就会增加0.03个百分点。而且出口的统计t值超过1，说明出口对我国劳动力相对需求具有较明显的提升作用。我国的比较优势就在于劳动力成本低，按照H-O定理，我国会出口劳动力密集型的产品，出口的增加必然会增加行业对劳动力需求的上升。进口的增加则减少了我国对劳动力的相对需求，增加对资本的需求。进口每增加1个百分点，我国对劳动力的相对需求就会减少0.02个百分点，进口对劳动力相对需求作用的统计t绝对值也高于1，说明我国行业进口对劳动力需求的缩减作用也比较明显。如果按照H-O定理的内容，我国进口的资本密集型产品会减少对我国资本的需求，但是检验结果却与H-O和SS定理的结果不相符。这主要是因为我国进口的商品虽然是资本密集型的产品，但主要是投资性产品或者生产机械、设备等，这些更高技术的生产设备引进后会需要更多的资金进行维修、保养，从而扩大对资金的需求；另外，我国进口的产品大部分也是熟练劳动力比较密集的产品，这些产品的进口会缩减对熟练劳动力的相对需求,降低熟练劳动力的工资水平,从而降低行业劳动力的平均报酬,这样劳动力在总成本中的比重也会下降。

按照成本转换法回归的结果来看,贸易的发展会减少行业对劳动力的相对需求,增加对资本的相对需求。劳动力相对需求的减少就会降低劳动力的报酬,而对资本相对需求的下降也就意味着劳动力工资的下降和资本回报率的上升,劳动与资本之间的收入差距就会扩大,这与结论5-2和5-3的结果是相符的。这里所选择的行业都是我国城镇制造业和采掘业的细分行业,自加入WTO以来,我国的贸易自由化主要也是工业贸易的自由化,也就是模型中所讲的城市制造业价格与国际市场价格的缩减,所以行业贸易的发展对劳动力工资的提升作用小于对资本报酬的提升作用,反映到相对需求上就是对劳动力的相对需求会下降,对资本的相对需求会上升。

第三节 我国行业贸易发展对要素价格变动的影响——基于零利润条件下的两步回归法

国际贸易理论都假定市场是竞争性的市场,而只要存在竞争市场,均衡时,企业的利润就是零也即存在零利润条件:

$$p_n = c_n(w, r, \theta_{nk}, \theta_{nl}) \tag{6-6}$$

这里的 c_n 代表 n 的单位成本,它是劳动工资、资本报酬的函数,p_n 代表价格,θ_{nk}、θ_{nl} 分别表示行业生产中资本和劳动力所占的比重。通过零利润条件检验贸易对各要素收入差距的实证分析主要是基于公式(6-6)。利默(1996)把要素价格的变化、产品价格的变化以及技术的变化联系起来进行分析,其分析的基础是:

$$\hat{p}_n = \sum_i \theta_{ni} \hat{w}_i - \hat{TFP}_n \tag{6-7}$$

这里 $\hat{p}_n$ 是因贸易引起的产品价格的变化率,i 代表要素,一般有资本、熟练劳动力和非熟练劳动力等,TFP_n 代表行业的全要素生产率。自利默把技术的变化与贸易的变化联系起来后,大量的学者利用公式(6-6)对美国等发达国家熟练劳动力与非熟练劳动力工资之间的差距进行了实证检验,如利默(1998)、鲍德温和格雷·该隐(1997)等。公式(6-7)完全基于零利润条件,与 SS 定理的分析基础吻合,而且既可以分析因贸易引起的商品价格变化对各要素收益的影响又可以分析技术进步对各要素价格变化的影响,这样既能检验 SS 定理的适用性,也能分析贸易与技术哪一个对要素报酬差距的影响更大,解决贸易与技术之争。但是就像第一节所阐述的那样,单纯地把贸易看成引起商品价格变化的唯一因素,且不考虑其他影响价格的因素,这样得出的结论并不全面。所幸的是芬斯特拉和汉森(1999)提出了两步回归分析方法并对美国技能劳动力和非技能劳动力工资差距进行了实证检验,解决了基于公式(6-7)分析中的不足。哈斯克尔和斯劳特(2001)也采用两步回归法对英国贸易和技术对技能和非技能劳动力工资差距的影响进行了分析。为具体分析贸易发展对我国劳动力工资的影响,本书进一步采用两步回归法对我国行业数据进行检验。

一、方法介绍

$$p_n^G = \sum_i a_{ni} w_i + \sum_j b_{nj} p_n^G \tag{6-8}$$

这是基本的零利润条件,p_n^G 是国内行业 n 总产值的价格,w_i 是 i 要素的单位报酬,a_{ni} 是 n 行业单位成本中 i 要素的使用量,本书假定生产中只使用两种要素:劳动力和资本。b_{nj} 是生产单位 n 所用的中间投入品量。假定该国为小国,则贸易后其国内的产品价格也即是世界产品的价格。对公式(6-8)取对数微分得到:

$$\Delta \ln p_{nt} + \Delta \ln TFP_{nt} = \sum_i \theta_{nit} \Delta \ln w_{it} \tag{6-9}$$

$\Delta ln p_{nt} = [\Delta \ln p_{nt}^G - \sum \theta_{nmt} \Delta \ln p_{nt}^G]$ 是行业增加值的价格变化,θ_{nmt} 是行业中中间投入占总成本的比重。$\Delta \ln TFP_{nt}$ 是行业 n 的全要素增长率,θ_{nit} 是行业 n 生产成本中 i 要素所占的比重。该式与上面的公式(6-7)是相同的。

假定有 h 个变量(z_{nht})是影响要素价格的结构性因素,则两步回归法中的第一步是

$$\Delta ln p_{nt} + \Delta \ln TFP_{nt} = a_0 + \sum_h a_h \Delta z_{nht} \tag{6-10}$$

从这个回归式中估计出 a_h 的估计系数,记为 $\hat{a}_h$,这样就将零利润条

件发生的变化分解为 h 部分，$\hat{a}_h \Delta z_{nht}$。第二步是分别估计出各结构性因素所隐含的工资变化。

$$\hat{a}_h \Delta z_{nht} = \sum_i \theta_{nit} \beta_{it} \qquad (6-11)$$

这里的 β_{it} 是需要估计的系数，分别表示和 z_{nht} 效应相一致的要素 i 的工资或者收益率变化，θ_{nit} 是回归中的独立变量，表示要素在总成本中的份额。由第二步的回归获得的估计系数 $\hat{\beta}_{it}$ 可以计算出 z_{nht} 对各要素报酬率变化 β_{it} 的贡献度。在现有的两步回归分析中，芬斯特拉和汉森（1999）分析的是电脑使用量和外包贸易（即 z_{nht}）对美国技能劳动力和非技能劳动力工资变化的贡献度；哈斯克尔和斯劳特（2001）分析的是贸易和技术对英国技能劳动力和非技能劳动力工资的贡献度。他们的分析都指出技术进步是影响发达国家工资差距的主要原因，贸易的作用影响较小。芬斯特拉等的分析主要是为了解决国际学术中贸易与技术之争而作，因此分析中把贸易和技术都考虑在内，本书主要是看贸易对我国要素报酬的影响，因此分析中只考虑贸易的作用。①

二、数据说明

因为我国具体到各个工业行业的价格指数变化从 2002 年才公布，因此

---

① 在对零利润条件的转换中，芬斯特拉和汉森（1999）的分析基础是 $\Delta \ln p_{nt} = -TFP_{nt} + \sum_i s_{nit} \overline{\Delta \ln w_{ni}} + \varepsilon_n$，这里 $\overline{\Delta \ln w_{ni}}$ 是行业要素价格的平均变化，$\varepsilon_n = \sum_i s_{nit} (\Delta \ln w_{nit} - \overline{\Delta \ln w_{ni}})$ 代表的是行业间工资的不同，即反映每个行业中工资报酬和制造业平均报酬的差额，令 $ETFP_n = TFP_{nt} - \varepsilon_n$ 为实际的全要素生产率，则零利润条件为 $\Delta \ln p_{nt} = -ETFP_{nt} + \sum_i s_{nit} \overline{\Delta \ln w_{ni}}$，在两步回归中第一步的回归是分析贸易和电脑使用对商品价格和实际全要素生产率的变化的影响，详细的分析可以参看 Feenstra：Advanced International Trade-theory and Evidence，2003，pp. 124-130。这里对零利润条件的转换方法是参照哈斯克尔和斯劳特（2001）的分析。其后的两步回归法是以芬斯特拉和汉森（1999）的分析为主，本书的回归方法采用芬斯特拉和 Haskel 等方法的结合，这是因为芬斯特拉和汉森（1999）对零利润条件的转换比较麻烦而且他们的回归是对美国 1979~1990 年平均要素价格变化的分析，因此采用实际全要素生产率比较合理，但我国具体到行业的价格指数只从 2002 年才公布，时间跨越较短，因此分析中没有必要采用实际的全要素生产率。而哈斯克尔和斯劳特（2001）分两步回归时把贸易对价格和全要素生产率的作用分别进行分析，由此得到的结论有夸大贸易作用的趋向，因为全要素生产力和价格的变化有一定的相关性。因此本书的分析方法采用两者的结合。

本书分析的是时间跨度为2002年到2005年30个细分行业的数据，具体的工业细分行业见上节的数据说明。假定行业的生产只使用两种要素：资本和劳动力，企业完全竞争也即总成本等于总产值。行业中的价格变化本书采用《中国统计年鉴》中各行业出厂价格指数的变化表示，θ_{nlt}、θ_{nkt}、θ_{nmt}分别表示劳动收入、资本收益和中间投入品占行业总产值的比重。劳动收入就是上一节中的劳动报酬，用平均劳动报酬乘以全年平均从业人员数。有关中间投入品的计算，本书参照李小平、朱钟棣（2005）的分析方法计算，$M_{nt}=(gv_{nt}-nv_{nt}-\delta_{nt})/p_{nt}$，这里$M_{nt}$、$gv_{nt}$、$nv_{nt}$、$\delta_{nt}$分别表示$n$行业以1990年价格表示的中间投入品量、$n$行业的总产值、行业增加值和折旧，其数据来自《中国工业经济统计年鉴》和《中国统计年鉴》相关各年；p_{nt}表示行业的价格指数，按照行业总产值与行业1990年不变价格总产值的比值计算。

进行两步回归关键的是计算行业全要素生产率，本书行业全要素生产率采用利默（1998）和哈斯克尔、斯劳特（2001）的计算公式：

$$\Delta\ln TFP_{nt}=\Delta\ln Y_{nt}-[\theta_{nlt}\Delta\ln N_{nlt}+\theta_{nkt}\Delta\ln K_{nt}+\theta_{nmt}\Delta\ln M_{nt}] \quad (6-12)$$

其中Y_{nt}是以1990年不变价格表示的行业n,t年总产值；N_{nlt}代表劳动力，用全年全部从业人员平均人数表示；K_{nt}为生产中的资本存量，计算公式见上节，以1990年不变价格表示；M_{nt}代表中间投入品。根据公式（6-12）本书计算了2002～2005年30个行业的全要素生产率，结果如表6-3所示。从计算结果来看，2002年到2004年除了和石油相关的行业、烟草加工业和非金属矿采选业外，其他行业的全要素生产率基本是正的，除电子及通信设备、交通运输设备制造业和医药制造业，其他行业的全要素生产率基本呈逐年上升趋势，但是2005年我国有11个行业的全要素生产率变为负值，即使没有变为负值的也有下降趋势。这11个行业基本都是劳动密集型的轻工行业，比如木材加工及竹藤棕草制品业、家具制造业、文教体育用品制造业、塑料制品业、橡胶制品业等。从其平均值来看，黑色金属矿采选业的全要素生产率是最高的，为0.138，之后是煤炭开采和洗选业、通用设备制造业、专用设备制造业等，全要素生产率都在0.07以上，而石油和天然气开采业和石油加工及炼焦业的全要素生产率最低，平均分别为-0.0993和-0.0048。其他的行业主要是轻工业的全要素生产率，基本在 0.05~0.07 之间，如纺织业为 0.0561，食品加工与制造业为 0.0691 等，详见表 6-3 我国工业行业的全要素生产率。

表 6-3 我国工业行业的全要素生产率

行业	2002 年	2003 年	2004 年	2005 年	平均
煤炭采选业	0.0898	0.0582	0.2760	-0.0320	0.0980
石油和天然气开采业	-0.2428	-0.2058	-0.0369	0.0881	-0.0993
黑色金属矿采选业	0.1396	0.1772	0.3310	-0.0957	0.1380
有色金属矿采选业	0.0208	0.0105	0.1394	0.0496	0.0551
非金属矿采选业	0.0229	-0.0453	0.4411	-0.1347	0.0710
食品制造业	0.0476	0.0715	0.1378	0.0196	0.0691
饮料制造业	0.0015	0.0383	0.0724	0.0614	0.0434
烟草加工业	-0.0358	0.1058	0.0519	0.1394	0.0653
纺织业	0.0369	0.0668	0.1045	0.0160	0.0561
服装及其他纤维制品制造业	0.0202	0.0500	0.0763	0.0139	0.0401
皮革、毛、皮、羽绒及其制品业	0.0459	0.0625	0.0834	0.0113	0.0508
木材加工及竹、藤、棕、草制品业	0.0229	0.0459	0.2316	-0.0263	0.0685
家具制造业	0.0232	0.0592	0.2776	-0.0644	0.0739
造纸及纸制品业	0.0468	-0.0074	0.1259	0.0006	0.0415
文教体育用品制造业	0.0542	0.0426	0.1069	-0.0437	0.0400
石油加工及炼焦业	-0.0202	-0.0146	0.0113	0.0042	-0.0048
化学原料及制品制造业	0.0273	0.0520	0.0705	0.0207	0.0426
医药制造业	0.0411	0.0417	0.0307	0.0440	0.0394
化学纤维制造业	0.0637	0.0381	0.0991	0.0256	0.0566
橡胶制品业	0.0290	0.0921	0.1074	-0.0070	0.0554
塑料制品业	0.0261	0.0439	0.1324	-0.0408	0.0404
非金属矿物制品业	0.0393	0.0908	0.2150	-0.0334	0.0779
黑色金属冶炼及压延加工业	0.0168	0.0971	0.1032	0.0369	0.0635
有色金属冶炼及压延加工业	0.0247	0.0863	0.0876	0.0180	0.0541
金属制品业	0.0472	0.0337	0.1154	-0.0049	0.0478
普通机械制造业	0.0565	0.1013	0.2010	-0.0091	0.0874
专用设备制造业	0.0658	0.0826	0.1402	0.0094	0.0745
交通运输设备制造业	0.0749	0.0888	0.0590	0.0058	0.0571
电气机械及器材制造业	0.0260	0.0328	0.1048	0.0210	0.0462
电子及通信设备制造业	0.0276	0.1128	0.0595	0.0081	0.0520

三、回归结果

因为本书只考虑贸易这一结构性因素对劳动力工资和资本收益率变化的影响，因此两步回归法中第一步为：

$$\Delta \ln p_{nt} + \Delta \ln TFP_{nt} = a_0 + a_1 \Delta z_{nt} \qquad (6-13)$$

这里的 Δz_{nt} 表示行业进出口贸易的变化，用进出口占行业总产值比重的变化表示，贸易的数据来源同上节。

依据回归方程（6-13），本书第一步的回归结果如表 6-4 第一步回归结果所示。$\Delta \ln p_{nt} + \Delta \ln TFP_{nt}$ 模型是贸易额占总产值比变化对行业总出厂价格和全要素生产率之和变化的影响，从回归结果来看，贸易占行业产值的比重每上升 1 个百分点，行业全要素生产率和行业价格之和就会增长 0.14 个点，而且其统计 t 值通过了 99% 的显著性检验，说明贸易对 $\Delta \ln p_{nt} + \Delta \ln TFP_{nt}$ 的带动作用非常明显。为了分清楚贸易对行业全要素生产率的影响和对价格变动的影响，本书在回归时把全要素生产率和价格分别进行了回归，其中 $\Delta \ln TFP_{nt}$ 模型是贸易对行业全要素生产率的影响回归；$\Delta \ln p_{nt}$ 是贸易对价格影响的回归。从回归结果来看，贸易的发展不仅提高了我国行业产品的价格指数，而且提高了我国行业的全要素生产率。

就 $\Delta \ln TFP_{nt}$ 模型的回归来看，我国行业贸易占总产值的比重每上升 1 个百分点，行业全要素生产率就会上升 0.136 个百分点，而且其统计检验通过 99% 的检验。也就是说，贸易的发展会通过其技术溢出效应带动我国行业的技术进步。国际贸易的技术溢出效应在国际贸易界研究比较多，在理论方面，国际贸易的技术溢出研究建立在两个内生增长理论上——"品种增长"模型（罗默，1990；格罗斯曼和赫尔普曼，1991b）和"质量阶梯"模型（阿吉翁和休伊特，1992；格罗斯曼和赫尔普曼，1991）。在实证方面，库伊和赫尔普曼（1995）首次验证了国际贸易技术溢出的存在；我国不少学者也验证了我国贸易发展的技术溢出效应，如喻美辞、喻春娇（2006）的验证表明，中国国内 R&D 资本存量和通过进口贸易获得的国外 R&D 技术溢出都能显著地提升中国的全要素生产率；李小平、朱钟棣

(2005)利用我国行业数据验证了在控制其他变量的情况下,外国R&D确实通过国际贸易渠道促进了各行业的技术进步,并且开放度越高的行业受益越大等,① 他们的分析都与本书的结论相似。

在 $\Delta \ln p_{nt}$ 的模型中,贸易与我国工业行业的产品出厂价格之间也存在正相关,但是其统计 t 值很低,只有 0.3,说明我国贸易的发展对国内价格的提升作用有限。我国存在比较明显的劳动力优势,劳动力工资普遍低于其他国家,劳动力密集型行业产品的国内价格比其他国家低,因此在加入 WTO,国外关税等贸易壁垒降低后,按照国际贸易理论,我国行业的产品价格会提高,与世界市场的价格之间的差距会缩减。但是自加入 WTO 之后贸易自由化对我国行业价格的提升作用比较有限,原因表现在两个方面:一是在加入 WTO 之前,随着世界各国贸易壁垒主要是关税壁垒的降低,我国行业贸易的发展使我国行业产品的价格与世界市场上产品价格之间的差距已经缩减很多,因此即使加入 WTO 后,我国行业产品价格的提高也比较有限;二是自改革开放以来,我国采取各种鼓励出口措施,对外贸易总额逐年上涨,我国在世界贸易中的地位越来越靠前,已经由一个贸易小国逐渐发展成为一个贸易大国,在某些产品上我国已经具有世界大国的地位,因此加入 WTO 后,随着其他国家贸易壁垒的降低,我国对外贸易快速发展,压低了世界市场上部分产品的价格,这种贸易大国地位导致我国行业产品价格提升幅度受到限制。

从第一步的回归结果来看,我国贸易发展对我国行业技术进步的带动作用比较明显,而对行业价格的提升没有明显作用。依据第一步的回归结果,本书根据 $\hat{a}_1 \Delta z_{nt} = \theta_{nlt}\beta_{lt} + \theta_{nkt}\beta_{kt}$ 进行了第二步回归,这里 β_{lt} 表示贸易引起的劳动工资的变化,β_{kt} 是贸易引起的资本收益率的变化,是需要估计的变量。第二步的回归结果参见表 6-4 零利润条件回归结果。

---

① 有关贸易技术溢出效应研究的理论和实证回顾可以参见李小平、朱钟棣:"国际贸易、R&D溢出和生产率增长",《经济研究》2006年第2期,第31~43页。

表 6-4　零利润条件回归结果

模型 变量	第一步回归结果			模型 变量	第二步回归结果		
	$\Delta\ln p_{nt} + \Delta\ln TFP_{nt}$	$\Delta\ln TFP_{nt}$	$\Delta\ln p_{nt}$		$\Delta\ln p_{nt} + \Delta\ln TFP_{nt}$	$\Delta\ln TFP_{nt}$	$\Delta\ln p_{nt}$
常数	−0.03*** (−4.874)	−0.041*** (−6.994)	0.007*** (4.229)	β_{lt}	0.003 (0.062)	0.003 (0.062)	0.000 (0.043)
trade	0.140*** (7.510)	0.136*** (7.678)	0.001 (0.312)	β_{kt}	0.011 (0.839)	0.011 (0.839)	0.001 (0.825)
No.	120	120	120	No.	120	120	120

注：*** 表示1%水平显著，** 表示5%水平显著，* 表示10%水平显著。

从第二步的回归结果来看，我国行业贸易发展同时会带动行业工资和资本回报率的上升，但是对工资的带动作用要小于对资本的带动作用，参见表6-4第二步回归结果中的 $\Delta\ln p_{nt} + \Delta\ln TFP_{nt}$ 模型。β_{lt} 的估计系数是0.003，而 β_{kt} 的估计系数为0.011，比 β_{lt} 的系数要高0.008个点；与此同时，β_{kt} 的统计检验 t 值为0.839，也高于 β_{lt} 的统计 t 值0.062，也就是说贸易对资本回报率的带动作用要比对工资的提升作用更为明显。另外，在第二步回归中，本书还依据第一步中 $\Delta\ln TFP_{nt}$ 和 $\Delta\ln p_{nt}$ 模型回归结果分别进行了第二步的回归。对 $\Delta\ln p_{nt}$ 模型的第二步回归显示贸易通过提升行业价格对工资的提升要小于对资本回报率的提升，因为 β_{lt} 的估计系数接近于0，其统计 t 值也非常小，只有0.043，而 β_{kt} 的估计系数为0.001，t 值是0.825，比对工资变动影响的统计 t 值高很多。这说明贸易所引起的行业价格变动虽然都会提高我国行业劳动工资和资本报酬，但是对资本报酬的提升要大于对工资的提升，从而拉大资本和劳动之间的报酬差距，这与结论5-2是相符的。对 $\Delta\ln TFP_{nt}$ 模型的回归结果与对 $\Delta\ln p_{nt} + \Delta\ln TFP_{nt}$ 的回归结果完全一致，这主要是因为在第一步回归中贸易对 $\Delta\ln p_{nt} + \Delta\ln TFP_{nt}$ 影响主要表现在对行业全要素生产率变动的影响，其贸易的回归估计系数在两个模型中相差非常小。对行业全要素生产率模型第二步回归结果与结论5-3中城市部门偏向的技术进步会扩大资本和劳动之间收入差距的结论是相符的。

从零利润条件下两步回归法的结果来看，贸易自由化和我国贸易的发展会带动行业价格和行业全要素生产率同时上涨,由此会提高我国行业工资和资本回报率的同时上升,但是工资的上升幅度要小于资本回报率的上升幅度,也就是说我国贸易发展和贸易自由化的进程更有利于提高我国资本所有者的收入,用我国行业数据回归得到的结论与第五章理论分析的结论是相符的。

第四节　本章总结

从理论上讲,相对需求法和零利润条件的两步回归法的基本原理是相同的,这里之所以用两种方法进行检验,一方面是因为这两种方法是目前国际贸易学者检验贸易对工薪差距的主要方法,而在国内很少有学者做这方面的介绍并利用这两种方法进行检验,这里同时用到两种方法是为以后学者更进一步研究我国贸易与熟练劳动与非熟练劳动之间工资差距,以及工资与其他要素报酬变动之间的关系做铺垫;另一方面是因为我国的数据在统计上存在很多不足和统计的准确性问题,尤其是我国没有公开的以我国行业划分为依据的行业贸易数据,因此为避免因数据问题引起的实证检验的非准确性,本书采用了两种方法。

根据我国加入WTO后30个行业的数据所做的检验,不论是相对需求法还是零利润条件的两步回归法,结果都显示我国行业贸易的发展会拉大劳动所有者和资本所有者之间的报酬,这证明了本书第五章模型结果的正确性。相对需求法的结果表明我国行业贸易发展会减少行业对劳动的相对需求,增加对资本的相对需求,根据供求原理,我国行业工资和资本回报率之间的差距必然会上升。零利润条件的两步回归结果表明我国行业贸易的发展会提高我国行业的全要素生产率也就是行业的技术进步和行业产品出厂价格,而出厂价格的提高和行业的技术进步都会提高资本和劳动的报酬,但是对资本报酬的提升力度要大于对工资的提升力度。总的来讲,贸易仍会扩大我国行业工资和资本回报之间的差距。

只要劳动力可以在各行业间流动,而资本和土地等要素在生产中是特定要素,流动受到较大的限制,则贸易发展必然会对这些特定要素的收益有利而对能够流动的要素收益不利。再者,我国存在大量农村剩余劳动力，随着我国政府对城乡流动限制的减弱，贸易所带来的就业效应导致大量农村劳动力涌入城镇也会降低城镇劳动力的工资，扩大劳动与资本之间收益的差距。不过从两种方法的回归结果来看，行业数据显示贸易对工资和资本回报之间差距的拉大作用并不是很明显，因此我国要素之间报酬差距的上升主要还应该从国内环境上找原因。而且回归的拟合度也不是很好，主要是因为我国行业是分布在不同地区的，不同地区的进出口额、要素收益等差异很大，所以采用整个国家的行业数据进行回归时，结果不是很明显，如果采用分地区分行业面板数据进行检验估计结果会更好。可惜的是目前的统计资料无法找到分地区分行业的进出口数据，因此无法采用地区面板数据进行检验。

此外，越来越多的学者开始担心行业工资差距过大，会扩大我国居民之间的收入差距。从上面的实证分析结果来看，我国贸易的发展对劳动力工资的提升作用并不明显。目前我国工资的上升主要还是由国内经济发展引起的，比如市场集中度的增加、行业垄断程度等等，这也可以从第四章第三节劳动工资差距现状的分析中看出，一般出口较多的部门工资增加的比较慢，而垄断程度较高的烟草行业工资上涨最快。因此，如果要解决行业工资差距问题主要还是通过扩大行业竞争、缩减行业垄断程度等方法着手。

第七章　二元经济要素市场扭曲条件下贸易自由化与收入分配关系

在国际贸易理论中关于贸易与要素之间价格变化的理论很多,但是很少有学者把贸易、要素禀赋放到宏观经济学家对个人收入分配的理论框架中。目前只有费舍尔(1992、2001)在这方面做过一些探讨。费舍尔(1992)发表了"动态两要素贸易模型中的收入分配"(Income Distribution in the Dynamic Two-factor Trade Model),把存在动态两要素的贸易模型引入到宏观跨期迭代模型中,分析贸易对居民个体之间收入分配的影响。沿着 H-O 理论惯用的 2×2×2 模型思路,费舍尔把两个国家假定为小国与整个世界,两种商品假定为劳动密集型的消费品和资本密集型的资本品,两种生产要素假定为劳动与资本。费舍尔使用了具有动态性质的迭代模型,即每个经济行为者只存活两个时期,每个时期都有上一代的老年人与下一代的青年人共同存活。这些经济行为者的收入只包括工资与遗产两部分。他们第一时期也即工作时期的工资扣除了消费后,剩下的要进一步分成为自己第二时期退休后去消费的储蓄和留给下一代的遗产两部分。个体之间的工资收入平均分布但是遗产是非平均分布的,从而造成个体之间的收入差距,而且这一差距会随着世纪迭代不断地进行传递。费舍尔在宏观经济的跨期迭代模型的分析中指出,只要某经济冲击使该国的工资和资本收益率的比率提高,则受冲击后,该国的收入差距会更加公平,如果工资—资本收益率比率下降则该国的收入差距就会上升。也就是说当该小国从封闭转为贸易开放这样的贸易冲击以后,如果该国是劳动力丰裕的,出口消费品进口投资品时,该贸易会提高该国的工资与租金比率,从而在长期使该国的收入分配更加公平。费舍尔（2001）沿袭1992年跨期迭代的模型分析收入分配，通过严格的数学推导得出：如果一经济体受到某种未预期的经济冲击使该国的利润率降低则该冲击就会降低该国的收入差距；之后又引入伊顿（1987）的动态特定两要素贸易模型，分析在不同要素禀赋下，贸易自由化对收入分配的影响。其结论是：在自由贸易和资本自由流动条件下，贸易后土地丰裕型国家稳态下的收入差距要比贸易之前小；在特定条件下，贸易自由化会降低稳态下劳动丰裕型国家的收入差距，而扩大劳动稀缺型国家的收入差距。费舍尔（2001）的分析模型可以说是1992年动态两要素模型的标准化形式，不论在模型的适用上还是在分析方法上都比1992年的模型更进一步。虽然费舍尔（2001）的模型比较成熟，但是其分析的是一个不存在要素市场扭曲的国家，而像我国这样有着明显二元经济特点、城乡不完全分割的国家则不适用。本章把费舍尔（2001）的模型进行了发展，使之能解释我国的收入差距。

第一节 收入分配的一般框架

一、个体基本行为[①]

假定经济中每个个体家庭有父辈成员和一个孩子，每个个体都只活一期，不存在人口的增长。每一代中，个体 z 是一个连续集合，$z \in (0, L)$。在个体生活的一期中，他提高劳动力，获得工资收入为 w_t。每个个体的总收入来源有两个：一个是其工资收入 w_t，另一个是从出生时就得到的遗产，遗产在个体之间的分布是有差别的。每一期个体必须决定这些收入如何在消费和留给其子孙作为遗产之间进行安排，以实现效用最大化。

经济中有 n 种商品。t 时期个体 z 的消费为向量 $c_t(z) = (c_{t1}(z), c_{t2}(z), \cdots, c_{tn}(z))$，$c_{tn}(z)$ 代表个体对第 n 种产品的消费量，个体从消费中得到的子效用为 $V(c_t(z))$，子效用函数满足位拟的、平滑的凹函数的假定。并且设

[①] 本节的内容主要以 Fischer（2001）的模型分析为主，见 Fischer, R.: "The Evolution of Inequality after Trade Liberalization", *Journal of Development Economics*, Vol. 66, No. 2, 2001, pp. 555–579。

第一种商品的价格标准化为 1，t 期商品 j 的相对价格为 p_{jt}，$j=1,2,\cdots,n$。

每个个体在出生时即确定了其消费倾向 α_{tz}，消费倾向反映了个体对于消费相对于遗产的偏好，$\alpha_{tz} \in (0,1)$ 是一独立分布的随机变量，假定消费倾向是随机的有两个原因：其一，消费的随机性有合理的解释，因为每个人对消费的偏好不同，有些人比较挥霍，另一些人则比较节俭，这一特征并不依赖于其财富的多少，对于家庭 z 来讲，可能变得更富有还是更贫穷并不仅仅取决于经济的行为，自身的因素也是存在的。由于 α_{tz} 在出生时就已经确定，因此收入在消费和储蓄之间的分配并不是随机的；其二，如不考虑随机性，若收入的极限分配存在的话，它将是退化的，可参见卡尔尼和兹尔查（1989）的分析。设 $y_t(z)$ 代表个体的总收入，$s_t(z)$ 是个体为留给子孙的遗产所进行的储蓄，其子孙所得到的遗产为 $b_{t+1}(z) = (1+r_{t+1})s_t(z)$，$r_t$ 代表 t 时期的利率，则个体 z 在其生活的 t 期所面临的问题是：

$$\max_{(c_t, b_{t+1})} U(c_t, b_{t+1}; z_t, a_{zt}) = V(c_t(z))^{a_{zt}} b_{t+1}^{(1-a_{zt})} \tag{7-1}$$

$$s.t.\ p_t c_t(z) + s_t(z) = y_t(z)$$

从公式（7-1）可以看出，个体的效用与自己留给子孙的遗产数量有关，而与子孙的效用无关，这一假设主要是为了简化对个人收入分配的分析。班纳杰、纽曼（1991）和费舍尔（1992，2001）都采用这种形式的效用函数研究收入分配的演变，也有的学者（主要是在宏观经济中，见巴罗，1974）假定个人遗产效用部分来自于子孙的效用，凯乐和兹诺（1989）在研究通过人力资本积累的增长模型中的收入分配问题时，发现采用两种效用函数得到的结果是相似的。

个体通过购买生产中的要素进行储蓄，假定总要素的数量为 m 种，城市部门中第一种要素为资本，农业部门中的第一种要素是土地，其价格分别设为其各部门的标准单位价格，这样每种要素所得的总收入等于每一期要素的回报加上资本（农业部门中为土）收益。[①] 在均衡中，每一单位货

[①] 在本章第一节中，r_t 在城市中表示资本的回报率，在农业部门中表示土地的回报率，也就是各部门中标准单位价格。

币在各资产中（这里为每种要素）的回报率都是相同的，设 $q_{it}, i=1,\cdots,m$ 代表 i 种要素的价格，π_{it} 代表 t 时期要素的回报，则非套利（no-arbitrages）条件为：[1]

条件 1：$1+r_{t+1}=(q_{it+1}+\pi_{it+1})/q_{it}, i=2,\cdots,m$ (7-2)

r_t 是资本的回报率，如果条件 1 成立，则个体投资于哪种要素的收益都是相同的，也即个体对于投资哪种要素都是无差别的，从长期来看，收入的分配与开始时储蓄在各种要素上的投资分布无关。但短期如果有未预期的经济冲击对各要素的回报产生影响，则个体之间的收入差距还是会因冲击而有所改变。

条件 2：所有个体按相同比例把其储蓄分布于各个要素中

设 $m_{it+1}(z)$ 为 t 时期个体 z 购买的 i 要素的量，则 $t+1$ 期个体 z 的子孙所得到的遗产价值为：

$$b_{t+1}(z)=\sum_i q_{it+1}m_{it+1}(z) \quad (7-3)$$

个体 z 的总收入是：

$$y_t(z)=w_t+b_t(z)=C_t(z)+b_{t+1}(z)/(1+r_{t+1}) \quad (7-4)$$

其中 $C_t(z)=\sum_i p_{it}c_{ti}(z)$ 是个体的消费支出，依据效用最大化，则有：

$$C_t(z)=a_{zt}y_t(z)=a_{zt}[w_t+b_t(z)] \quad (7-5)$$

$$s_t(z)=(1-a_{zt})y_t(z)=(1-a_{zt})(w_t+b_t(z)) \quad (7-6)$$

二、收入分配不平等的测量

在所有收入分配的比较中，以劳伦兹分布为基础的收入分配显得最为合理。劳伦兹曲线（Lorenz curve）是这样一条曲线，它描述一定百分比（X%）的最穷人口得到了多大比重的收入：

$$\Phi(X)=\frac{1}{Y}\int_0^z y(z)dz; \quad X=\frac{1}{L}\int_0^z dz; \quad Y=\int_0^L y(z)da \quad \forall z\in[0,L]$$

---

[1] 参见 Fischer, R.: "The Evolution of Inequality after Trade Liberalization", *Journal of Development Economics*, Vol. 66, No. 2, 2001, pp. 555-579 中的 Condition 1，下面的条件 2 见 Condition 2。

如果 X 百分比人群的 Lorenz 曲线总是在 Z 的上方，则 X 人群的收入比 Z 人群的收入更加平均。因为 Lorenz 曲线可以交叉，所以这样的排序是局部的。Lorenz 方式可以描述收入平均化问题的一些特征。

根据 Lorenz 判断方式，用相同的平均值对收入分配的平均状况进行人群分组排序：若分配 X 的洛仑兹曲线上的每一点位于分配 Y 之上，则称分配 X 优于分配 Y，用数学方法表示为：对于所有的 $X \in [0,1], \Phi(X) - \Phi(Y) > 0$。由于洛仑兹曲线可能出现相交，因此这种排序是局部的。如果 X 洛仑兹曲线上的每一点都高于 Y 曲线，则称分配 X 是洛仑兹偏好于 Y 分配的。

下面具体说明对收入分配的洛仑兹排序的方法。

假定在 t 时期发生了一个经济冲击，比如说未预期到的贸易自由化或者贸易的大增长，虽然个体获得的遗赠已经在上一期确定，不是冲击可以改变的，但是该经济冲击可以改变上期还未确定的经济变量，比如这一期的工资、资本收益等等。在经济冲击这一新条件下，遗产会有所改变，考虑个体 z 在有冲击和无冲击条件下的总收入[①]：

$$w_t + b_t(z) = y_t(z)$$
$$w_t' + b_t'(z) = y_t'(z) \ \forall z \in [0,L] \quad (7-7)$$

"$y_t'(z)$" 代表有冲击条件下的总收入。既然所有的个体都把其财富同比例地投资于不同的要素中，所以每一种要素价格的变化都同比例地对所有的遗产产生影响。设 B_t 是全部的总遗产值，则：

$$B_t = \int_0^L b_t(z) dz \quad (7-8)$$

设定在有冲击下和无冲击下的总遗产比率为：

$$v_t' = B_t'/B_t$$

如果没有冲击，则 $v_t = B_t/B_t = 1$，这样公式（7-7）可以写成：

$$w_t + b_t(z)v_t = y_t(z)$$
$$w_t' + b_t(z)v_t' = y_t'(z) \ \forall z \in [0,L] \quad (7-9)$$

[①] 参见 Fischer, R.："The Evolution of Inequality after Trade Liberalization", *Journal of Development Economics*, Vol. 66, No. 2, 2001, pp. 555-579 中的公式（7）。

公式（7-9）表明，冲击对资产的影响依赖于其对总收入变化的比例决定。如果存在

$$w_t/v_t < w_t'/v_t' \qquad (7-10)$$

则冲击后的收入分配是洛仑兹偏好的。如果设定 $\hat{x} = \dfrac{dx}{x}$ 代表 x 变化的百分比，由公式（7-9）可知冲击对收入分配的影响依赖于 $\left(\widehat{\dfrac{w_t}{v_t}}\right)$ 的符号。

证明：洛仑兹曲线的定义有：

$$\Phi(t) = \frac{1}{\overline{Y}}\int_0^{z_1} y(z)dz \,;\, T = \int_0^{\overline{z_1}} dz \,;\, \overline{Y} = \int_0^L dz \,\,\forall z_1 \in [0, L]$$

这里 $y = w_t + b_t(z)v_t, w_t' + b_t(z)v_t' = y_t'(z)$，洛仑兹占优表明 $\Phi'(T) - \Phi(T) > 0 \,\forall\, T \in [0,1]$。我们命令个体进行排序，如果 $z_1 < z_2$，则有 $b_t(z_1) < b_t(z_2)$。则可以得到引理 1[①]：

引理 1：当且仅当 $w_t/v_t < w_t'/v_t'$ 时，收入分配 y_t' 占优于收入分配 y。

由公式（7-9）可知：

$$sign[\Phi'(T) - \Phi(T)] = sign(w_t/v_t < w_t'/v_t')(B_t\int_0^{z_1} dz - L\int_0^{z_1} b_t(z)dz)$$

因为 $b_t(z)$ 是正的渐增函数，所以有 $\int_0^{z_1}\left[\dfrac{B_t}{L} - b_t(z)\right]dz > 0$。这样，$sign[\Phi'(T) - \Phi(T)] = sign(w_t/v_t < w_t'/v_t')$，$\forall z_1 \in [0, L]$。

而 $\widehat{\dfrac{w_t}{v_t}}$ 符号与 $\widehat{\dfrac{w_t}{B_t}}$ 的符号是相同的。所以有[②]：

性质 7-1：在给定遗产分配比率的条件下，任何使遗产与总收入比率上升（下降）的冲击都会扩大（缩减）收入差距。

该性质的原因是十分直观的，经济中的个体有两种收入来源：遗赠和工资，而工资在个体之间是相同的，遗赠在个体之间的分布是不平衡的，当遗产的比例在总收入中的比例上升时，平均分配的收入份额变少，收入更加不平衡。

[①] 见 Fischer, R.: "The Evolution of Inequality after Trade Liberalization", *Journal of Development Economics*, Vol. 66, No. 2, 2001, pp. 555-579 中引理 1。

[②] 见 Fischer, R.: "The Evolution of Inequality after Trade Liberalization", *Journal of Development Economics*, Vol. 66, No. 2, 2001, pp. 555-579 中 Propositionl。

三、稳态分析

假设 α^* 是预期的消费倾向，即 $E(\alpha_{tz}) = \alpha^*$，假定模型框架适用于一个动态的经济模型，在动态经济中，在特定的条件下，经济会有一个稳态。而下面的引理描述了稳态下的总收入。

引理2：假定经济中存在稳态，则稳态下总遗产的价值为：

$$\overline{B} = \frac{(1-\alpha^*)wL(1+r)}{1-(1-\alpha^*)(1+r)} \quad (7-11)$$

证明：经济中的总储蓄为：

$$S_t = \int_0^L (1-\alpha_{tz})[w_t + b_t(z)]dz \quad (7-12)$$

由于 α^* 是个体预期最佳的消费倾向，而 $b_t(z)$ 在 t 期是可以预期的，因此，上式可以写成：$S_t = (1-\alpha^*)\int_0^L [w_t + b_t(z)]dz = (1-\alpha^*)(w_t L + B_t)$

由非套利条件（no-arbitrage condition）可知：

$$B_{t+1} = (1+r_{t+1})(1-\alpha^*)(w_t L + B_t) \quad (7-13)$$

而且在稳态条件下，有 $B_{t+1} = B_t = \overline{B}, r_t = r_{t+1} = \overline{r}, w_t = \overline{w}$，把它带入到公式（7-13）中就可以得到公式（7-11）。

上面讲的性质7-1并不适用于比较稳态之间的情况，因为稳态时假定冲击和无冲击下遗产是相同的。下面的引理表明，稳态下的收入差距并不依赖于最初的遗产分布，隐含说明性质7-1在分析稳态时也是适用的。

引理3：如果存在 $T \in \mathbf{N}, \varepsilon > 0$ 使得：

$$(1-\alpha^*)(1+r_t) < 1-\varepsilon \ \forall t > T$$

$$E(1-\alpha_{tz})^2(1+r_t)^2 < 1-\varepsilon \ \forall t > T$$

则存在稳态下一个收入分配并不依赖于最初的遗产分布。该收入分配依赖于稳态下的利率 r_t 和消费倾向 α_{tz}，其证明见本章附录。①

假定引理2和引理3都成立，则稳态下的收入分配可以通过稳态下的利

---

① 文中的引理1~3分别为 Fischer, R.："The Evolution of Inequality after Trade Liberalization"，*Journal of Development Economics*, Vol. 66, No. 2, 2001, pp. 555-579 中 Lemma 1、Lemma 3 和 Lemma 2。

率变化进行洛仑兹排序,因为 $\frac{\hat{\overline{w}}_t}{B_t}$ 与 $\hat{r}$ 的变化符号是相反的。由此可以得到性质 7-2[①]。

性质 7-2：仅考虑稳态下,如果一经济冲击降低了稳态下的利率,则长期收入差距会缩减,若稳态下,该冲击提高了利率则会扩大收入差距。

性质 7-2 说明,通过经济冲击对经济中利率的影响就可以简单地判断冲击对收入分配的长期影响,从另一方面也就是说分析冲击的动态效应需要知道工资对总收入比例的影响路径。如果要分析贸易对收入分配的影响,只要把贸易模型加入到该分析框架中,那么在短期分析中,只要分析贸易对劳动报酬占总收入比重的变化就可判断贸易对收入分配的短期影响;在长期稳态下,只要分析贸易对长期资本收益或者土地收益的影响,就可以判断贸易对长期收入分配的影响。

第二节 二元结构要素市场扭曲下贸易与收入分配差距

一、二元结构下收入分配的测量

二元结构下,经济中存在个体 z，$z \in [0, L]$。其中 $z_1 \in (0, L_x)$ 生活在农村经济中，$z_2 \in (L_x, L)$ 生活在工业经济中。w_t 在 z_2 内部和 z_1 内部的分布是相同的,但是在 z_2 和 z_1 之间的分布是不同的。根据二元结构下的特殊性,本书对收入分配进行了划分：

农业经济中收入差距函数为：

$$\Phi(X_{L1}) = \frac{1}{\overline{Y}} \int_0^{z_1} y(z) dz ; (x_{Lx}) = \frac{1}{L_x} \int_0^{\overline{z}_1} dz ; \overline{Y} = \int_0^{L_x} dz \ \forall z_1 \in [0, L_x]$$

工业经济中收入差距函数为：

$$\Phi(X_{L2}) = \frac{1}{\overline{Y}} \int_{L_x}^{z_2} y(z) dz ; (x_{Lx}) = \frac{1}{L_2 - L_x} \int_{L_x}^{\overline{z}_2} dz ; \overline{Y} = \int_{L_x}^{L_2} dz \ \forall z_2 \in (L_x, L_2]$$

[①] 见 Fischer, R.: "The Evolution of Inequality after Trade Liberalization", *Journal of Development Economics*, Vol. 66, No. 2, 2001, pp. 555-579 中 position 2。

这样，如果把农业经济和工业经济分别进行分析，也就是说把收入差距分为 $z_1 \in (0, L_x)$ 内部和 $z_2 \in (L_x, L)$ 内部，则所有的分析结果在二元经济结构下依然适用。

只要分析出农业经济内部和工业经济内部的差距，全国的收入差距就可以计算出。在这里，本书借鉴发展经济学家桑却拉姆（Sundrum）（1990，p. 50）在他的《不发达国家的收入分配》一书中介绍的"城乡加权法"计算全国基尼系数的方法，来表示全部居民的收入差距。因为洛仑兹曲线与基尼系数的计算实际是同一种表示收入分配的方法，只不过基尼系数是通过数值表示，而洛仑兹曲线是通过曲线表示。

$$\Phi(X) = p_r^2(u_r/u)\Phi(X_{L1}) + p_c^2(u_c/u)\Phi(X_{L2}) + p_r p_c |(u_c - u_r)/u|$$
$$(7-14)$$

这里的 p_c、p_r 和 u_c、u_r 分别代表城、乡人口比重和城、乡人均收入，u 代表全国人均收入。从公式（7-14）来看，城镇收入差距、农村收入差距和城乡差距如果上升，则全国的收入差距都会上升。

为了更好地分析贸易对收入差距的影响，需要把一个特定的贸易模型引入到本书的分析框架中。

本节借用第五章中关于要素市场扭曲条件下贸易与要素报酬关系的模型分析贸易对收入分配的影响。第五章的模型是一种静态的均衡分析，而本章第一节是一种动态分析。因此需把第五章的模型引入到动态分析中。为了简便起见，本章引用的模型在保有第五章模型假定（比如小国经济、两部门三种要素等）的基础上放宽几个假定条件并且加入新的假定条件。

1. 假定城市部门和农业部门都处于充分就业状态，也就是 $\lambda = 1$。这一假设对本章进行收入分配的研究没有太大的影响，因为即使存在失业，贸易发展后，城市部门的失业率也不会发生改变。在长期无法对城市中的收入分配产生影响。

2. 假定不存在要素偏向的技术进步，贸易自由化的作用仅表现在商品价格的变动上。

3. 由于每个个体只活一期，而且不存在人口的增长，因此总劳动禀赋是固定的，劳动力可以在城乡之间进行流动，为分析方便，假定遗产较少的农村劳动力也即总收入较少的农村劳动力最先开始向城市转移，在城市工资上升后，总收入少的劳动力最有动力向城市流动。在短期内，土地和资本是特定要素，不可流动，而且城市中的资本收益要大于土地的收益。但是在中长期人们可以在购买土地或者购买资本上进行选择，实现土地和资本的变相流动，这种流动是由人口流动引起的；在短期内虽然农业部门的劳动力可以向城市进行移动，但是其作为遗产留给子孙的收入都用于购买土地，短期内是不可脱手的。本书假定只要流动到城市中的农业劳动力在农业部门还拥有土地，则在计算收入分配时，该个体仍然属于农业部门。在长期，流动到城市中的农业部门劳动力就属于城市部门内部的个体，其作为遗产留给子孙的收入用于购买资本，并且实现城市内部的劳动力都购买资本，农业部门的劳动力都购买土地。

劳动力市场不论是在短期还是在长期一直满足：

$$w_a = \frac{1}{\rho} w_m^e = \frac{1}{\rho} w_m$$

也即
$$w_m = \rho w_a \quad (7-15)$$

如果 t 时期城市中的工资上升，则劳动力就会从农业部门瞬时地转向城市部门，并实现（7-15）成立。假定城市居民会把其除去消费之外的留给其子孙的遗产，用于购买资本；而农业部门居民会把其留给子孙的遗产购买土地。设 $m_t(z)$ 和 $k_t(z)$ 是个体 z 拥有的土地和资本，该国 t 时期总土地禀赋和资本禀赋如下：

$$K_t = \int_{L_x}^{L_2} k_t(z) dz \, ; \, T_t = \int_0^{L_x} m_t(z) dz \quad (7-16)$$

在长期，资本和土地的收益长期存在如下关系：

$$r_m = \varphi r_a \quad (7-17)$$

这里的 $\varphi > 0$，表示长期资本和土地之间转换的参数。这种假设也是合理的，因为在本书的分析中，个体的收入全部是以资金的形式存在而非以要素数量的形式存在。在短期，个体所投资的土地可能无法完全地转换成资本，但是如果资本的收益率过高，则个体会把其资产从投资土地转化为投资资本，实现土地和资本之间的流动。该假设与现实也比较相符，如果土地的收益下降，农民就会减少对农产品的种植，而投资于花卉种植、发展养殖业或者投资办厂，发展乡镇企业，这就是一种变相的资本流动。

在我国现有的条件下,城乡分离比较严重,资金在城乡之间不能完全地流动,无法实现长期各种要素的收益相等。因此,本书在分析中加入流动参数。由于不论在短期还是在长期工资之间的关系 $w_m = \rho w_a$ 都是成立的,因此,城乡之间的差距主要是由资本和土地的收益差距引起。假定在 t 时期之前,经济处于长期均衡的状态,也就是实现了:

$$r_m = \varphi r_a$$
$$w_m = \rho w_a$$

本书所建立的模型与尼瑞(1978)提出的动态要素扭曲模型的分析思路基本相似。在尼瑞的模型中,假定两种资本在短期是特定要素,在中长期可以流动,劳动力在两部门间可以流动,但是不论是劳动力市场还是资本市场都存在扭曲,主要表现就是两种要素在不同产业中的收益不同。尼瑞分析了这种扭曲条件下经济长期稳态的存在问题。虽然 Neary 的特定要素都是资本,但是在其分析过程中也把一产业的资本换为土地,并指出这种改变不会影响稳态存在的条件而且有利于其稳态的存在。

t 时期发生贸易开放或贸易自由化,主要表现为国内价格与世界价格差距缩减,这种自由化活动是未预期到的。在 t+1 期之后,由于小国假定,国内价格就是世界价格,国内的价格变化为零。

二、短期贸易对收入分配的影响

在短期内,资本、土地的禀赋不会发生变化,由公式(5-24)可知:

$$\hat{w}_m - \hat{r}_m = \frac{(B-A)\hat{p}_m + C\hat{p}_a - \hat{\rho}D}{A\theta_{km}} \quad (7-18)$$

$$\frac{\partial(\hat{w}_m - \hat{r}_m)}{\partial \hat{p}_m} = \frac{(B-A)}{A\theta_{km}} \leqslant 0 ; \frac{\partial(\hat{w}_m - \hat{r}_m)}{\partial \hat{p}_a} = \frac{C}{A\theta_{km}} \geqslant 0 \quad (7-19)$$

如果本国是资本密集型的或者劳动密集型的,则会出口城市制成品,未预期的贸易自由化会扩大劳动报酬与资本报酬的差距,也就是会降低 w_t/B_t,降低城市中劳动收入占总收入的比重,增加遗产占总收入的比重,根据性质 7-1 城市中的收入差距会上升。如果伴随着劳动力流动参数的下降,则工资与资本收益之间的差距会更大。如果贸易使本国农业部门的价格上升,则根据公式(7-19)城市中的工资上升率大于资本收益率的上涨率,这样城市居民的劳动收入占总收入的比重就会上升,城市中的收入差距会缩减。

根据公式（5-26）和公式（5-27）,农业部门工资和土地价格的变化率之差是：

$$\hat{w}_a - \hat{r}_a = \frac{(C-A)\hat{p}_a + B\hat{p}_m + \hat{\rho}(D+A)}{A\theta_{ta}}, (C-A) \geqslant 0, B \leqslant 0, A \leqslant 0。$$

(7-20)

由此可得：

$$\frac{\partial(\hat{w}_a - \hat{r}_a)}{\partial \hat{p}_a} = \frac{(C-A)}{A\theta_{ta}} \leqslant 0; \frac{\partial(\hat{w}_a - \hat{r}_a)}{\partial \hat{p}_m} = \frac{B}{A\theta_{ta}} \geqslant 0 \quad (7-21)$$

根据公式（7-20）和公式（7-21）,短期内如果城市中的制造业价格上升,则会缩减农业部门工资与土地报酬之间的差距,提高农业内部居民工资收入占总收入的比重,降低农业部门内部居民的收入差距。另外,城市制造业价格上升所引起的农业部门中低收入者向城市的转移,会扩大农业低收入者的收入水平,如按照户籍进行收入分配的测算,城市中制造业价格的上升也会缩减农业部门的收入差距；如果农业部门的价格上升,会扩大土地收益与工资之间的差距,降低农业部门工资收入占总收入的比重,从而扩大农业内部居民的收入差距。

根据公式（5-23）可知 $\frac{\partial(\hat{w}_m - \hat{r}_m)}{\partial \hat{\rho}} = -\frac{D}{A\theta_{km}} \geqslant 0$,即 $\hat{\rho} \leqslant 0 \Rightarrow \hat{w}_m - \hat{r}_m \leqslant 0$。也就是说,如果在实行贸易自由化之后,我国劳动力城乡流动的限制降低,城市工资与资本收益之间的差距会进一步下降,城市内部的收入差距会进一步扩大。这样根据性质 7-1 可得到下面的结论 7-1：

结论 7-1：短期内不论劳动力流动限制是否下降,如果贸易使该国城市制造业部门产品的价格上升,贸易自由化会提高城市内部的收入分配并缩减农业部门内部的收入差距。如果贸易使该国农业部门产品的价格上升,则贸易自由化或者贸易的发展会缩减城市内部的收入差距但扩大城市部门的收入差距。

根据 $\hat{r}_m$ 和 $\hat{r}_a$ 的结果可以得到：

$$\hat{r}_m - \hat{r}_a = \frac{[(A-\theta_{lm}B)\theta_{ta} + \theta_{la}\theta_{km}B]\hat{p}_m - [\theta_{lm}\theta_{ta}C + (A-\theta_{la}C)\theta_{km}]\hat{p}_a}{A\theta_{km}\theta_{ta}}$$

$$+ \frac{[\theta_{lm}\theta_{ta}D + \theta_{la}\theta_{km}(D+A)]\hat{\rho}}{A\theta_{km}\theta_{ta}} \quad (7-22)$$

这里 $(A-\theta_{lm}B)\theta_{ta}+\theta_{la}\theta_{km}B \leqslant 0$，$\theta_{lm}\theta_{ta}C+(A-\theta_{la}C)\theta_{km} \leqslant 0$，如果贸易使城市部门的价格上升，则 $\hat{r}_m-\hat{r}_a \geqslant 0$；如果是农业部门的价格上升，则 $\hat{r}_m-\hat{r}_a \leqslant 0$。根据本书对城乡结合的该国收入分配计算公式可知城市产品价格的上升一方面会提高城市内部的收入分配，另一方面又会提高城乡之间的差距，而且提高城市人口的比重，因此即使它能缩减农业部门内部的收入差距，但会提高该国的整体收入差距，而农业产品价格的上升则会缩减城乡差距。由此可得到结论 7-2。

结论 7-2：短期来看，如果贸易自由化导致城市制造业产品的价格上升，则贸易会提高城乡之间差距，并拉大全国的收入差距；如果农业部门产品价格上升，则贸易会缩减城乡差距。

结论 7-2 表明，要解决二元国家的收入分配问题，只发展城市经济，不注重农业经济的发展不利于国家收入分配的缩减。城市经济的发展会带动更多农村剩余劳动力的流动，既不利于城市中失业问题的解决，也不利于缩小城市的收入差距。要解决二元国家向一元结构的转换并实现收入差距的缩减，主要还是发展农业经济，提高农民的收入。

三、长期稳态下贸易对收入分配的影响

贸易后该国在短期内是不平稳的，因为贸易对城市资本收益与土地收益的作用程度不同，导致或者土地收益上升或者资本收益上升，这样在贸易后个体对土地或者资本的购买就会发生改变，从而改变该国的资本存量和土地的禀赋量，并最终实现长期的再次均衡，$r_m = \varphi r_a$。尼瑞（1978）证明，只要城市部门产品是劳动力相对密集型的，经济长期存在而且能够达到稳态。①

长期，由于个体可以在投资土地或者投资资本上进行选择，因此，如果贸易使资本的收益上升大于土地收益的上升，即 $r_m > \varphi r_a$，则个体在贸易之后，会选择把其收入更多地购买资本，减少对土地的购买。小国假定

---

① 参见 Neary, J. Peter: "Dynamic Stability and the Theory of Factor-Market Distortions", *The American Economic Review*, Vol. 68, No. 4, 1978, pp. 671-682 中的附录 A。虽然其文章的分析以资本为特定要素，但是在文中 Neary 指出如果把其中一个行业的资本换成土地则不会改变均衡的存在性。

贸易后，国内价格的变化为零，即：

$$\theta_{ta}\hat{r}_a + \theta_{la}\hat{w}_a = \hat{p}_a = 0$$
$$\theta_{km}\hat{r}_m + \theta_{lm}\hat{w}_m = \hat{p}_m = 0 \quad (7-23)$$

根据第五章模型中的公式（5-21），并利用公式（7-23）可以得到，在商品价格不变和资本存量、土地都可变化的情况下，资本与土地价格变化率之间的关系为：

$$\hat{r}_m - \hat{r}_a = \frac{\theta_{km}\theta_{ta}(\theta_{km}-\theta_{ta})(\hat{L}-\lambda_{lm}\hat{K}-\lambda_{la}\hat{K})}{A\theta_{km}\theta_{ta}} \quad (7-24)$$

由于农业部门是土地密集型的，而城市部门相对于农业部门更是劳动密集的，所有 $\theta_{km} - \theta_{ta} < 0$，$r_m > \varphi r_a$ 存在时，个体对土地的购买会减少，对资本的购买会上升，根据公式（7-24）有 $\hat{r}_m - \hat{r}_a$ 会下降，土地的价格会上升，资本的收益会下降，根据公式（7-23），资本收益下降后，城市工资会上升；土地价格上升后，农业部门工资会下降，从而再次促进农村劳动力向城市流动，这种流动反过来会促进资本和土地之间的转换。这种转换一直持续到资本的收益等于土地的收益，即 $r_m = \varphi r_a$ 成立。如果是农业部门产品的价格上升则会发生相反的情况。

结论 7-3：在要素流动限制不变的情况下，只要农业部门是土地密集型的，城市部门所生产的产品比农业部门生产的产品是更为劳动密集的，即 $\theta_{km} - \theta_{ta} < 0$。贸易自由化在长期稳态下不会改变二元国家的城乡差距，城市制造业价格的上升会提高该国的城市化程度。

根据性质 7-2 仅考虑稳态下，如果一经济冲击降低了稳态下的利率，则长期收入差距会缩减，若稳态下，该冲击提高了利率则会扩大收入差距。那么贸易后，如果本国的城市部门价格上升，则贸易在扩大城市人口比重的同时，资本的收益率是先上升后下降，土地的收益率是先下降后上升，而依据结论 7-3 城乡的差距不变，所以全国的收入差距会下降；如果本国农业部门价格上升，则土地的收益率是先上升后下降，资本的收益率是先下降后上升的，而且农业人口比重会上升，所以长期也会缩减全国的收入差距。所以在稳态下，有结论 7-4。

结论 7-4：在长期稳态下且要素流动限制不变的情况下，城市部门产品价格的上升会提高该国的城市化进程，并降低资本收益率，提高土地收益率,从而缩减城市内部的收入差距,扩大农村内部的收入分配;农业部门产品价格的上升会降低城市化进程,缩小农业内部的差距,提高城市内部收入差距。在长期稳态下,贸易都会缩减全国的收入差距。

第三节 本章总结

本章首先利用费舍尔(2001)对居民收入分配的一般分析框架说明收入分配变动与要素收益变动的关系,框架假定,个体的总收入来自两部分:一是其提供劳动所得到的工资,在个体之间的分布是平均的;一是来自父辈的遗产,这种遗产父辈以投资资本、土地等要素的形式留下,在个体之间的分布是非平均的。个体的收入一部分用于自己消费,另一部分作为遗产留给子孙,留给子孙的遗产主要用来投资各种要素。在短期内如果工资收入占总收入的比重上升,也就是说工资与其他要素收益之间的差距下降,则个体之间的收入差距会下降,反之上升。在长期除劳动外的其他各种要素的收益是相同的,都等于资本(或土地)的收益,如果一经济冲击在长期内使资本(或土地)的收益上升,则个体之间的收入差距在长期就会上升,反之就会下降。

之后本章把第五章的模型引入到费舍尔(2001)的分析框架,分析在我国要素市场扭曲条件下,贸易自由化对收入分配的影响。短期内,在我国现有的二元经济结构下,城市制造业产品贸易自由化进程会提高城市内部的收入分配,缩减农村内部的收入差距,但是会提高我国的城市化水平,拉大城乡结合的总收入差距;如果地区是土地相对丰裕型的并出口农产品,则贸易自由化的发展会缩减城市的收入差距,提高农村内部的收入差距,缩减城乡差距并同时缩减全国的收入差距。这种短期效应是不平稳的,最终会在劳动力流动以及土地和资本的转换之间逐步达到长期的稳态。在这个过程中,只要城市制造业产品是劳动力密集的产品,并且出口该产品,城市的资本收益会逐步下降,城市内部的收入差距就会下降,土地的收益会上升,农村内部的收入差距会上升;如果是土地密集型的地区,则贸易自由化会降低农村内部的收入差距,扩大城市内部的收入差距。在长期稳态下,不论是农产品贸易的自由化还是城市制造业产品的自由化都会缩减我国城乡结合的收入差距。

附 录

第七章存在稳态下一个收入分配不依赖于最初的遗产分布的证明。

证明：对于任意的 $z \in [0, l]$，当 $t \to \infty$ 时，只要证明 $y_t(z)$ 是二次方收敛，则稳态下 $y_t(z)$ 就不依赖于最初的禀赋 $b_0(z)$。这样：

$$y_t(z) = w_t + b_t(z) = w_t + (1 - \alpha_{(t-1)z})(w_{t-1} + b_{t-1}(z))(1 + r_t)$$
$$= w_t + (1 - \alpha_{(t-1)z})[(1 + r_t)w_{t-1} + (1 - \alpha_{(t-2)z})(w_{t-2} + b_{t-2}(z))(1 + r_{t-1})]$$

以此类推，则有

$$y_t(z) = w_t + \sum_{j=1}^{t} w_{t-j} \prod_{i=1}^{j} (1 + r_{t-i})(1 - \alpha_{(t-i)z}) + b_0(z) \prod_{j=1}^{t} (1 + r_{t-j})(1 - \alpha_{(t-j)z})$$

由于 $\{w_t\}$ 是有界的，假定 $\overline{w_t} = \max_{j=1\cdots t}\{w_j\} < \infty$，这样 $y_t(z)$ 的收敛值可以写为：

$$x_t(z) = \overline{w_t}\left[1 + \sum_{j=1}^{t} w_{t-j} \prod_{i=1}^{j} (1 + r_{t-i})(1 - \alpha_{(t-i)z})\right] + b_0(z) \prod_{j=1}^{t} (1 + r_{t-j})(1 - \alpha_{(t-j)z})$$

(7-14)

因为 $0 < y_t(z) \leqslant x_t(z), \forall t, z$。

设 $P_j = \prod_{i=1}^{j} (1 + r_{t-i})(1 - \alpha_{(t-i)z}), P_0 = 1$，则：

$$x_t(z) = \overline{w_t} \sum_{j=0}^{t} P_j + P_t b_0(z)$$

另设 $Y_i = (1 - \alpha_{(t-i)z})(1 + r_i)$，$S_t = \sum_{j=1}^{t} P_j$

则 $E(P_j) = (1 - a^*)^j \prod_{i=1}^{j} (1 + r_i)$

$$E(P_j^2) = \{E(1 - a_{tz})^2\}^j \prod_{i=1}^{j} (1 + r_i)^2$$

$$E(S_n^2) = E(\sum \sum P_i P_j) = \sum_{j=1}^{n} E(P_j^2) + 2 \sum_{i<j} E(P_i P_j)$$

当存在 $T \in \mathbf{N}, \varepsilon > 0$ 时，公式（7-14）的第一项是收敛的，此时 $E(1 - a_{tz})^2(1 + r_j)^2 < 1 - \varepsilon$。

由于不受 a_{tz} 的影响，

$$\sum_{i<j} E(P_i P_j) = \sum_{i<j} E(Y_1^2 Y_2^2 \cdots Y_i^2 Y_{i+1} \cdots Y_j) =$$
$$\sum_{i<j} E(Y_1^2) \cdots E(Y_i^2) E(Y_{i+1}) \cdots E(Y_j) \qquad (7-15)$$

而 $E(Y_j) = (1-a*)(1+r_j)$，如果存在 $T' \in \mathbf{N}, \varepsilon' > 0$ 使得 $(1-a*)(1+r_j) < 1-\varepsilon' \ \forall j > T'$，则公式（7-15）也是收敛的。

而且存在 $T \in \mathbf{N}, \varepsilon > 0$ 使得 $(1-a*)(1+r_t) < 1-\varepsilon \ \forall t > T$ 成立保证了：
$$E(1-\alpha_{tz})^2 (1+r_t)^2 < 1-\varepsilon \ \forall t > T$$

$$b_0(z) \prod_{j=1}^{t} (1+r_{t-j})(1-\alpha_{(t-j)z}) \to_t 0$$

这样 $x_t(z)$ 也就是 $y_t(z)$ 是二次项收敛的，所以 $y_t(z)$ 并不依赖于最初的收入分配状况。

第八章 我国贸易发展、要素禀赋与居民收入差距

第一节 回归方法及数据说明

一、当前国际贸易与收入差距关系的检验

在国际贸易与国内收入分配的研究中,关注贸易与熟练劳动力和非熟练劳动力之间工资差距的比较多,但是从要素禀赋角度检验贸易对国内居民收入分配差距的实证还比较少。在检验贸易与一国基尼系数关系的实证上,目前有鲍古靖(Bourguignon)和莫里森(1990)考察了静态假设下贸易和收入分配的关系,在对发展中国家贸易与收入分配关系进行跨国检验分析中发现,发展中国家的收入分配取决于贸易保护程度、要素禀赋的分配和资源的充裕程度,具体讲,土地与自然资源丰裕的国家,收入不平等程度较高。斯彼里莫伯格(Spilimbergo)等(1999)沿用鲍古靖和莫里森(1990)思路,采用1965~1992年世界108个国家的面板数据研究了要素禀赋、贸易和个人收入分配之间的关系,研究表明土地和资本丰裕的国家一般具有较小的收入差距,技能型劳动力丰裕的国家其收入差距较大,贸易开放度对不平等的影响有赖于要素禀赋特征,并且在文中他们还采用不同的衡量贸易开放度的指标进行稳健性检验;费舍尔(2001)也采用面板数据分析了一国人均要素禀赋与贸易如何影响国内收入差距,发现对外开放度会增加国内的收入差距,高人均资本率的国家贸易会增加其收入差距,而人均土地率与收入差距呈负相关。伊莎贝尔·本斯东(Isabelle Bensidoun)等(2005)检验发现净进出口中要素含量的变化与国内收入分

配有很大的关系。顾尔顿（Gourdon）（2007）沿用了斯彼里莫伯格等（1999）的研究方法，使用关税水平表示贸易开放程度，另外加入大量的控制变量来提高回归参数的有效性。研究结果表明，贸易自由化会使熟练劳动和资本要素丰裕、存在大量受教育程度较高的劳动者和拥有大量矿产和石油资源国家的收入差距扩大。

我国学者对贸易与居民收入差距的分析比较少，赵莹（2003）检验了我国的基尼系数和贸易开放度之间的关系，发现贸易会扩大我国的收入差距，不过其分析是针对自改革开放以来我国总体的基尼系数，回归自由度过低；王小鲁、樊纲（2005）利用地区城镇、农村基尼系数和城乡收入比分析我国收入差距影响因素中也把进出口占GDP的比重作为一个衡量变量，发现对外依存度与我国收入差距存在正相关，他们的分析以各省市的城镇和农村基尼系数作为分析对象，增加了回归数据量，结果要更为合理。但是在分析中采用城乡收入差距而非城乡结合的基尼系数，无法分析总体基尼系数与对外贸易依存度的关系。

二、回归方法介绍

在现有的分析中，斯彼里莫伯格等（1999）的实证分析最为全面而且分析的方法也最科学，因此本章的实证检验也主要采用他们的检验方法。不同的是，本章的检验是针对我国各地区的收入差距与地区有效要素禀赋和贸易开放度之间的关系而非像斯彼里莫伯格等采用跨国家的面板数据进行分析。虽然我国各地区都按照国家统一的关税和非关税标准进行进出口，国家总体上是劳动力丰裕型的，但是由于我国疆土广阔，各地区之间要素禀赋的差异性比较大，而且产品的出口和进口都存在相当大的竞争，因此按照斯彼里莫伯格等的方法分析我国各地区相对于其他地区的要素稀有程度与各地区收入差距之间的关系是可行的。

根据斯彼里莫伯格等（1999），一地区基尼系数受到其要素禀赋的影响，而且其进出口中的要素含量也会影响到该国的收入差距。另外一国的收入差距与经济发展有很大的相关性，分析该问题的著名理论就是库兹涅茨倒U曲线，即经济的发展与收入差距之间呈倒U趋势，王小鲁、樊纲的分析发现，我国的基尼系数与人均GDP之间确实存在这一趋势，因此在分析中本章加入了人均 GDP 和人均 GDP 的平方两个变量；从前面的分析中发现我国不同经济体制的工资水平是不同的，一般来讲私营企业、外资企业等的平均工资要高于国有企业和集体企业的工资水平，因而非公有制经济比重也会对收入差距产生影响。因此本章在斯彼里莫伯格等（1999）模型的基础上加入非公有制经济发展程度变量，其基本回归模型为：

$$G_{it} = \alpha_0 + \alpha_1 A_{ikt} + \alpha_2 A_{iht} + \alpha_3 A_{ilt} + \alpha_4 A_{ipt} + \alpha_5 open_{it} + \alpha_6 pgdp_{it} + \alpha_7 pgdp_{it}^2 + \alpha_8 syh_{it} + e_{it} \qquad (8-1)$$

$$G_{it} = \alpha_0 + \alpha_1 A_{ikt} + \alpha_2 A_{iht} + \alpha_3 A_{ilt} + \alpha_4 A_{ipt} + \alpha_5 open_{it} + \alpha_6 open_{it} \times A_{ikt} + \alpha_7 open_{it} \times A_{iht} + \alpha_8 open_{it} \times A_{ilt} + \alpha_9 open_{it} \times A_{ipt} + \alpha_{10} pgdp_{it} + \alpha_{11} pgdp_{it}^2 + \alpha_{12} syh_{it} + e_{it} \qquad (8-2)$$

三、数据说明

在公式（8-1）和公式（8-2）中，G_{it} 为 i 地区的基尼系数，包括城乡结合基尼系数、城镇居民基尼系数、农村居民基尼系数和城乡人均收入比重。[①] 基尼系数的数据来源于陈昌兵（2007）的计算结果。由于我国改革开放的时间比较短，如果采用单个时序数据，其自由度太低，因此本书采用 1995～2004 年 21 个省市自治区的面板数据进行回归。t 代表时间，跨度从 1996 到 2004 年，$i = 1, 2, \cdots, 21$，这 21 个地区为东部地区的天津、辽宁、上海、江苏、浙江、福建和广东，西部地区的内蒙古、广西、重庆、云南、陕西、青海、新疆，中部地区的山西、黑龙江、安徽、江西、河南、湖北和湖南。面板数据模型可以分为固定影响（FE）和随机影响（RE）模型，两者的差别主要在于对面板数据误差项的假定不同。一般假定面板数据的误差项由两项构成，其一是与个体观察单位有关的，另一部分是完全随机的。与个体单位有关的误差可以假设其是固定的（固定效应 FE），也可以假设其是包含了随机的因素（随机效应 RE）。可以用赫斯曼

[①] 虽然在理论模型中本书有关收入分配的测量是用洛仑兹曲线表示，那主要是为分析方便，而洛仑兹曲线和基尼系数的测量是基于相同的理论基础，而基尼系数在实证分析中更为方便。基尼系数得到的回归也同样能反映理论分析的结论。

（Hausman）检验方法来判别选取哪种模型，该检验构造的检验值服从自由度为 K 的卡方分布。

A_{ift} 反映出地区 i 相对于其他地区 f 要素的丰裕与稀缺情况。

$$A_{ift} = \ln(E_{ift}/E_{ft}^*) \qquad (8-3)$$

E_{ift} 是 i 地区人均要素 f 的总量，E_{ft}^* 是全国平均的人均要素 f 的调整总量：

$$E_{ft}^* = \frac{\text{调整的要素禀赋}}{\text{调整的人口}} = \frac{\sum_i \left(E_{ift} * pop_i * \left(\frac{X+M}{GDP}\right)_i\right)}{\sum_i \left(pop_i * \left(\frac{X+M}{GDP}\right)_i\right)} \qquad (8-4)$$

这里 pop_i 是地区的人口总量，用年底总人数表示，GDP 是地区的国内生产总值。之所以使用全国调整有效要素禀赋，而不是直接采用人均要素禀赋是考虑我国各个地区的对外开放程度不同，因此生产要素参与国际贸易的程度是存在差异的，封闭的省市自治区的生产要素并不参与国际市场竞争，则该省市自治区的要素禀赋情况不影响全国平均的有效要素，进出口额越小，对全国总有效要素的贡献就越小。对 E_{ift}/E_{ft}^* 取对数是为了使 A_{ift} 在回归中无界限制，而且这一定义使本书在解释回归参数时更加容易。因为全国有效要素禀赋会随各地区贸易发展的变化而变化，因此，一个地区的相对要素禀赋会随着时间和其他地区贸易发展的变化而发生改变，$f = k, h, l, p$ 四种要素，比第七章的模型增加了人力资本这种要素。其中 k 是以 1990 年不变价格计算的人均资本存量，其总资本存量的计算公式为 $K_{n,t} = K_{n,t-1}(1-\delta) + I_{n,t}$，$K_{n,t}$ 表示 t 年 n 地区的资本存量，$I_{n,t}$ 为 n 地区 t 年全社会固定资本投资总额，δ 为折旧率，采用张军等（2004）的标准，按照 9.6% 计算，基期的数据本书利用 1978 年全社会固定资本投资总额除以 10%。h 是指人力资本，用每万人中普通高等学校在校学生数表示。l 是人均农作物总播种面积，p 是人均劳动力，用从业人员占总人口的比重表示。如果 $E_{ift}/E_{ft}^* \geqslant 1$，说明地区 i 相对于全国来讲是 f 要素比较充裕的地区，按照比较优势该地区出口中该要素的含量应较多。根据本书的计算，东部地区的辽宁、上海、江苏、广东和西部的重庆以及中部的湖北是人力资本比较丰裕的；西部和中部在土地资源上是比较丰裕的，东部除了江苏外，大部分省市在土地上都稀缺；在人均资本上，东部地区的上海、浙江和广东存在明显的优势，尤其是上海，E_{ift}/E_{ft}^* 高于 2，是我国资本丰裕的地区，而中西部地区各省市自治区在资本上都存在劣势；在劳动力方面，浙江、广东有比较明显的优势，其中广东的劳动力优势主要来自于其他地区的劳动力流入，上海、天津也有一定优势但是其优势不断缩减，到 2000 年之后就变成劳动力较稀缺的省份；西部的云南，中部的安徽、江西和湖南劳动力资源都是比较丰裕的。

$open_{it}$ 是指地区 i 的对外贸易依存度，用进出口占 GDP 的比重表示，$pgdp_{it}$ 是地区人均 GDP，$pgdp_{it}^2$ 是人均 GDP 的二次项，syh_{it} 代表非公有制经济发展程度。

第二节 我国收入差距与贸易发展关系的检验结果

一、全国基尼系数的回归结果

利用陈昌兵（2007）对我国 21 个省市自治区基尼系数的计算结果，本书首先用公式（8-1）和公式（8-2）对 21 个省市自治区的城乡结合居民基尼系数进行回归，为了更好反映各变量对居民收入差距的影响，本书进行了多次回归，其结果如表 8-1 所示，其中模型 8-1、模型 8-2 是对公式（8-1）进行回归的结果，其他模型都是对公式（8-2）进行的回归。通过赫斯曼检验结果显示，所有对城乡结合基尼系数的回归采用固定效应模型更好。

在所有的回归中，有效人力资本丰裕的地区，其收入差距要小，而且统计 t 值通过了 99% 的检验。有效劳动力资源比较丰裕的地区其收入差距有扩大趋势，而且变量的统计检验也比较显著，这与斯彼里莫伯格等和费舍尔的结果相反。在我国一般人力资本丰裕的地区也是城市经济比较发达的地区，经济越发达，农村劳动力向城镇流动的动力越大，城乡之间的差距越小，因此全部居民基尼系数越小；而劳动力资源较丰裕的地区其工资水平越低，资本和人力资本的收入越大，居民之间的收入差距越大。人均资本含量这一变量与收入差距之间是负相关，这主要是由于我国的经济增长主要还是由投资拉动的，因此人均资本增加会通过提高经济发展水平而缩减收入差距。人均耕地变量与城乡结合的基尼系数之间存在较明显的正相关，我国土地资源比较丰裕的地区主要集中在中西部地区，这些地区同时也是劳动力相对丰裕、资本相对稀缺的地区，资本的收益率很高，而且资本集中在少数居民手中，导致居民之间收入差距较大。从各要素对收入差距的弹性来看，无贸易时，劳动力对收入差距的弹性最大为0.077，其次是土地为0.038，资本对收入差距的弹性为-0.049，人力资本为-0.028。

我国经济发展与居民之间收入差距的关系也比较显著，如果无贸易则人均GDP的平方与基尼系数是负相关，若发展贸易则与基尼系数为正相关，而人均GDP变量则正好与人均GDP的平方的变化相反，这与王小鲁、樊纲对城乡收入差距的分析结果相似。另外，非公有制经济发展程度与基尼系数呈显著负相关，非公有制经济发展越快越高，收入差距越小，私营经济的发展有利于缩小我国居民的收入差距，非公有制经济发展程度每上升1个百分点就会带动基尼系数下降0.56个百分点左右。

表8-1 我国居民基尼系数的回归结果

变量	模型8-1	模型8-2	模型8-3	模型8-4	模型8-5	模型8-6	模型8-7
(Constant)	0.4538*** (16.548)	0.433*** (16.943)	0.428*** (16.421)	0.431*** (17.03)	0.453*** (16.581)	0.434*** (16.316)	0.507*** (18.50)
A_{iht}	-0.028*** (-6.357)	-0.011** (-2.719)	-0.012*** (-2.776)	-0.017*** (-3.491)	-0.011** (-2.537)	-0.011*** (-2.715)	-0.017*** (-3.957)
A_{ikt}	-0.049*** (-4.506)	-0.015 (-1.499)	-0.018 (-1.706)	-0.016 (-1.623)	-0.0005 (-0.0437)	-0.015 (-1.434)	0.035*** (2.589)
A_{ilt}	0.038*** (3.156)	0.025** (2.268)	0.0247** (2.220)	0.020* (1.80)	0.020* (1.829)	0.024* (1.894)	-0.003*** (-0.273)
A_{ipt}	0.077*** (2.794)	0.099*** (4.339)	0.081*** (2.637)	0.090*** (3.888)	0.109*** (4.684)	0.100*** (4.289)	0.063** (2.152)
$pgdp_{it}$	0.077*** (4.031)	-0.020 (-1.110)	-0.018 (-0.984)	-0.017 (-0.922)	-0.037* (-1.832)	-0.022 (-1.032)	-0.115 (-4.112)
$pgdp_{it}^2$	-0.009*** (-2.672)	5.92E-05 (0.018)	0.0004 (0.143)	0.0001 (0.048)	0.006 (1.380)	0.0006 (0.124)	0.012** (2.206)
$open_{it}$	—	0.045*** (3.788)	0.045*** (3.815)	0.042*** (3.583)	0.040*** (3.323)	0.046*** (3.146)	0.012 (0.669)

续表

变量	模型8-1	模型8-2	模型8-3	模型8-4	模型8-5	模型8-6	模型8-7
syh_{it}	—	-0.565***	-0.561***	-0.565***	-0.575***	-0.566***	-0.323***
		(-9.037)	(-8.934)	(-9.127)	(-9.227)	(-8.99)	(-4.373)
$open_{it}*A_{iht}$	—	—	—	0.041***	—	—	0.054***
				(2.233)			(2.606)
$open_{it}*A_{ikt}$	—	—	—	—	-0.051*	—	-0.069*
					(-1.960)		(-1.955)
$open_{it}*A_{ilt}$	—	—	—	—	—	-0.005	-0.081
						(-0.144)	(-1.577)
$open_{it}*A_{ipt}$	—	—	0.078	—	—	—	-0.021
			(0.917)				(-0.230)
R^2	0.317	0.544	0.546	0.544	0.553	0.544	0.643
Huasman 检验	31.73 (0.000)	23.04 (0.003)	24.616 (0.003)	26.606 (0.001)	21.07 (0.01)	37.14 (0.000)	35.516 (0.000)
效应	FE	FE	FE	FE	FE	FE	FE
NO.	210	210	210	210	210	210	210

注：***、**、*分别表示统计显著程度在1%、5%和10%，()中为t值。

从表8-1中模型8-2到模型8-7可以看出，$open_{it}$外贸依存度与基尼系数之间都呈显著的正相关（显著水平1%），也就是说贸易越发达的地区其收入差距越大，贸易会拉大我国居民收入差距，进出口占GDP的比重每上升1个百分点，基尼系数就会上升0.045个百分点以上。而且加入贸易变量后，有效劳动力变量的弹性会上升约0.02个百分点，有效人力资本和有效人均资本的负弹性也会分别上升大约0.01个百分点和0.03个百分点，而有效土地资源的弹性会下降0.013个百分点左右，这主要是因为我国贸易发展会影响各要素收益的变动。

与贸易结合后，各要素对收入差距的影响是不同的。随着贸易的发展，人力资本丰裕的地区，其收入差距拉大，而且$open_{it}*A_{iht}$变量在1%水平下显著，见模型8-4。依据H-O理论，人力资本丰裕的地区出口人力资本密集型的产品，贸易的扩展会扩大对地区人力资本的需求，而目前我国技能型劳动力市场是供不应求的，对人力资本需求的上升必然导致人力资本工资的上升，从而扩大收入差距，这与大部分国家贸易与技能型和非技能型劳动力之间工资差距的分析结果相同。

人均资本相对丰裕的地区，随着贸易的发展其居民总基尼系数会降低,见模型8-5和模型8-7,我国人均资本相对丰裕的地区是上海、浙江和广东,而这三个省市也是我国经济发展和贸易发展最快的地方,贸易和经济的发展首先导致我国城市经济的飞速发展,城市经济的发展必然带动周围农村的相应发展,因此贸易发展后,这些地区的农村经济也会得到相应的发展,尤其是像浙江省和江苏省,其农村小家庭作坊发展迅速,私营个体企业的对外贸易发展迅速从而缩减了城镇和农村的差距。

贸易发展后,我国土地资源相对丰裕的地区其收入差距有缩小趋势,而劳动力相对丰裕地区的收入差距有扩大趋势,这与第七章的结论7-1的结果是相符的。土地相对丰裕地区,贸易后会提高农产品的国内价格,虽然会扩大农村内部的收入差距,但是会缩减城乡之间的差距,并且带动城市内部收入差距的下降,因此会在总体上缩减城乡结合的总差距。我国土地资源相对丰富的地区主要集中在中西部地区,这些省市自治区主要进行农产品贸易,农产品贸易的发展会提高农民的总收入从而缩减农民与城镇居民的收入差距。如果该地区是劳动力丰裕的,贸易会提高城市部门的价格,带动城市工资和资本的同时上升。但是由于存在剩余劳动力和大量的下岗职工,贸易后工资上升的幅度要小于资本收益上升的幅度,在短期内城市内部的收入差距会上升。与此同时,城市贸易的发展还会扩大城乡差距,带动农村劳动力向城市转移并扩大城市人口的比重,这样城乡结合的收入差距就会上升。另外,由于我国一直存在出口退税制度,在面对激烈的出口竞争时,很多低技术含量的出口企业往往采取压低出口价格,并从缩减工人工资方面来降低成本,客观上造成非熟练劳动力工人工资尤其是从农村招募而来的劳动力工资连续多年表现为零增长或负增长。不过如果把其他的所有要素考虑进去,贸易与劳动力的结合又会缩减收入差距,这主要是因为国际贸易的发展虽然没有带来非熟练劳动力工资的上升但是贸易的发展尤其是加工贸易的增长带动就业的增长,提高低收入家庭的收入来源从而缩减收入差距,两个方面力量的结合导致贸易与劳动力对收入差距的影响并不是很明显,$open_{it} \times A_{ipt}$ 的统计并不显著。

二、城镇、农村以及城乡之间收入差距结果

为检验贸易自由化和贸易发展对城市内部收入差距、农村内部收入差

距和城乡之间收入差距各自的影响，本书分别对地区城镇居民基尼系数、农村居民基尼系数和城乡之间人均收入比重利用公式（8-1）进行了回归，结果见表8-2。根据赫斯曼检验结果，城镇内部基尼系数的回归适用随机效应模型而农村基尼系数和城乡比值的回归适用地区固定效应模型。

从要素禀赋角度来看，人力资本和人均资本相对丰裕地区的城镇基尼系数、农村居民基尼系数和城乡收入比都有缩小趋势，这与城乡结合基尼系数的回归结果相似。劳动力相对丰裕的地区城镇基尼系数和城乡收入比有上升趋势，这主要是因为这些地区的农村剩余劳动力较多，城乡之间的收入差距较大；劳动力丰裕地区资本的集中度比较高，而城市工资较低，所以城镇居民之间的差距较大；但是劳动力相对丰裕地区农村基尼系数较低，主要是因农村居民劳动收入比较平均。土地资源相对丰裕地区的城镇和农村基尼系数都比较高，而城乡收入比值比较低，土地资源相对丰裕地区农民收入较高，城乡收入之差就较小。

经济的发展与城镇和农村基尼系数都呈正相关，城镇基尼系数回归中人均GDP变量通过99%的检验，这说明经济的发展加大了城镇内部和农村内部的不平衡，人均GDP的二次项与城镇和农村内部收入差距之间是负相关，说明我国城镇和农村内部的差距与经济发展之间更显示倒U趋势，并且处在上升并开始下降的阶段。但是目前的经济发展有利于缩减城乡之间的收入差距，人均GDP每上升一个点，城乡收入比就会下降0.14个点，而人均GDP的二次项却与城乡之间收入差距正相关，这也是为什么城乡结合基尼系数与人均GDP负相关与人均GDP负相关的原因。私有化与城镇及农村基尼系数和城乡收入比都是显著的负相关，私有化程度每上升1个点，城镇基尼系数会下降0.235个点，农村基尼系数会下降0.29个点以上，城乡之间的差距则会下降8个点。

总体来讲，贸易的发展扩大了我国城镇基尼系数，贸易比重每增长1个百分点，城镇基尼系数就会上升0.027个点，$open_{it}$通过99%的检验；贸易发展与城乡收入比值间也呈正相关，贸易每增长1个点，城乡收入比值就会上升0.288个点。但是贸易的发展有助于农村基尼系数的缩减，不过其t值比较小，统计检验并不显著，贸易每上升1，农村居民基尼系数就会上升0.024。从总体上讲，我国是劳动力资源相对丰裕的国家，贸易的优势也在劳动力密集型产品上,从第三章贸易发展现状和第五章第一节内容知道,我国目前的出口主要是以劳动力密集型的制造业产品出口为主。在城乡相对分割的情况下和要素市场扭曲条件下,我国贸易的发展对资本收益更为有力,贸易会提高城镇居民之间的收入差距,缩减农村居民之间的收入差距,扩大城乡之间差距,这与第七章的结论7-1和结论7-2是相符的。

表8-2 城镇基尼系数、农村基尼系数和城乡收入比的回归结果

变量	城镇基尼系数	农村基尼系数	城乡收入比
(Constant)	0.193 ***	0.291 ***	4.686 ***
	(8.671)	(8.550)	(15.267)
A_{iht}	−0.002	−0.066 **	−0.110 ***
	(−0.419)	(−2.049)	(−2.198)
A_{ikt}	−0.018 **	−0.019	−0.022
	(−1.99)	(−0.559)	(−0.174)
A_{ilt}	0.045 ***	0.062 *	−0.167
	(4.887)	(1.866)	(−1.308)
A_{ipt}	0.008	−0.031	1.307 ***
	(0.424)	(−1.024)	(4.738)
$pgdp_{it}$	0.090 ***	0.016	−1.129 ***
	(5.444)	(0.728)	(−4.961)
$pgdp_{it}^2$	−0.014 ***	−0.001	0.140 ***
	(−4.916)	(−0.290)	(3.650)
$open_{it}$	0.027 ***	−0.024	0.288 **
	(2.683)	(−0.880)	(2.114)
syh_{it}	−0.235 ***	−0.297 ***	−8.487 ***
	(−4.490)	(−3.656)	(−11.624)
R^2	0.449	0.702	0.625
Huasman 检验	8.54	16.81	65.272
	(0.382)	(0.03)	(0.000)
模型	RE	FE	FE
NO.	210	210	210

注:***、**、*分别表示统计显著程度在1%、5%和10%,()中为t值。

第三节 分地区回归

由于我国东中西部地区之间不论在要素禀赋还是在经济发展水平以及

对外开放度上都有很大的差异,因此本书在对我国贸易与基尼系数关系的回归中对东部、西部和中部各省市自治区分别进行了回归,结果见表 8 - 3。从拟合度上来讲,分地区的回归要比全部的回归拟合度高很多。

从要素禀赋的角度看,东部地区的有效人力资本、人均资本与城乡结合的基尼系数呈负相关,而有效人均耕地和有效劳动力与东部城乡结合的基尼系数呈显著的正相关;城镇居民基尼系数与有效劳动力、有效人均资本负相关,不过并不显著,t 值分别只有 -0.01 和 -0.753,与有效人均耕地和人力资本正相关;农村基尼系数与人力资本和劳动力负相关,与有效人均资本和人均耕地呈正相关。中部地区各种要素与城乡结合的基尼系数都呈正相关关系,除人力资本与中部城镇基尼系数和农村基尼系数是负相关外,其他要素禀赋与中部城镇和农村基尼系数都是正相关。西部地区的有效人力资本会缩减农村基尼系数和城乡结合的基尼系数但扩大城镇基尼系数,人均资本会扩大城镇基尼系数和城乡结合的基尼系数但缩小农村基尼系数,有效人均耕地和有效劳动力则会缩减各种西部基尼系数。

另外,需指出的是非公有制经济发展程度虽与东部城镇基尼系数负相关,但是与东部地区的农村居民基尼系数呈显著正相关,导致其与城乡结合的基尼系数也呈正相关。东部地区私营经济在其发展初期比如 20 世纪 80 年代中期后到 90 年代初确实使东部地区一些低收入家庭迅速富裕起来,缩减了居民之间的收入差距。但是发展到后来,家族式私营经济的发展导致这些家庭收入迅速上升,从而拉大了与普通国企工人家庭和农村家庭之间的差距,因此东部私有化对缩小居民收入差距的作用越来越不明显,而其扩大收入差距的作用越来越明显。中西部的非公有制经济发展对缩减收入差距有显著的作用,这说明私营经济在其发展初期确实会缩减收入差距,但是当发展到一定程度后,其对收入差距的扩大作用会越来越明显。

各地区经济发展水平(人均 GDP 增长)与收入差距的关系表现也不同,东部经济增长显著地扩大了东部的收入差距,西部的经济发展则对收入差距有扩大作用,而中部经济发展会稍微缩减中部的收入差距。各地区经济发展对城镇收入差距都有拉大作用,但对农村基尼系数的带动作用比较小。

表 8-3　分地区基尼系数的回归结果

变量	城乡结合基尼系数 东部	城乡结合基尼系数 中部	城乡结合基尼系数 西部	城镇基尼系数 东部	城镇基尼系数 中部	城镇基尼系数 西部	农村基尼系数 东部	农村基尼系数 中部	农村基尼系数 西部
(Constant)	0.097 (0.3033)	0.410*** (3.151)	0.545*** (5.017)	0.097 (0.3033)	0.36*** (5.137)	0.3066*** (3.603)	0.273*** (3.61)	0.436*** (3.548)	0.338*** (3.521)
A_{iht}	-0.025*** (-2.80)	0.003 (0.035)	-0.093 (-0.909)	0.003 (0.088)	-0.098* (-1.745)	0.119** (2.0517)	-0.008 (-0.926)	-0.038 (-0.401)	-0.060 (-0.660)
A_{ilt}	-0.065*** (-2.626)	0.050 (0.659)	0.132* (1.773)	-0.123 (-0.753)	0.202*** (4.776)	0.119** (2.0517)	0.029 (0.775)	0.126* (1.738)	-0.026 (-0.394)
A_{it}	0.085*** (2.672)	0.194* (1.877)	-0.088 (-1.16)	0.054 (0.414)	0.255*** (4.501)	-0.0934 (-1.561)	0.023 (0.761)	0.207** (2.113)	-0.167** (-2.477)
A_{ipt}	0.2*** (6.808)	0.181 (1.308)	-0.180*** (-2.95)	-0.001 (-0.010)	0.104 (1.369)	-0.031 (-0.664)	-0.054* (-1.686)	0.111 (0.851)	-0.021 (-0.395)
$pgdp_{it}$	0.095*** (3.152)	-0.006 (-0.044)	0.098 (0.507)	0.186 (0.761)	0.098 (1.292)	0.144 (0.9505)	0.0004 (0.007)	-0.152 (-1.161)	0.140 (0.816)
$pgdp_{it}^2$	-0.010** (-2.190)	0.020 (0.257)	-0.122 (-0.904)	-0.021 (-0.694)	-0.078* (-1.809)	-0.108 (-1.017)	0.0009 (0.132)	0.082 (1.094)	-0.120 (-1.001)
$open_{it}$	0.088*** (9.383)	0.047 (0.189)	-0.101 (-0.59)	0.0317 (0.758)	0.010 (0.075)	-0.176 (-1.311)	-0.023** (-2.433)	-0.058 (-0.249)	0.155 (1.018)
syh_{it}	0.046 (0.455)	-0.565*** (-2.806)	-0.962*** (-4.150)	-0.282 (-0.573)	-0.564*** (-5.107)	-0.575*** (-9.227)	0.37*** (3.204)	-0.372* (-1.953)	-0.679*** (-3.320)
R^2	0.780	0.744	0.618	0.215	0.745	0.708	0.701	0.704	0.720
模型	FE	FE	FE	RE	RE	RE	FE	FE	FE
NO.	70	70	70	70	70	70	70	70	70

注：***、**、*分别表示统计显著程度在1%、5%和10%，( )中为t值。

从贸易开放度与收入差距的关系来看,东部地区贸易对城乡结合的收入差距有显著的扩大作用,$open_{it}$的统计t值高达9以上;贸易与城镇基尼系数之间也是正相关关系,但与农村基尼系数是显著的负相关,说明本书第七章的结论7-1和结论7-2在东部地区更为明显,因为东部地区的贸易总额占全国总贸易额的90%以上,我国制造业产品的对外贸易主要发生在东部地区,因此贸易与收入分配之间的关系在东部表现得最明显。中部地区的贸易与各种基尼系数之间的关系与东部地区相同,不过其统计显著程度都很低,t值只有0.189、0.075和-0.249,都比东部的统计t值小很多,中部地区是我国劳动力相对比较丰裕的地区,其贸易的发展潜力很大,但是贸易额还比较小,因此贸易与收入分配关系表现不如东部地区明显。西部地区贸易发展会缩减城乡结合的收入差距和城镇内部的收入差距,但扩大了农村内部的收入差距。西部地区的比较优势主要集中在农产品和自然资源类产品上,也就是说西部地区的贸易主要是以自然资源和农产品的出口为主,因此贸易发展对其收入差距有缩减作用,这也与本书第七章的结论相符。

第四节 本章总结和政策建议

本章从我国贸易发展、经济发展、要素禀赋和私有化程度四个方面对我国居民收入差距进行了实证分析。通过本章第一节和第二节的分析可以发现,有效要素禀赋和贸易发展程度对我国居民收入差距有显著的影响。人力资本和人均资本相对越丰裕的地区,其收入差距越低,土地和劳动力相对越丰裕的省市自治区,其居民收入差距越大;劳动力相对丰裕的地区城镇基尼系数和城乡收入比有上升趋势;土地资源相对丰裕地区的城镇和农村基尼系数都比较高,而城乡收入差距比较小。非公有制经济的发展对我国各地区三种基尼系数都有抑制作用。

总体来讲,贸易的发展加快我国城乡结合基尼系数的上升,如果分地区来看,东中部地区的贸易发展带动基尼系数的上涨,但西部地区的贸易发展对西部地区居民收入差距有明显的抑制作用。从城镇、农村内部和城乡之间的收入差距来看,贸易的发展倾向于扩大城镇内部和城乡之间的收入差距，但对农村内部居民基尼系数有缩减作用。我国是劳动力相对丰裕的国家，我国贸易的发展主要是以出口劳动力密集型的制造业为主，这种贸易格局在我国现有的要素市场现状条件下，会扩大我国城镇内部和城乡之间的收入差距，但缩小农村内部的收入差距。实证检验的结果证明了本书第七章结论的正确性。就地区来看，东中部劳动力和资本相对比较丰裕，以制造业产品贸易为主，因此东中部贸易的发展对城镇居民基尼系数有扩大作用，对农村居民基尼系数有缩减作用，而且西部地区土地和自然资源相对比较丰裕，贸易以农产品和自然资源的贸易为主，因此西部贸易发展缩减了城镇居民收入差距，扩大了农村居民收入差距。本书第七章的结论在东西部地区表现得更为明显一些，中部地区由于其地理位置、贸易结构以及要素禀赋状况等原因，贸易与收入分配的关系表现得并不明显。

依据本书分析的结论，我国要缩减居民收入差距可从鼓励非公有制经济发展、贸易和要素市场的建立和培育着手，具体来讲：

首先加快我国私营经济的发展，尤其是中西部地区非国有和集体经济的发展。非公有制经济的发展对居民收入差距的作用有先缩减后扩大的趋势，这也可以从我国东中西部地区非公有制经济发展对基尼系数的弹性看出，东部地区是 0.046，中部是 −0.565，西部是 −0.962。我国东部地区的私有经济发展最快，外资在东部地区的比重越来越高，而中西部的私营经济尤其是像东部浙江、江苏等地的农村家庭式小作坊发展缓慢，吸引的外资也有限，因此中西部地区应当加快非国有经济的发展。一方面，加大中西部地区的投资，加强基础设施建设，为中西部吸引外资和当地中小企业的发展提供良好的投资环境；另一方面政府要转变观念，做企业发展的服务者而非管理者，中西部私营经济发展缓慢的一个重要原因就是政府的力量太大，政府乱收费、乱管理的现象普遍，要加快中西部的私有化程度，政府首先要转变思想观念；再者，要给予私营经济发展一定的优惠措施或者便利制度，如税收优惠、加快进出口程序、加快政府审批程序等等。

从贸易的角度讲，西部地区的贸易发展有利于缩减其居民收入差距，因此，西部地区应当加快贸易的发展，充分利用边境优势发展边境贸易；虽然东中贸易的发展会扩大居民的收入差距，结合第七章的理论，这主要是因为中东部地区主要集中于制造业产品的贸易,对农产品贸易和农产品加工产品贸易的发展不够,尤其是中部地区存在大量的农村剩余劳动力而且也是我国主要的产粮区,发展农产品的加工和出口既可以解决农村劳动力的就地转移也可以缩减其居民的收入差距。我国在发展城市经济、促进城市制造业产品贸易的同时,应该加快农村建设,发展农村相关产品贸易,可以把城市发展中逐步淘汰的产业向农村转移,利用农村的低工资建立一般产品的出口加工企业,这样既可以保证城市经济结构的调整,又可以提高农民收入,缩减城乡差距。

解决我国的收入分配问题,最根本的还是要加快我国完全要素市场的培育。从根本上来讲,之所以我国贸易的发展会对收入差距有扩大作用,主要还是由要素市场扭曲引起的;另外,不同的要素禀赋也会对收入差距产生不同的影响。因此,加快我国要素市场的建设既是我国未来经济发展的需要,也是我国缩减收入差距的需要。具体来讲:

第一,要加快我国劳动力市场建设和人力资本的培养。从上面的回归结果来看,人力资本越丰裕的地区,不论是城镇居民收入差距还是农村基尼系数都有缩减趋势。我国普通劳动力越丰裕的地区其城乡结合的基尼系数和城镇基尼系数越高,虽然贸易的发展不利于我国人力资本较丰裕地区收入差距的缩减,但是贸易与人力资本结合的扩大作用要小于人力资本发展的缩小作用(A_{iht}的t值为-3.957,$open_{it} \times A_{iht}$为2.606)。因此,加快我国人力资本的培养和加快我国普通劳动力的跨地区流动对我国收入差距的缩减有很大作用。我国应当加大人力资本的投资力度,注重普通劳动力的培训和教育,确立"教育立国"、"人力资本兴国"的指导思想,并把它作为一项重要的基本国策。另外,要加强和完善劳动力市场,建立全国性、开放性劳动力市场,立足于全国劳动力市场,消除劳动力的跨地区流动,创造一切有利条件,鼓励劳动力的大流通。在劳动力市场中,普通劳动者和熟练劳动者之间的工资应当有一定的差距,这样可以加快普通劳动者通过培训、再学习等尽快转变为熟练劳动力。政府和企业也应当加大对人才培训的投资力度,扩充我国人力资本存量。

第二,应当加快我国资本投资力度、加快资金在城乡之间和地区之间的流动。根据实证检验的结果,人均资本存量相对丰裕的地区其收入差距有缩小趋势，贸易与人均资本的结合也会缩减我国的收入差距，因此加快资本的投资力度，提高我国资本禀赋不仅对我国经济发展有利也对缩减我国收入差距有利。我国中西部地区大部分省市自治区的资本都是比较稀缺的资源，因此要缩小中西部地区各省市自治区内部的收入差距，应当加大对其资本投资力度，通过税收、改善基础设施建设等加快东部地区的资本转移和吸引外资入驻。再者，国家应鼓励资本在城乡之间的流动，我国目前城市人口不愿意向农村流动，导致城市资本也无法向农村流动。正是因为这种资本的非流动性才导致我国制造业贸易的发展对非流动要素报酬的增长更有利，导致收入差距上升。

总　结

本书对我国贸易自由化导致的贸易发展与各要素报酬以及居民收入差距之间的关系进行了理论和实证分析。随着我国贸易的发展，我国行业工资并未大幅度上升而居民之间的收入差距则不断上升，传统贸易理论对贸易自由化与要素报酬关系的解释在我国并不适用。本书认为这主要是由我国要素市场的扭曲引起的，这种要素市场的扭曲既与我国所实行的制度和政策有关，又与我国经济发展所处的阶段有关。为了更好地解释我国贸易发展与各要素报酬以及与居民收入差距之间的关系，本书把哈里斯—托达罗模型关于存在城市失业、农村劳动力流动下的劳动力市场均衡条件引入到对国际贸易的分析中，在存在城市失业和农村劳动力流动条件下，对发展中国家贸易自由化和贸易发展对各要素报酬的影响进行分析。研究发现，贸易的发展不利于解决城市中的失业问题，但是有利于发展中国家城市化进程的发展。在技术不变并且劳动力流动限制不变的情况下，城市制造业贸易自由化的发展更有利于城市中资本所有者收入的提高。农业部门产品贸易自由化的发展会提高土地的收益率和劳动者工资之间的差距，降低城市资本所有者的收入，提高城市劳动力工资的上升。劳动力流动限制的降低，会降低城市中的工资、提高资本的回报率。如果在实行贸易自由化的同时推动城市化进程、降低对城乡劳动力流动的限制，则城市中劳动力的工资会下降，资本的收益会进一步上升，两者之间的收入差距会扩大。另外，如果贸易导致该国劳动特定的技术进步，贸易会提高资本和劳动报酬的差距；如果贸易导致资本和土地特定的技术进步则会缩减资本和劳动报酬之间的差距；城市部门偏向的技术进步会扩大资本和劳动报酬之间的收入差距；农业部门偏向的技术进步会缩减资本和劳动报酬的差距。

因此，在要素市场扭曲条件下，我国贸易发展对各要素报酬的影响是不同的，需综合考虑贸易自由化导致的价格变化以及贸易所导致的技术进步类型来确定。

本书还利用我国自加入 WTO 后 30 个行业的数据对劳动市场均衡后贸易发展与要素报酬关系的模型进行了检验，利用相对需求法的检验发现我国行业贸易的发展对劳动力的相对需求是下降的；利用零利润条件两步法的检验发现贸易的发展确实提高了我国行业产品的出厂价格和行业全要素生产率的上升，提高了我国行业劳动力工资和资本收益，但是贸易发展对我国资本收益率的提高更为有利，所以在我国现有的要素市场扭曲条件下，我国行业贸易的发展实际上拉大了城市资本所有者和劳动所有者的收入差距，这与模型分析的结论是相符的。

另外，本书还考虑了在要素市场扭曲条件下，贸易自由化所导致的国内商品价格变化对居民收入差距的影响。发现在短期内如果贸易自由化使该国城市部门产品价格上升，贸易自由化会提高城市内部的收入分配，缩减农业部门内部的收入差距；如果贸易使该国农业部门产品的价格上升，则贸易自由化或者贸易的发展会缩减城市内部的收入差距，扩大农业部门内部的收入差距。只要农业部门产品是土地密集型的，城市部门所生产的产品比农业部门生产的产品是更为劳动密集的，贸易自由化在长期稳态下不会改变二元国家的城乡差距。在长期稳态下，城市部门产品价格的上升会提高发展中国家的城市化进程，并降低资本收益率，提高土地收益率，从而缩减城市内部的收入差距，扩大农村内部的收入分配；农业部门产品价格的上升会降低城市化进程，缩小农业内部的差距，提高城市内部收入差距。在长期稳态下，贸易都会缩减城乡结合的收入差距。本书利用我国 21 个省市自治区的面板数据对我国要素禀赋、贸易发展和收入差距之间的关系进行了检验，发现贸易的发展在短期内确实与城镇居民基尼系数、城乡收入比和城乡结合的基尼系数呈正相关，而与农村居民基尼系数呈负相关。这与本书所建要素市场扭曲条件下贸易与居民收入分配关系模型结论也是相符的，因为我国现在对外贸易中，农产品的贸易只占 8％左右，其他都是城市制造业产品的贸易，而制造业产品贸易自由化的发展确实会在短期内拉大城镇内部和城乡之间的收入差距并缩减农村内部的收入差距。

本书探讨贸易发展对我国收入分配格局变动的影响作用，根本的立足点在于对我国要素市场的建设问题。从本书的分析可以看出，我国贸易发展之所以会导致收入差距的拉大主要还是由于要素市场的扭曲引起的。只有不断加强我国各类要素市场的建设，建立可自由流动的、竞争性的要素市场才能改变我国贸易发展对收入分配的扩大作用，使贸易的发展不仅有利于经济增长也有利于解决我国的收入差距过大问题。

　　目前，关于发展中国家的实证分析发现贸易对各要素报酬的影响在不同发展中国家的表现是不同的，现在国内外对如何解释这种差异性正在不断进行理论上的探索。本书结合二元经济下要素市场扭曲均衡和国际贸易的分析可以为发展中国家现实情况的多样性提供一个很好的理论解释。不过本书所建模型也只是一种初步的尝试，还需要在各方面进行检验和拓展。这包括：

　　1. 在本书第六章关于贸易与收入分配的分析中，为了分析简便，舍去了人口的增长而且只考虑三种要素、两种产品对收入分配有较大影响作用的因素。如果把人口增长的因素同时考虑到贸易与收入分配的模型中会不会对模型的结论有影响？如果把产品和要素的数量由两种扩展到多种会不会对模型的结果产生影响？这还需要进一步的探索。

　　2. 由于数据的限制本书在实证分析中无法对第五章结论 5-3 进行检验，因为无法获得贸易对我国技术进步的带动到底是劳动特定的还是资本特定的或者是土地特定的。这一部分的实证检验在现有数据条件下还无法完成，还需进一步进行研究。

　　3. 本书仅就贸易自由化发展对收入分配的影响做出分析。实际上贸易发展的技术溢出作用带动经济增长，技术进步和经济增长又对收入分配产生影响，这也是贸易发展影响收入分配的一个重要途径。可惜由于数据、精力等方面限制本书没有对这一方面做出分析。

　　此外，我国的收入差距不仅仅是城乡之间的差距和要素收益之间的差距，还包括地区之间的差距。我国地区之间的要素流动也存在较大限制，研究在这种要素流动限制下，我国贸易发展对各地区收益的影响也是非常必要的。不过本书由于篇幅和时间所限对地区差距这一部分没有进行分析。这些都将成为作者未来研究的重点。

附 表

附表1 行业出口数据

（单位：亿美元）

年份 行业	1998	1999	2000	2001	2002	2003	2004	2005	2006
煤炭开采和洗选业	10.68	10.84	14.61	26.68	25.37	27.58	38.20	42.84	36.83
石油和天然气开采业	16.62	9.87	23.51	16.03	15.55	18.28	15.23	29.29	30.58
黑色金属矿采选业	0.07	0.09	0.07	0.02	0.02	0.02	0.03	0.01	0.12
有色金属矿采选业	1.08	1.17	1.07	1.24	2.08	2.94	5.92	11.47	9.73
非金属矿采选业	9.84	9.40	11.03	11.81	10.99	12.39	13.53	15.56	16.21
食品加工与制造业	85.09	83.26	93.97	103.03	113.33	131.47	156.62	187.09	224.12
饮料制造业	7.75	7.80	8.00	8.40	8.91	9.02	11.52	11.47	12.02
烟草制品业	3.96	1.28	1.51	1.97	2.27	2.64	2.50	2.70	2.78
纺织业	125.87	128.22	158.68	165.50	201.72	269.04	334.32	410.54	486.87
纺织服装、鞋、帽制造业	300.48	300.78	360.71	366.50	413.02	520.61	618.56	741.63	953.88
皮革、毛皮、羽毛（绒）及其制品业	122.03	126.59	145.69	153.29	169.52	198.01	237.87	289.26	334.86

164

续表

行业＼年份	1998	1999	2000	2001	2002	2003	2004	2005	2006
木材加工及木、竹、藤、棕、草业	10.48	13.38	16.56	18.52	23.71	28.88	43.84	54.65	74.11
家具制造业	28.21	34.59	45.82	50.62	66.80	90.35	126.19	165.72	208.91
造纸及纸制品业	13.45	12.91	18.52	19.80	23.38	22.39	27.39	38.12	52.44
文教体育用品制造业	0.00	0.00	0.00	0.00	0.00	7.90	10.58	13.01	16.51
石油加工、炼焦及核燃料加工业	96.01	97.28	114.55	114.03	145.08	169.77	199.38	249.34	292.46
化学原料及化学制品制造业	19.35	20.30	34.52	34.74	37.17	58.44	85.23	96.92	102.89
医药制造业	82.20	82.96	98.39	109.06	123.99	158.78	216.82	296.81	367.70
化学纤维制造业	16.92	16.79	17.88	19.78	23.24	28.61	32.34	37.78	44.86
橡胶制品业	0.56	0.40	0.43	0.56	1.08	1.69	2.30	3.58	5.32
塑料制品业	9.07	10.83	14.38	14.75	18.17	23.24	34.88	51.01	69.64
非金属矿物制品业	42.58	43.53	54.18	56.29	67.35	82.51	107.45	137.69	167.48
黑色金属冶炼及压延加工业	37.86	39.68	47.00	48.47	61.45	76.91	103.06	136.72	174.10
有色金属冶炼及压延加工业	32.88	26.59	43.91	31.52	33.22	48.13	138.78	192.78	325.19
金属制品业	25.84	27.46	33.63	33.37	38.29	54.50	92.76	109.40	182.30
通用设备制造业	54.31	57.00	69.28	77.02	94.55	120.38	171.69	230.96	306.08
专用设备制造业	60.16	69.13	95.66	109.38	138.32	188.42	271.68	355.94	472.53
交通运输设备制造业	28.77	31.65	43.79	47.31	53.35	69.62	91.01	119.45	160.74

附表

续表

年份 行业	1998	1999	2000	2001	2002	2003	2004	2005	2006
电气机械及器材制造业	61.17	62.60	89.18	90.26	101.37	150.51	203.99	276.63	375.30
通信设备、计算机及其他电子设备	151.13	194.22	260.20	273.37	345.40	456.34	633.80	800.65	1070.32

附表2 行业进口数据

(单位：亿美元)

年份 行业	1998	1999	2000	2001	2002	2003	2004	2005	2006
煤炭开采和洗选业	0.68	0.61	0.69	0.90	3.39	3.68	9.01	13.87	16.25
石油和天然气开采业	35.01	53.63	157.76	126.16	137.57	217.02	363.08	505.24	694.23
黑色金属矿采选业	16.82	16.96	23.66	35.64	36.65	62.62	149.30	209.90	227.75
有色金属矿采选业	16.11	19.17	34.61	38.05	36.09	55.32	102.59	151.91	212.42
非金属矿采选业	2.71	4.62	7.28	7.82	8.65	55.32	102.59	151.91	212.42
食品加工与制造业	42.33	40.18	44.22	44.19	55.53	74.30	98.87	101.82	119.40
饮料制造业	0.76	1.24	1.64	1.48	1.47	1.87	2.63	4.08	5.89
烟草制品业	0.71	0.36	0.40	0.34	0.27	0.46	0.60	0.60	0.54
纺织业	107.29	106.53	123.25	121.10	125.91	142.23	153.14	155.12	163.68
纺织服装、鞋、帽制造业	10.72	11.02	11.92	12.74	13.56	14.22	15.42	16.29	17.24
皮革、毛皮、羽毛（绒）及其制品业	23.01	23.93	28.48	28.89	30.34	34.64	41.60	44.38	52.22
木材加工及木、竹、藤、棕、草制品	10.02	9.97	10.74	7.79	8.24	9.51	9.67	8.15	6.96
家具制造业	0.96	1.06	1.70	2.37	2.93	5.26	6.68	6.16	7.62
造纸及纸制品业	50.11	59.30	69.62	67.58	73.74	80.60	96.56	102.77	110.65
文教体育用品制造业	0.00	0.00	0.00	0.00	0.00	5.69	6.50	7.26	8.28

续表

行业＼年份	1998	1999	2000	2001	2002	2003	2004	2005	2006
石油加工、炼焦及核燃料加工业	8.13	9.52	12.17	14.34	19.26	25.17	33.61	42.56	49.77
化学原料及化学制品制造业	26.08	29.90	40.70	42.36	44.68	68.97	105.92	117.40	176.55
医药制造业	185.80	222.07	281.09	297.65	363.19	455.97	611.44	725.99	812.04
化学纤维制造业	5.34	8.21	9.53	12.18	14.34	17.06	18.99	23.09	27.15
橡胶制品业	13.28	10.64	14.47	13.51	14.62	16.84	19.01	18.99	15.08
塑料制品业	3.20	5.65	5.77	6.70	8.01	13.58	17.67	18.91	29.84
非金属矿物制品业	22.63	25.14	29.83	29.88	34.90	45.10	59.74	71.04	83.27
黑色金属冶炼及压延加工业	14.10	17.15	24.01	25.06	30.22	37.32	47.90	51.65	61.38
有色金属冶炼及压延加工业	64.89	74.95	96.89	107.49	135.99	220.34	233.87	263.41	216.18
金属制品业	34.71	47.16	67.46	62.06	75.23	101.43	141.64	170.87	227.98
通用设备制造业	19.19	19.18	22.65	25.07	30.63	43.33	57.37	65.76	80.68
专用设备制造业	125.95	141.64	159.73	185.13	232.55	308.26	421.43	459.48	515.00
交通运输设备制造业	96.04	101.67	130.99	153.98	185.99	247.69	309.71	265.64	299.35
电气机械及器材制造业	55.66	59.49	63.48	99.88	114.83	174.53	194.03	197.70	296.44
通信设备、计算机及其他电子设备	164.04	234.21	350.15	389.46	545.18	786.36	1093.70	1360.19	1731.43

注：数据来源于联合国贸易统计数据库。

附表3 我国行业与国际贸易标准分类代码对应

行业	国际贸易标准分类代码 (SITC Rev. 3)
煤炭开采和洗选业	321, 322
石油和天然气开采业	333, 342, 343
黑色金属矿采选业	281, 282
有色金属矿采选业	283, 284, 285, 287, 288, 289
非金属矿采选业	272, 273, 274, 277, 278
食品加工与制造业	011, 012, 016, 017, 022, 023, 024, 025, 034, 035, 037, 042, 045, 046, 047, 048, 054, 056, 058, 059, 061, 062, 071, 073, 075, 081, 091, 098, 411, 421, 422, 431
饮料制造业	074, 111, 112
烟草制品业	122
纺织业	269, 651, 652, 653, 654, 655, 656, 657, 658, 659
纺织服装、鞋、帽制造业	841, 842, 843, 844, 845, 846, 848
皮革、毛皮、羽毛（绒）及其制品业	611, 612, 613, 831, 851
木材加工及木、竹、藤、棕、草制品	633, 634, 635
家具制造业	821
造纸及纸制品业	251, 641, 642
文教体育用品制造业	894, 895, 898
石油加工、炼焦及核燃料加工业	325, 334, 335
化学原料及化学制品制造业	232, 511, 512, 513, 514, 515, 516, 522, 523, 524, 525, 531, 532, 533, 551, 553, 554, 562, 571, 572, 573, 574, 575, 579, 591, 592, 593, 597, 598
医药制造业	541, 542
化学纤维制造业	266, 267
橡胶制品业	621, 625, 629
塑料制品业	581, 582, 583, 893
非金属矿物制品业	661, 662, 663, 664, 665, 666, 667
黑色金属冶炼及压延加工业	671, 672, 673, 674, 675, 676, 677, 678, 679
有色金属冶炼及压延加工业	681, 682, 683, 684, 685, 686, 687, 689
金属制品业	691, 692, 693, 694, 695, 696, 699, 811, 812

续表

行业	国际贸易标准分类代码（SITC Rev. 3）
通用设备制造业	711，712，713，714，716，718，731，733，735，737，741，742，743，744，745，746，747，748，749
专用设备制造业	721，722，723，724，725，726，727，728，774，872，881，882，883
交通运输设备制造业	781，782，783，784，785，786，791，792，793
电气机械及器材制造业	771，772，773，775，776，778，813
通信设备、计算机及其他电子设备	752，761，762，763，764

主要参考文献

中文部分

1. 保罗·克鲁格曼等著,黄胜强译:《克鲁格曼国际贸易新理论(Rethinking International Trade)》,中国社会科学出版社2001年版。
2. 蔡昉:"二元劳动力市场条件下的就业体制转换",《中国社会科学》1998年第2期。
3. 蔡继明:"我国行业收入差距和对策",中国网,2005年3月14日。
4. 查尔斯·范·马芮威耶克著,夏俊译:《中级国际贸易学》,上海财经大学出版社2006年版。
5. 陈昌兵:"各地区居民收入基尼系数计算及其非参数计量模型分析",《数量经济技术经济研究》2007年第1期。
6. 陈咏梅、余剑、王敏:"HOV模型与基于比较优势战略的中国经济结构调整",《生产力研究》2006年第2期。
7. 陈自芳:"我国资源禀赋特征与产业发展的要素投入结构选择",《当代经济研究》2007年第2期。
8. 程永宏:"二元经济中城乡混合基尼系数的计算与分解",《经济研究》2006年第1期。
9. 戴枫:"贸易自由化与收入不平等——基于中国的经验研究",《世界经济研究》2005年第10期。
10. 大卫·格林纳伟著,冯雷译:《国际贸易前沿问题》,中国税务出版社2000年版。
11. 邓超红:"我国居民收入分配差距的现状、原因和对策分析",《经济师》2006年第4期。

12. 董继华:"经济全球化、WTO与比较优势、贫困化增长",《湖北财经高等专科学校学报》2002年第5期。

13. 冯阳、陈颖:"浅析我国劳动力市场分割及其内部特征",《经济师》2005年第4期。

14. 郭庆旺、贾俊雪:"中国全要素生产率的估算:1979-2004",《经济研究》2005年第6期。

15. 何娅、郭勇:"我国收入格局:整体与局部反差的经济学解释",《求索》2007年第1期。

16. 何璋、覃东海:"开放程度与收入分配不平等问题——以中国为例",《世界经济研究》2003年第2期。

17. 侯风云:"中国农村劳动力剩余规模估计及外流规模影响因素的实证分析",《中国农村经济》2004年第3期。

18. 胡兵、赖景生、胡宝娣:"二元结构、劳动力转移与经济增长",《财经问题研究》2005年第7期。

19. 胡枫:"关于中国农村劳动力转移规模的估计",《山西财经大学学报》2006年第2期。

20. 胡振江、陈继东:"关于人力资本存在的问题及对策探讨",《技术经济》2002年第12期。

21. 胡祖光:"基尼系数理论最佳值及其简易计算公式研究",《经济研究》2004年第9期。

22. 金玉国、王晓红:"我国行业工资差异之演进及其原因",《财经理论与实践》2001年第22卷第110期。

23. 乔万尼·A.、科尼亚:"经济自由化和全球化对发展中国家和转型国家收入不平等的影响",《世界经济与政治》2003年第3期。

24. 孔泾源主编:《中国居民收入分配年度报告(2005)》,经济科学出版社2005年版。

25. 孔泾源主编:《中国居民收入分配年度报告(2004)》,经济科学出版社2004年版。

26. 兰宜生:"对外贸易对我国经济增长及地区差距的影响分析",《数量经济技术经济研究》2002年第7期。

27. 李陈华、柳思维："城乡劳动力市场的二元经济理论与政策——统筹城乡发展的洛伦兹分析"，《中国软科学》2006年第3期。

28. 李建民："中国劳动力市场多重分割及其对劳动力供求的影响"，《中国人口科学》2002年第2期。

29. 李坤望、黄玖立："中国贸易开放度的经验分析：以制造业为例"，《世界经济》2006年第8期。

30. 李强：《农民工与社会分层》，中国社会科学文献出版社2004年版。

31. 李世光："国际贸易、外国直接投资、技术进步和收入分配差距"，《国际贸易问题》2004年第6期。

32. 李小平、朱钟棣："中国工业全要素生产率的测算——基于各行业面板数据的分析"，《管理世界》2005年第3期。

33. 李小平、朱钟棣："国际贸易、R&D溢出与经济增长"，《经济研究》2006年第2期。

34. 李晓峰："对我国农村剩余劳动力的数量界定"，《河南财经学院学报》1994年第2期。

35. 李勋来、李国平："农村劳动力转移模型及实证介析"，《财经研究》2005年第6期。

36. 李志辉、罗平：《SPSS for Windows 统计分析教程（第2版）》，电子工业出版社2005年版。

37. 李子奈编：《计量经济学》，高等教育出版社2000年版。

38. 林利军："论中国贸易自由化中的利益分配：一个理论分析框架"，《世界经济》1997年第2期。

39. 林欣、林素絮："我国农村剩余劳动力的存在原因及转移对策"，国研网，2006年。

40. 林毅夫、刘培林："中国的经济发展战略与地区收入差距"，《经济研究》2003年第3期。

41. 刘洪渭、王益民："论全球化背景下国际生产理论的新进展"，《生产力研究》2004年第6期。

42. 刘力："对外贸易、收入分配与区域差异"，《南开经济研究》2005年第4期。

43. 刘夏明、魏英琪、李国平："收敛还是发散？——中国区域经济发展争论的文献综述"，《经济研究》2004年第7期。

44. 刘易斯：《二元经济论》，中译本，北京经济学院出版社1989年版。

45. 吕惠娟、许小平："出口贸易对中国经济增长影响的再思考"，《数量经济技术经济研究》2005年第2期。

46. 潘文卿："中国农业剩余劳动力转移现状及转移效益分析"，《农业技术经济》2001年第3期。

47. 钱敏泽："中国现行统计方法基尼系数的推算及结果"，《经济理论与经济管理》2002年第11期。

48. 迈克尔·P.托达罗：《经济发展与第三世界》，中国经济出版社1992年版。

49. 尚宇红："我国基尼系数攀升的原因及对策建议"，《理论探索》2007年第2期。

50. 沈坤荣、李剑："中国贸易发展与经济增长影响机制的经验研究"，《经济研究》2003年第5期。

51. 盛斌：《中国对外贸易政策的政治经济分析》，上海三联书店2002年版。

52. 盛来运、彭丽荃："农村外出务工劳动力的数量、结构及特点"，《中国农村劳动力调研报告》，中国统计出版社2005年版。

53. 史晋川、战明华："聚集效应、劳动力市场分割与城市增长机制的重构——转轨时期我国农村劳动力转移的一个新古典模型的拓展"，《财经研究》2006年第1期。

54. 宋艳菊、安立仁："中国劳动力市场的二元分割及其就业效应"，《山西财经大学》2005年第4期。

55. 苏树军、陈大江、李纯："西部地区私营企业的发展策略"，《财经科学》2000年第4期。

56. 万广华："中国农村区域间居民收入差异及其变化的实证分析"，

《经济研究》1998年第5期。

57. 万广华："收入分配的度量与分解：一个对研究方法的评价"，《世界经济文汇》2004年第1期。

58. 万广华等："全球化与地区间收入差距：来自中国的证据"，《中国社会科学》2005年第3期。

59. 王传荣："经济全球化影响劳动就业的机理分析"，《人口与经济》2005年第1期。

60. 王凤云："目前我国农村剩余劳动力数量的估计"，《经济研究参考》2002年第15期。

61. 王红玲："关于农业剩余劳动力数量的估计方法与实证分析"，《经济研究》1998年第4期。

62. 王晶晶："如何看待中国的外贸依存度"，《当代经济》2005年第6期。

63. 王韧："城乡转换、经济开放与收入分配的变动趋势——理论假说与双二元动态框架"，《财经研究》2006年第2期。

64. 王少瑾："对外开放与我国的收入不平等——基于面板数据的实证研究"，《世界经济研究》2007年第4期。

65. 王小鲁、樊纲："中国地区差距的变动趋势和影响因素"，《经济研究》2004年第1期。

66. 王小鲁、樊纲："中国收入差距的走势和影响因素分析"，《经济研究》2005年第10期。

67. 王云飞："国际贸易与国内收入分配关系研究评述"，《经济学动态》2007年2期。

68. 肖红叶、王健："我国居民收入分配格局的统计分析"，《统计研究》2001年第7期。

69. 肖文胜、蔡玉文："新形势下解决收入分配差距过大问题的探讨"，http：//www.jgsc.gov.cn/2007-6/200762583715.htm。

70. 谢家平、孔令丞："全球化背景下中国制造业要素禀赋结构升级的逻辑"，《福建论坛·人文社会科学版》2006年第4期。

71. 谢识予：《计量经济学教程》，复旦大学出版社2004年版。

72. 徐康宁、王剑："要素禀赋、地理因素与新国际分工"，《中国社会科学》2006年第6期。

73. 徐水安："贸易自由化与中国收入分配的演变"，《世界经济文汇》2003年第4期。

74. 徐毅："刘易斯二元经济增长理论的一个数理描述"，《数量经济技术经济研究》2007年第1期。

75. 许和连、赖明勇："出口导向经济增长的经验研究：综述与评论"，《世界经济》2002年第2期。

76. 许启发、蒋翠侠："对外贸易与经济增长的相关分析"，《预测》2002年第2期。

77. 尹翔硕："比较优势、技术进步与收入分配——基于两个经典定理的分析"，《复旦学报（社会科学版）》2002年第6期。

78. 尹恒、龚六堂、邹恒甫："当代收入分配理论的新发展"，《经济研究》2002年第8期。

79. 殷德生、唐海燕："技能型技术进步、南北贸易与工资不平衡"，《经济研究》2006年第5期。

80. 俞会新、薛敬孝："中国贸易自由化对工业就业的影响"，《世界经济》2002年第10期。

81. 易行健、李军波、杨碧云："我国对外贸易与经济增长之间关系的实证检验：1978-2002"，《石家庄经济学院学报》2004年第8期。

82. 翟银燕、孙卫："技术和国际贸易对收入与分配的影响"，《系统工程理论与实践》2004年第11期。

83. 张定胜、杨小凯："国际贸易，经济发展和收入分配"，《世界经济》2004年第9期。

84. 张斌："收入不平等关系的根源：自由贸易还是技术进步"，《世界经济研究》2003年第2期。

85. 张军：《资本形成、投资效率与中国的经济增长——实证研究》，清华大学出版社2005年版。

86. 张曙光、张燕生、万中心："中国贸易自由化进程的理论思考"，《经济研究》1996年第11期。

87. 张向达、孙菲："收入分配的一般经济研究"，《当代财经》1994年11期。

88. 张旭宏、庞锦："我国外贸依存度分析和政策建议"，《经济研究参考》2005年第56期。

89. 张幼文："全球化经济的要素分布与收入分配"，《世界经济与政治》2002年第10期。

90. 张志伟、栾敬东、沈洁："我国农村劳动力流动的现状及影响因素分析"，《农业经济》2004年第5期，第5～6、21页。

91. 赵人伟：《中国居民收入分配再研究》，中国财政经济出版社1999年版。

92. 赵人伟、李实：《中国居民收入分配研究》，上海人民出版社1998年版。

93. 赵武、蔡宏波："我国农村劳动力流动现状研究——关于托达罗人口流动模型的理论修正"，《郑州航空工业管理学院学报（社会科学版）》2007年第4期。

94. 赵伟、何莉："中国对外贸易发展省际差异及其结构分解"，《经济地理》2007年第2期。

95. 赵莹："中国的对外开放和收入差距"，《世界经济文汇》2003年第4期。

96. 中国社会科学院课题组："我国当前收入分配问题研究"，《管理世界》1997年第2期。

97. 周申："贸易自由化对中国工业劳动需求弹性影响的经验研究"，《世界经济》2006年第2期。

98. 周申："贸易与收入的关系：对中国的案例研究"，《世界经济》2001年第4期。

99. 周燕："论中国的对外贸易发展战略与剩余劳动力转移"，《人口与经济》2003年第3期。

100. 庄健："中国居民收入差距的国际比较与政策建议"，《宏观经济研究》2007年第2期。

101. 朱国传："欠发达地区加快民营经济发展的策略"，《中国市场》

2006年5期。

102. 朱启荣:"一般贸易与加工贸易对我国GDP影响的实证分析",《山东经济》2007年第1期。

103. 朱钟棣、郭羽诞、兰宜生主编:《国际贸易学》,上海财经大学出版社2005年版。

英文部分

1. Abdel-Rahman, H. M.: "Agglomeration Economies, Types, and Sizes of Cities", *Journal of Urban Economics*, Vol. 27, No. 1, 1990, pp. 25 – 45.

2. Abdel-Rahman, Hesham M., George Norman, and Ping Wang: "Skill Differentiation and Wage Disparity in a Decentralized Matching Model of North-South Trade", *The Canadian Journal of Economics*, Vol. 35, No. 4, 2002, pp. 854 – 878.

3. Acemoglu, D.: "Patterns of Skill Premium", *NBER Working Paper*, No. 7018, 1999.

4. Alexander, Hijzen, Holger Görg and Robert C. Hine: "International Outsourcing and the Skill Structure of Labour Demand in the United Kingdom", *The Economic Journal*, Vol. 115, No. 506, 2005, pp. 860 – 878.

5. Anderson, E.: "Openness and Inequality in Developing Countries: A Review of Theory and Recent Evidence", *World Development*, Vol. 33, No. 7, 2005, pp. 1045 – 1063.

6. Baldwin, Robert E., Glen G. Cain: "Shift in U. S. Relative Wages: The Role of Trade, Technology, and Factor Endowments", Paper provided by University of Wisconsin Institute for Research on Poverty in its series *Institute for Research on Poverty Discussion* Papers with number, pp. 1132 – 1197.

7. Banerjee, A. and Newman, A.: "Risk Bearing and The Theory of Income Distribution", *Review of Economic Studies*, Vol. 58, No. 2,

1991, pp. 211–236.

8. Barro, Robert J.: "Government Spending in a Simple Model of Endogenous Growth", *Journal of political Economy*, Vol. 98, No. 5, 1990, pp. 103–125.

9. Beaulieu, Eugene, Michael Benarroch, James Gaisford: "Trade Barriers and Wage Inequality in a North-South Model with Technology-Driven Intra-Industry Trade", *Journal of Development Economics*, Vol. 75, No. 1, 2004, pp. 113–136.

10. Beladi, Hamid and Sugata Marjit: "An Analysis of Rural-Urban Migration and Protection", *The Canadian Journal of Economics/Revue canadienne d'Economique*, Vol. 29, No. 4, 1996, pp. 930–940.

11. Bensidoun, Isabelle, Sébastien Jean and Aude Sztulman: "International Trade and Income Distribution: Reconsidering the Evidence", *CEPII*, No. 2005–17 October.

12. Bernard, A., Jensen, J. B.: "Exporters, Skill Upgrading, and The Wage Gap", *Journal of International Economics*, Vol. 42, No. 1–2, 1997, pp. 3–31.

13. Bhagwati, J. N.: "Distortions and Immiserizing Growth", *Review of Economics Studies*, Vol. 35, No. 4, 1968, pp. 481–485.

14. Bhagwati, J. N., and T. N. Srinivasan: "The Theory of Wage Differentials: Production Response and Factor Price Equalization", *Journal of International Economics*, Vol. 1, No. 1, 1971, pp. 19–35.

15. Bhagwati, J. N., and T. N. Srinivasan: "The Ranking of Policy Interventions under Factor Market Imperfections: The Case of Sector-specific Sticky Wages and Unemployment", Paper provided by Massachusetts Institute of Technology (MIT), Department of Economics in its series *Working papers* with number 100. Feb. 1973.

16. Bhagwati, J. N., and T. N. Srinivasan: "On Reanalyzing the Harris-Todaro Model: Policy Rankings in the Case of Sector-specific Sticky Wages", *The American Economic Review*, Vol. 64, No. 3, 1974, pp. 502–508.

17. Bhatia, K.: "Specific and Mobile Capital, Migration and Unemployment in a Harris-Todaro Model", *Journal of International Trade and Economic Development*, Vol. 11, No. 2, 2002, pp. 207-222.

18. Bond, Eric W. Kathleen Trask, and Ping Wang: "Factor Accumulation and Trade: Dynamic Comparative Advantage with Endogenous Physical and Human Capital", *International Economic review*. Vol. 44, No. 3, 2000. pp. 1041-1060.

19. Borjas, George J.; Richard B. Freeman; Lawrence F. Katz; John DiNardo; John M. Abowd: "How Much Do Immigration and Trade Affect Labor Market Outcomes?", *Brookings Papers on Economic Activity*, Vol. 1997, No. 1, 1997, pp. 1-90.

20. Bourguignon, F. and Morrisson, C.: *External Trade and Income Distribution*. Development Centre Studies, OECD, Paris, 1990.

21. Bourguignion, Francois: "Growth and Inequality in a Dual Model of Development: The Role of Demand Factors", *Review of Economic Studies*, Vol. 57, No. 2, 1990, pp. 215-218.

22. Bourguignon, F. and Morrisson, C.: "Income Distribution, Development and Foreign Trade: A Cross-Sectional Analysis", *European Economic Review*, Vol. 34, No. 6, 1990, pp. 1113-1132.

23. Brauer, David A. and Susan Hickok: "What are the Causes of Rising Wage Inequality in the United States?" *Economic Policy Review*, Vol. 1, No. 1, January 1995, pp. 61-75.

24. Burtless, Gary: "International Trade and the Rise in Earnings Inequality", *Journal of Economic Literature*, Vol. 33, No. 2, 1995, pp. 800-816.

25. Chakrabarti, Avik: "Does Trade Cause Inequality?" *Journal of Economic Development*, Vol. 25, No. 2, 2000, pp. 1-21.

26. Chamon, Marcos, Michael Kremer: "Economic Transformation, Population Growth and The Long-Run World Income Distribution", *NBER Working Paper 12038*. http://www.nber.org/papers/w12038.

27. Chao, C. C., and E. S. H. Yu: "Urban Unemployment, Terms of Trade and Welfare", *Southern Economic Journal*, Vol. 56, No. 3, 1990, pp. 743–751.

28. Clements, Benedict J. and Kwan S. Kim: "Foreign Trade and Income Distribution: The Case of Brazil", *Working Paper 108* – March, 1988. http://kellogg.nd.edu/publications/workingpapers/WPS/108.pdf. April, 6, 2008.

29. Coulombe, Serge: "Globalization and Regional Disparity: A Canadian Case Study", *Regional Studies*, Vol. 41, No. 1, 2007, February. pp. 1–17.

30. Dalgin, Muhammed, Devashish Mitra and Vitor Trindade: "Inequality, Nonhomothetic preferences, and Trade: A gravity Appoach", *NBER Working Paper 10800*. http://www.nber.org/papers/w10800.

31. Dasgupta, Indro and Thomas Osang: "Trade, Wages, and Specific Factors", *Review of International Economics*, Vol. 15, No. 1, 2007. pp. 45–61.

32. Davies, James B. and Ian Wooton: "Income Inequality and International Migration", *The Economic Journal*, Vol. 102, No. 413, 1992, pp. 789–802.

33. Dinopoulos, Elias, Paul Segerstrom: "A Schumpeterian Model of Protection and Relative Wages", *The American Economic Review*, Vol. 89, No. 3, 1999, pp. 450–472.

34. Eaton, J.: "A Dynamic Specific-Factors Model of International Trade", *Review of Economic Studies*, Vol. 54, No. 2, 1987, pp. 325–338.

35. Edwards, S.: "Trade policy, growth and income distribution", *American Economic Review*, Vol. 87, No, 2, 1997, pp. 205–210.

36. Engerman, Stanley L. and Ronald W. Jones: "International Labor Flows and National Wages", *The American Economic Review*, Vol. 87, No. 2, 1997, pp. 200–204.

37. Ethier, Wilfred J.: "Globalization, Globalisation Trade, Technology

and Wages", *International Review of Economics and Finance*, Vol. 14, No. 3, 2005, pp. 237-258.

38. Feenstra, Robert C.: "New Product Varieties and the Measurement of International Prices", *The American Economic Review*, Vol. 84, No. 1, 1994, pp. 157-177.

39. Feenstra, Robert C. and Gordon H. Hanson: "Globalization, Outsourcing, and Wage Inequality", *The American Economic Review*, Vol. 86, No. 2, 1996, pp. 240-245.

40. Feenstra, R. C. and Hanson. G. H.: "Foreign Investment, Outsourcing and Relative Wages", *NBER Working Paper No. W5121*, 1996.

41. Feenstra, R. C.: *Advanced International Trade ——Theory and Evidence*, Princeton University Press, 2003.

42. Feenstra, Robert C. and Gordon H. Hanson: "Global Production Sharing and Rising Inequality: A Survey of Trade and Wages", *NBER Working Paper 8372*. http://www.nber.org/papers/w8372. July, 2001.

43. Feliciano, Zadia M.: "Workers and Trade Liberalization: The Impact of Trade Reforms in Mexico on Wages and Employment", *Industrial and Labor Relations Review*, Vol. 55, No. 1, 2001, pp. 95-115.

44. Fields, G. S.: "A Welfare Economic Analysis of Labour Market Policies in the Harris-Todaro Model", *Journal of Development Economics*, Vol. 76, 2005, pp. 127-146.

45. Fischer, R. D.: "Income Distribution in the Dynamic Two Factor Trade Model", *Economica*, Vol. 59, No. 234, 1992, pp. 221-233.

46. Fischer, R. D.: "Trade and Income Distribution in a Specific factor Model with Bequests", *Technical report*, 1992, Thomas Jefferson Center for Political Economy, U. of Virginia.

47. Fischer, Ronald D. and Pablo J. Serra: "Income Convergence within and between Countries", *International Economic Review*, Vol. 37, No. 3, 1996, pp. 531-551.

48. Fischer, R.: "The Evolution of Inequality after Trade Liberalization", *Journal of Development Economics*, Vol. 66, No. 2, 2001, pp. 555–579.

49. Francois, Joseph F. Seth Kaplan, May: "Aggregate Demand Shifts, Income Distribution and the Linder Hypothesis", *The Review of Economics and Statistics*, Vol. 78, No. 2, 1996, pp. 244–250.

50. Freeman, Richard B.: "Are Your Wages Set in Beijing?" *The Journal of Economic Perspectives*, Vol. 9, No. 3, 1995, pp. 15–32.

51. Galiani, Sebastian Sanguinetti, Pablo: "The impact of Trade Liberalization on Wage Inequality: Evidence from Argentina", *Journal of Development Economics*, Vol. 72, No. 2, 2003, pp. 497–513.

52. Glomm, Gerhard and B. Ravikumar: "Growth-Inequality Trade-Offs in a Model with Public Sector R&D", *The Canadian Journal of Economics*, Vol. 27, No. 2, 1994, pp. 484–493.

53. Goldberg, Penny, and Pavcnik N.: "The Effects of the Colombia Trade Liberalization on Urban Poverty", *NBER Working Paper*, No. W11081. January 2005.

54. Gourdon, J., Maystre, N. and de Melo, J.: "Openness, Inequality, and Poverty: Endowments Matter", *World Bank Policy Research Working Paper*, No. 3981, World Bank, 2007.

55. Guanghua, Wan, Ming Lu and Zhao Chen: "Globalization and Regional Income Inequality: Evidence from within China", *World Institute for Development Economics Research*, Discussion Paper No. 2004/10.

56. Hanson, Gordon H.: "Increasing Returns, Trade and the Regional Structure of Wages," *The Economic Journal*, Vol. 107, No. 440, 1997, pp. 113–133.

57. Hanson, Gordon H. Ann Harrison: "Trade Liberalization and Wage Inequality in Mexico", *Industrial and Labor Relations Review*, Vol. 52, No. 2, 1999, pp. 271–288.

58. Hanushek, Eric A. and Ludger Wößmann: "Does Educational

Tracking Affect Performance and Inequality? Differences-in-Differences Evidence across Countries", *NBER Working Paper 11124*, http://www.nber.org/papers/w11124.

59. Harris, J. R., and M. Todaro: "Migration, Unemployment and Development: A Two Sector Analysis", *The American Economic Review*, Vol. 60, No. 1, 1970, pp. 126–142.

60. Haskel, Jonathan E. and Matthew J. Slaughter: "Trade, Technology and UK Wage Inequality", *The Economic Journal*, Vol. 111, No. 468, 2001, pp. 163–187.

61. Head, Keith and John Ries: "Offshore Production and Skill Upgrading by Japanese Manufacturing Firms", *Journal of International Economics*, Vol. 58, No. 1, 2002, pp. 81–105.

62. Henderson, J.: "Systems of Cities in Closed and Open Economies", *Regional Science and Urban Economics*, Vol. 12, No. 3, 1982, pp. 325–350.

63. Jaeger, Klaus: "A Comment on Y. Akyuz: Income Distribution, Value of Capital, and Two Notions of the Wage-Profit Trade-off", *Oxford Economic Papers*, New Series, Vol. 25, No. 2, 1973, pp. 286–288.

64. Johnson, George E.: "Changes in Earnings Inequality: The Role of Demand Shifts", *The Journal of Economic Perspectives*, Vol. 11, No. 2, 1997, pp. 41–54.

65. Johnson, George E. and Frank P. Stafford: "International Competition and Real Wages", *The American Economic Review*, Vol. 83, No. 2, 1993, pp. 127–130.

66. Jones, R. W.: "The Structure of Simple General Equilibrium Models", *The Journal of Political Economy*, Vol. 73, No. 6, 1965, pp. 557–572.

67. Jones, R. W.: "Distortions in Factor Markets and the General Equilibrium Model of Production", *The Journal of Political Economy*, Vol. 79, No. 3, 1971, pp. 437–459.

68. Jones, R. W.: "A Three Factor Model in Theory, Trade and History", in J. Bhagwati et. al. (eds.), *Trade, Balance of Payments*

and Growth, pp. 3 – 21, Amsterdam: North-Holland, 1971.

69. Jones, R. W. : "Income Distribution and Efective Protection in an Multicommodity Trade Model", *Journal of Economic Theory*, Vol. 11, No. 1, 1975, pp. 1 – 15.

70. Jones, R. W. : "International Trade, Real Wages and Technical progress: The Specific-Factors Model", *International Review of Economics and Finance*, Vol. 5, No. 2, 1996, pp. 1 – 15.

71. Jones, R. W. : "Trade, Technology and Income Distribution", *Indian Economic Review*, Vol. 32, No. 2, 1997, pp. 129 – 140.

72. Jones, R. W. , Stanley L. Engerman: "Trade, Technology and Wages: A Tale of Two Countries", *The American Economic Review*, Vol. 86, No. 2, 1996, pp. 35 – 40.

73. Judd, K. L. : "The Law of Large Numbers with a Continuum of IID Random Variables", *Journal of Economic Theory*, Vol. 35, No. 1, 1985, pp. 19 – 25.

74. Kandilov, Ivan T. : "How International Trade Affects Wages and Employment", A Dissertation Submitted in Partial Fulfillment of the Requirements for the Degree of Doctor of Philosophy, 2005. The University of Michigan, School of Public Policy/Department of Economics. http://www.fordschool.umich.edu/rsie/graduates/grad.html, April 6, 2008.

75. Katz, Lawrence F. and Kevin M. Murphy: "Changes in Relative Wages, 1963 – 1987: Supply and Demand Factors", *The Quarterly Journal of Economics*, Vol. 107, No. 1, 1992, pp. 35 – 78.

76. Kayizzi-Mugerwa, Steve: "Globalisation, Growth and Income Inequality: The African Experience", *OECD Development Centre, Working Paper*, No. 186, 2005.

77. Khan, Azizur Rahman, Keith Griffin and Carl Riskin: "Income Distribution in Urban China during the Period of Economic Reform and Globalization", *The American Economic Review*, Vol. 89, No. 2, 1999, pp. 296 – 300.

78. Khan, M. Ali: "The Harris-Todaro Hypothesis and the Heckscher-Ohlin-Samuelson Trade Model: A Synthesis", *Journal of International Economics*, Vol. 10, 1980a, pp. 527–547.

79. Khan, M. Ali: "Dynamic Stability, Wage Subsidies and the Generalised Harris-Todaro Model", *The Pakistan Development Review*, Vol. 19, 1980b, pp. 1–24.

80. Khan, M. Ali: "The Harris-Todaro Hypothesis", Paper provided by Pakistan Institute of Development Economics in its series *PIDE Working Paper with Number 2007–16*.

81. Krugman, Paul R.: "Technology, Trade and Factor Prices", *Journal of International Economics*, Vol. 50, No. 1, 2000, pp. 51–71.

82. Lapham, Beverly, Roger Ware: "A Dynamic Model of Endogenous Trade Policy", *The Canadian Journal of Economics*, Vol. 34, No. 1, 2001, pp. 225–239.

83. Lawrence, Robert Z., and Matthew J., Slaughter: "Trade and U.S. Wages: Great Sucking Sound or Hiccup", *Brookings Papers on Economic Activity: Microeconomics*, No. 2, 1993, pp. 161–210.

84. Leamer, Edward E.: "Trade, Wages and Revolving Door Ideas", *NBER Working Paper*, No. 4716, 1994.

85. Leamer, Edward E.: "In Search of Stolper-Samuelson Effects on U.S. Wages", *NBER Working Paper*, No. 5427, 1996.

86. Leamer, Edward E.: "Wage Inequality from International Competition and Technological Change: Theory and Country Experience", *American Economic Review Papers and Proceedings*, Vol. 86, No. 2, 1996, pp. 309–314.

87. Leamer, E. Maul, H. Rodriguez, S. Schott, P. K.: "Does Natural Resources Abundance Increase Latin American Income Inequality?", *Journal of Development Economics*, Vol. 59, No. 1, 1999, pp. 3–42.

88. Leamer, Edward E.: "What's the Use of Factor Contents?" *Journal of International Economics*, Vol. 50, No. 1, 2000, pp. 17–49.

89. Lewis, A.: "Economic Development with Unlimited Supply of Labor", *Manchester School of Economics and Social Studies*, 1954, May, Vol. 22, No. 2, pp. 139-191.

90. Lisandro Abrego and John Whalley: "Decomposing Wage Inequality Change Using General Equilibrium Models", *NBER Working Paper 9184*, http://www.nber.org/papers/w9184.

91. Litwin, Carol: "Trade and Income Distribution in Developing Countries", Paper provided by Göteborg University, Department of Economics in its series *Working Papers in Economics*, No. 9, 1998.

92. Lucas, R. E. Jr.: "On the Mechanics of Economic Development", *Journal of monetary economics*, Vol. 22, No. 1, 1988, pp. 3-42.

93. Neary, J. Peter: "Dynamic Stability and the Theory of Factor-Market Distortions", *The American Economic Review*, Vol. 68, No. 4, 1978, pp. 671-682.

94. Neary, J. P.: "International Factor-Mobility, Minimum Wage Rates and Factor-Price Equalization: A Synthesis", *Quarterly Journal of Economics*, Vol. 100, No. 3, 1985, pp. 551-570.

95. Neary, J. Peter: "Competition, Trade and Wages", *CEPR Discussion Papers 2732*, 2000.

96. Neary, J. Peter: "Foreign Competition and Wage Inequality", *Review of International Economics*, Vol. 10, 2002, pp. 680-693.

97. Manasse, Paolo and Alessandro Turrini: "Trade, Wages and 'Superstars'", *Journal of International Economics*, Vol. 54, 2001, pp. 97-117.

98. Mayer, Wolfgang: "Short-Run and Long-Run Equilibrium for a Small Open Economy", *The Journal of Political Economy*, Vol. 82, No. 5, 1974, pp. 955-967.

99. Morone, Piergiuseppe: "Globalisation and Inequality: the Effects of Trade Liberalisation on Developing Cuntries", *Electronic Working Papers Series. Paper*, No. 42.

100. Mussard, Stéphane, Françoise Seyte and Michel Terraza: "Decomposition of Gini and The Generalized Entropy Inequality Measures", *Economics Bulletin*, Vol. 4, No. 7, 2003, pp. 1-6.

101. Quah, Danny and James Rauch: "Openness and the Rate of Economic Growth", *Unpublished paper*, University of California, 1990.

102. Ranis, Gustav, John C. H. Fei: "A Theory of Economic Development", *The American Economic Review*, Vol. 51, No. 4, 1961, pp. 533-565.

103. Rauch, James E. and Vitor Trindade, Jun: "Information, International Substitutability and Globalization", *The American Economic Review*, Vol. 93, No. 3, 2003, pp. 775-791.

104. Revenga, Ana: "Employment and Wage Effects of Trade Liberalization: The Case of Mexican Manufacturing", *Journal of Labor Economics*, Vol. 15, No. 3, 1997, Part 2: Labor Market Flexibility in Developing Countries, pp. S20-S43.

105. Richardson, J. Vol. 9, "Income Inequality and Trade: How to Think, What to Conclude", *Journal of Economic Perspectives*, 1995, pp. 33-55.

106. Rigby, David L. and Sebastien Breau: "Impacts of Trade on Wage Inequality in Los Angeles: Analysis Using Matched Employer-Employee Data", *California Center for Population Research*, CCPR-042-06.

107. Rodríguez-Pose, Andrés and Javier Sánchez-Reaza: "Economic Polarisation Through Trade: The Impact of Trade Liberalization on Mexico's Regional Growth", *Cornell/LSE/Winder Conference on Spatial Inequality and Development*, June 28-30, 2002.

108. Sibley, Christopher W. and Patrick Paul Walsh: "Earnings Inequality and Transition: A Regional Analysis of Poland", *Discussion Paper Series*, IZA DP, No. 441, 2002.

109. Slaughter, Matthew J.: "International Trade and Labour-Market Outcomes: Results, Questions and Policy Options", *The Economic*

Journal, Vol. 108, No. 450, 1998, pp. 1452-1462.

110. Slaughter, M. J.: "International Trade and Labor-Demand Elasticities", *Journal of International Economics*, Vol. 54, No. 1, 2001, pp. 27-56.

111. Spilimbergo, A., Londono, L., and Sk'ezely, M.: "Income Distribution, Factor Endowments and Trade Openness", *Journal of Develpment Economics*, Vol. 59, No. 1, 1999, pp. 77-101.

112. Stokey, Nancy L.: "Free Trade, Factor Returns, and Factor Accumulation", *Journal of Economic Growth*, Vol. 1, 1996, pp. 421-447.

113. Stolper, Wolfgang and Paul A. Samuelson: "Protection and Real Wages", *Review of Economic Studies*, Vol. 9, No. 1, November 1941, pp. 51-68.

114. Sundrum, R. M.: *Income Distribution in Less Development Countries*, London and New York: Routledge, 1990.

115. Topalova, Petia: "Trade Liberalization, Poverty and Inequality: Evidence from Indian Districts", SS in Ann Harrison, editor, *Globalization and Poverty*, The University of Chicago Press. 2006 Series: (NBER-C) National Bureau of Economic Research Conference Report.

116. Topel, Robert H.: "Factor Proportions and Relative Wages: The Supply-Side Determinants of Wage Inequality", *The Journal of Economic Perspectives*, Vol. 11, No. 2, 1997, pp. 55-74.

117. Trefler, Daniel & Susan Chun Zhu, 2005: "Trade and Inequality in Developing Countries: A General Equilibrium Analysis", *Journal of International Economics*, Elsevier, Vol. 65. No. 1, pp. 21-48.

118. Wacziarg, Romain: "Measuring the Dynamic Gains from Trade", *The World Bank Economic Review*, Vol. 15, No. 3, 2001, pp. 393-429.

119. Wood, Adrian: *North-South Trade, Employment and Inequality: Changing Fortunes in a Skill-Driven World*, Oxford: Clarendon Press, 1994.

120. Wood Adrian: "How Trade Hurt Unskilled Workers", *The Journal of Economic Perspectives*, Vol. 9, No. 3, 1995, pp. 57-80.

121. Wood, Adrian: "Globalization and the Rise in Labour Market Inequalities", *Economic Journal*, Vol. 108, 1998, pp. 1463-1482.

122. Wood, Adrian and Cristóbal Ridao-Cano: "Skill, Trade and International Inequality", *IDS Working Paper 47*, 1998.

123. XuBin: " Trade Liberalization, Wage Inequality and Endogenously Determined Non-Traded Goods", *Journal of International Economics*, Vol. 60, 2003, pp. 417-431.

124. Yang, Xiaokai and Dingsheng Zhang: "International Trade and Income Distribution", *CID Working Paper*, No. 18, 1999.

125. Zhu, Susan Chun and Daniel Trefler: "Trade and Inequality in the Developing Countries: A General Equilibrium Analysis", *Journal of International Economics*, Vol. 65, 2005, pp. 21-48.

126. Zhu, Susan Chun and Daniel Trefler: "Ginis In General Equilibrium: Trade, Technology and Southern Inequality", NBER *Working Paper 8446*. 2001, http://www.nber.org/papers/w8446.

策划编辑:郑海燕
装帧设计:肖　辉

图书在版编目(CIP)数据

我国贸易发展与收入分配关系的理论研究和实证检验/朱钟棣　王云飞著.
-北京:人民出版社,2008.7
ISBN 978-7-01-007122-0

Ⅰ.我…　Ⅱ.①朱…②王…　Ⅲ.商业经济-经济发展-关系-收入分配-研究-中国　Ⅳ.F722.9;F124.7

中国版本图书馆 CIP 数据核字(2008)第 093572 号

我国贸易发展与收入分配关系的理论研究和实证检验
WOGUO MAOYI FAZHAN YU SHOURU FENPEI GUANXI DE
LILUN YANJIU HE SHIZHENG JIANYAN

朱钟棣　王云飞　著

人民出版社 出版发行
(100706　北京朝阳门内大街166号)

北京集惠印刷有限责任公司印刷　新华书店经销

2008年7月第1版　2008年7月北京第1次印刷
开本:710毫米×1000毫米 1/16　印张:12.25
字数:190千字

ISBN 978-7-01-007122-0　定价:26.00元

邮购地址 100706　北京朝阳门内大街166号
人民东方图书销售中心　电话 (010)65250042　65289539